第2版

憲法論点教室

曽我部真裕／赤坂幸一
新井誠／尾形健＝編

第2版はしがき

　本書は、法曹を志望して法科大学院や法学部で学ぶ「普通の」学生を対象に、迷いやすい学習上のポイントにつきコンパクトかつ明確なアドバイスを与えることを目的として、2012年に出版された。幸いにも多くの読者に迎えられ、このたび第2版を出すことができることは、編者にとって望外の喜びである。

　初版からの変更点としては、学生からのヒアリングを踏まえ、各章のさらなるブラッシュアップを図ったほか、いくつかの項目を入れ替え、「判例の捉え方」や「憲法論の文章の書き方の基本」についての解説を加えたことである。また、「実践編」として、具体的な事例問題に対する学生の答案例をもとに、どのような視点で事例問題を扱えば良いのか、またどのような観点から学修を進めるとより効果的なのかについて、座談会形式で検討する1章を新設した。本書の各章で学ぶ事柄が、実際の答案作成の段階でどのように具体化されることになるのか、より実践的な形で学修を一歩すすめるためのよすがとなれば幸いである。

　「紙上オフィスアワー」をめざす本書の特性上、初版と同じく、学生の声を聞くことにはとくに留意した。講義その他を通じてフィードバックをくれた学生諸君には改めて感謝したい。その過程では多くの学生の助力を得たが、第2版の作成にあたり、とくに継続的に関与してくれた学生については、下に氏名を記載して、とくに感謝の念を表する次第である。

　最後に、第2版の刊行に当たっては、初版と同じく、日本評論社の柴田英輔氏の周到なご配慮をいただいたことに感謝申し上げたい。

　2019年12月

曽我部真裕、赤坂幸一、新井誠、尾形健

第2版の制作に協力していただいた方々

（50音順、敬称略）
杉田夕花、田島駿熙（以上、九州大学法科大学院）、月吉都、松下陸、弓場浩子、綿屋伊織（以上、九州大学法学部）

（なお、所属先は本書企画開始時のもの）

初版はしがき

　本書の狙いを一言でいえば、主として「普通の」法科大学院の学生や、法科大学院を目指す学部学生が誤りやすいポイント、あるいは迷いやすいポイントについて、できるだけ明快に問題点を整理し、また、単に整理するだけではなく、「では、どう考えればよいか」という考え方の方向性を示してみようということである。いわば憲法FAQ(Frequently　Asked Questions)、あるいは紙の上でのオフィスアワーとでもいえるものを目指している。

　本書の執筆者の多くは、法科大学院で憲法の講義を担当している若手の教員であり、教育経験が必ずしも豊富ではない中、法科大学院の講義を担当することとなり、日々試行錯誤を繰り返している。そのような過程において、本書の刊行を提案した動機との関係で強く感じていることを2点ほど挙げて、上記の趣旨を敷衍してみたい。

　第1に、法科大学院生は総じてモチベーションが高く、講義後も質問者の列ができることもしばしばであるが、複数の学生から同様の質問があることも珍しくなく、多くの学生が疑問に思う点にはそれなりの共通性があるように感じられる。そこで、このような「よくある質問」のコンパクトな解説を提供できれば、学生の学修の便宜に資することと思われる。

　第2に、上述のように毎回の講義後の質問はそれなりに多いのであるが、質問に来る顔ぶれはしばしば固定されているということである。推測であるが、多くの学生は、疑問を覚えつつも質問に行くことを躊躇し、その結果疑問を抱えたままに終わっているのではないだろうか。このような学生にとっても、「よくある質問」のコンパクトな解説を提供できれば有益だろう。

　ところで、法科大学院時代に入り、憲法の教育のあり方は様変わりした。この点は他の分野でも同様であろうが、憲法においては、教育のあり方の変容が、研究内容にも大きな影響を与えた点が特徴的である。とりわけ、憲法判例の分析について、外在的な批判から、内在的な理解を目指す方向へと大きくシフトしている。また、憲法研究者自身も具体的な事案の分析に従事する必要性が増したことで、分析の枠組みも急速に精緻化してきた。すでに、このような傾向を反映した法科大学院生向けの優れた教材は多数

刊行されており、学生の間で「定番」化したものもいくつもあるが、今述べたような憲法分野の特徴により、法科大学院生向けの書籍や学生向け雑誌の論考の水準と、最先端の研究との距離は非常に近いものとなっているように思われる。これは、一部の優秀な学生にとっては非常にエキサイティングなことであろうが、多くの「普通の」学生にとっては困惑の種になっていることも否めない。

　そこで、本書は、法科大学院時代の憲法教育に対応したものであることを前提としつつも、近年公刊の相次ぐ、様々な意味で「水準の高い」憲法教材群とは一線を画し、あくまで「普通の」法科大学院生がもう一歩理解を深めることのできる教材を目指した。もちろん、上記のような憲法の研究教育における変化は、学部学生にも影響のないはずはなく、本書は法科大学院を目指す意欲的な学部学生にとっても参考になるはずである。

　本書が学生のニーズの高い演習書形式ではなく、端的に論点を取り上げるスタイルをとったのも、上記のような基本的なコンセプトから、できるだけシンプルに問題点を提示し、解説したいという考えがあったからである。参考文献についても、できるだけ「普通の」法科大学院生が参照しやすいものを、点数を限定して掲げるようにし、さらに、事例演習については、参考文献とは別に紹介するようにした。

　こうした本書の性格上、学生の声を聞くことには特に留意した。具体的には、まず、編者4名の所属先の法科大学院生（及び一部は学部学生）からヒアリングを行い、全体的なコンセプトや取り上げる項目に反映させた。また、個別の項目の内容についても、草稿段階で多くのコメントを徴し、あるいは実際に講義の参考文献として使用してフィードバックを得、これらを反映して確定稿を作成するという方法をとった。こうした過程で多くの学生の協力を得たが、特に継続的に関与してくれた学生については、右に氏名を記載して感謝の意を表する次第である。彼（女）達の多くは、本書の企画の際には現役の法科大学院生であったが、すでに新しいステージに踏み出している者も少なくない。編者の不手際により、彼（女）達に本書を利用してもらえなかったのはまことに残念であるが、本書が後輩達の憲法学修の一助となり、将来的に本書の更なる充実に力を貸してくれることがあればこれに勝る喜びはない。

　最後に、本書の刊行にあたり、日本評論社の柴田英輔氏の尽力に感謝したい。氏の時宜を得た進行管理がなければ、この時期に本書を刊行するこ

とはできなかったのは確実である。

2012 年 8 月

曽我部真裕、赤坂幸一、新井誠、尾形健

本書の制作に協力して頂いた方々

(50 音順、敬称略)

安部紳一郎(広島大学法科大学院)／石井一旭(京都大学法科大学院)／伊藤慎吾(九州大学法科大学院)／大嶋真理子(京都大学法科大学院)／岡上貢(九州大学法科大学院)／奥忠憲(同志社大学法学部)／奥村暁人(京都大学法科大学院)／加藤真(同志社大学法学部)／儀保唯(広島大学法科大学院)／桐山直也(京都大学法科大学院)／黒木宏太(京都大学法科大学院)／合六水希(九州大学法科大学院)／佐藤啓介(京都大学法科大学院)／城石惣(京都大学法科大学院)／末安大地(九州大学法科大学院)／鈴鹿愛奈(同志社大学法学部)／武石千慧(広島大学法科大学院)／田中謙太(同志社大学法学部)／坪内吾子(九州大学法科大学院)／寺田悠亮(京都大学法科大学院)／堂前圭佑(広島大学法科大学院)／中倉康宏(九州大学法科大学院)／中澤崇晶(同志社大学法学部)／中山太志(広島大学法科大学院)／西村幸太郎(広島大学法科大学院)／藤田和也(京都大学法科大学院)／別城尚人(広島大学法科大学院)／前野勇気(同志社大学法学部)／宮村教平(同志社大学法学部)／安仲亮輔(九州大学法科大学院)／山田貴之(広島大学法科大学院)／和田康隆(九州大学法科大学院)／渡邊満久(京都大学法科大学院)

(なお、所属先は本書企画開始時のもの)

INDEX **目次**

凡例

［法令］

＊法令の略称は、以下のとおりとする。

憲	日本国憲法
刑	刑法
国公	国家公務員法
国年	国民年金法
生活保護	生活保護法
地自	地方自治法
民	民法

［判例・裁判例］

＊日本の判例については、学習者の便宜を考えて元号表記にしたほか、一般の例にならい以下のように略記した。

例：最三小判平23・10・25民集65巻7号2923頁

※漢数字は最高裁判所の小法廷を指す。「大」は大法廷を指す。

※元号：明＝明治、大＝大正、昭＝昭和、平＝平成、令＝令和。

※裁判所名、掲載判例集は、以下のように略記した。

最判	最高裁判所判決
最決	最高裁判所決定
高判	高等裁判所判決
高決	高等裁判所決定
地判	地方裁判所判決
民集	最高裁判所民事判例集
刑集	最高裁判所刑事判例集
行集	行政事件裁判例集
裁時	裁判所時報
判時	判例時報
判自	判例地方自治
判タ	判例タイムズ
賃社	賃金と社会保障

［文献］

＊文献の略称等は、以下のとおりとする。

・体系書・演習書・教材・資料集など

赤坂・憲法　　赤坂正浩『憲法講義(人権)』(信山社、2011年)

芦部・憲法学Ⅰ～Ⅲ　　芦部信喜『憲法学〔Ⅰ・Ⅱ・Ⅲ〔増補版〕〕』(有斐閣、1992～2000 年)

芦部・憲法　　芦部信喜(高橋和之補訂)『憲法〔第 7 版〕』(岩波書店、2019 年)

伊藤・憲法　　伊藤正己『憲法〔第 3 版〕』(弘文堂、1995 年)

浦部・教室　　浦部法穂『憲法学教室〔全訂第 2 版〕』(日本評論社、2006 年)

LS 憲法研究会・プロセス　　LS 憲法研究会(編)『プロセス演習憲法〔第 4 版〕』(信山社、2011 年)

大石・憲法Ⅰ Ⅱ　　大石 眞『憲法講義〔Ⅰ〔第 3 版〕・Ⅱ〔第 2 版〕〕』(有斐閣、2012～2014 年)

奥平・憲法Ⅲ　　奥平康弘『憲法Ⅲ──憲法が保障する権利』(有斐閣、1993 年)

基礎　　岡山大学法科大学院公法系講座『憲法　事例問題起案の基礎』(岡山大学出版会、2018 年)

木下ほか・事例研究　　木下智史＝村田尚紀＝渡辺康行(編)『事例研究憲法〔第 2 版〕』(日本評論社、2013 年)

木村・急所　　木村草太『憲法の急所〔第 2 版〕』(羽鳥書店、2017 年)

小山ほか・論点探究　　小山 剛＝駒村圭吾(編)『論点探究憲法〔第 2 版〕』(弘文堂、2013 年)

小山・作法　　小山剛『「憲法上の権利」の作法〔第 3 版〕』(尚学社、2016 年)

佐藤・憲法　　佐藤幸治『憲法〔第 3 版〕』(青林書院、1995 年)

佐藤・憲法論　　佐藤幸治『日本国憲法論』(成文堂、2011 年)

宍戸・憲法　　宍戸常寿『憲法 解釈論の応用と展開〔第 2 版〕』(日本評論社、2014 年)

渋谷・憲法　　渋谷秀樹『憲法〔第 3 版〕』(有斐閣、2017 年)

初宿・憲法 2　　初宿正典『憲法 2〔第 3 版〕』(成文堂、2010 年)

争点　　大石 眞＝石川健治(編)『憲法の争点』(有斐閣、2008 年)

高橋・憲法　　高橋和之『立憲主義と日本国憲法〔第 4 版〕』(有斐閣、2017 年)

野坂・基本判例　　野坂泰司『憲法基本判例を読み直す〔第 2 版〕』(有斐閣、2019 年)

野中ほか・憲法Ⅰ Ⅱ　　野中俊彦＝中村睦男＝高橋和之＝高見勝利『憲法Ⅰ・Ⅱ〔第 5 版〕』(有斐閣、2012 年)

長谷部・憲法　　長谷部恭男『憲法〔第 7 版〕』(新世社、2018 年)

長谷部・続 Interactive　　長谷部恭男『続 Interactive 憲法』(有斐閣、2011 年)

長谷部・リーディングズ　　長谷部恭男(編)『リーディングズ現代の憲法』(日本評論社、1995 年)

樋口・憲法　　樋口陽一『憲法〔第 3 版〕』(創文社、2007 年)

松井・憲法　　松井茂記『日本国憲法〔第 3 版〕』(有斐閣、2007 年)

松井・Context　　松井茂記『LAW IN CONTEXT 憲法』(有斐閣、2010 年)

安西ほか・論点　　安西文雄ほか『憲法学の現代的論点〔第 2 版〕』(有斐閣、2010 年)

渡辺ほか・憲法Ⅰ　　渡辺康行＝宍戸常寿＝松本和彦＝工藤達朗『憲法Ⅰ──基本権』(日本評論社、2016 年)

・逐条解説書・事典・資料集など

新基本法コメ　　芹沢 斉＝市川正人＝阪口正二郎(編)『新基本法コンメンタール憲法』(日本評論社、2011 年)

樋口ほか・注解Ⅰ～Ⅳ　　樋口陽一＝佐藤幸治＝中村睦男＝浦部法穂『注解法律学全集・憲法〔Ⅰ～Ⅳ〕』(青林書院、1994～2004 年)

・判例解説

判例プラクティス　　憲法判例研究会(編)『判例プラクティス憲法〔増補版〕』(信山社、2014 年)

百選Ⅰ、Ⅱ　　長谷部恭男ほか(編)『憲法判例百選Ⅰ、Ⅱ〔第 7 版〕』(有斐閣、2019 年)

最判解民(刑)平成〇年度　　『最高裁判所判例解説民事篇(刑事篇)』(法曹会)
重判平成〇年度　　『重要判例解説(ジュリスト臨時増刊)』(有斐閣)

・一般法律雑誌

ジュリ　　『ジュリスト』(有斐閣)
曹時　　『法曹時報』(法曹会)
法教　　『法学教室』(有斐閣)
法セミ　　『法学セミナー』(日本評論社)
法時　　『法律時報』(日本評論社)
判時　　『判例時報』(判例時報社)
判評　　『判例評論』(判例時報別冊、判例時報社)
判タ　　『判例タイムズ』(判例タイムズ社)
警察学論集　　『警察学論集』(立花書房)
自治研究　　『自治研究』(良書普及会)
受験新報　　『受験新報』(法学書院)
書斎の窓　　『書斎の窓』(有斐閣)
賃金と社会保障　　『賃金と社会保障』(旬報社)
民商法雑誌　　『民商法雑誌』(有斐閣)
論ジュリ　　『論究ジュリスト』(有斐閣)

・学会誌

公法研究　　『公法研究』(日本公法学会)
宗教法　　『宗教法』(宗教法学会)

・紀要

甲南法学　　『甲南法学』(甲南大学法学会)
白鷗法学　　『白鷗法学』(白鷗大学法学部)
一橋法学　　『一橋法学』(一橋大学大学院法学研究科)
法学協会雑誌　　『法学協会雑誌』(法学協会)
法政研究　　『法政研究』(九州大学法政学会)
名城ロースクール・レビュー　　『名城ロースクール・レビュー』(名城大学大学院法務研究科)
立教法学　　『立教法学』(立教法学会)
立命館法学　　『立命館法学』(立命館大学法学会)

1　違憲審査基準論の意味と考え方

❶違憲審査基準は、そもそもいかなる意味を持つものであるか？
❷違憲審査基準の設定において、注意すべき論点は何か？

1　違憲審査基準は、そもそもいかなる意味を持つものであるか？

　「二重の基準」論をはじめとする違憲審査基準論は、わが国の最高裁判例における利益衡量論の難点を克服すべく提唱され、その趣旨は、最高裁判例の一部でも取り入れられることとなった（芦部・憲法学Ⅱ 200 頁以下）。違憲審査基準論を核とする憲法訴訟論をめぐっては、当時も、また現在も、様々な批判・評価がある。憲法訴訟論が訴訟技術論に傾斜してきたとの指摘のほか[1]、最近では、憲法学修レベルにおける違憲審査基準論理解をめぐる問題点も指摘されている。「精神的自由＝厳格審査」、「経済的自由の積極規制や社会権＝合理性審査」、「経済的自由の消極規制＝中間審査」、「なんだかよく分からない場合＝とにかく中間審査」、という「機械的操作」・「あとは当てはめ勝負」という答案戦略が浸透してきたことには、違憲審査基準論が「図式的」に受容された点も、全く無関係ではないだろう[2]。「三段階審査」論は、こうした憲法学修のあり方への反省と同時に、違憲審査基準論に依拠して判例を外在的に批判してきた学説への反省もふまえ、内在的な判例理解・検討を行おうとする意図からも展開されている（本書 3「審査基準論と三段階審査」〔17 頁〕参照）[3]。

　こうした動きへと向かうか、従来の審査基準論に依拠するかは、憲法学修者にとって悩ましい問題かもしれない。ただ、いずれの「論証」に向かうかはともかく、ここでは、違憲審査基準論とはそもそもどのような意味を持つものであったのか、という点を確認したい。というのも、そうすることが、違憲審査基準論を「図式的」ではない仕方で用いるヒントとなる

[1] 芦部信喜「憲法訴訟論の課題」同編『講座憲法訴訟　第 1 巻』（有斐閣、1987 年）3 頁、5-8 頁参照。

[2] 駒村圭吾「憲法的論証における厳格審査」法教 338 号（2008 年）40 頁、41-42 頁、市川正人ほか「《学界展望》憲法」公法研究 70 号（2008 年）230 頁、256 頁〔工藤達朗〕。

[3] 宍戸・憲法 74 頁、渡辺康行「憲法訴訟の現状」法政研究 76 巻 1・2 合併号（2009 年）33 頁、53 頁。渡辺康行ほか・憲法Ⅰ「はしがき」も参照。

であろうし、わが国の最高裁判例をより内在的に理解するための第一歩となりうるように思われるからである。

(1) 違憲審査基準の必要性

　憲法の諸規定には、その趣旨が一義的で、明解な内容を持つものや、絶対的保障(禁止)を要請するものがある[4]。前者の例としては、国会議員の任期規定(憲45・46条)などがあるが、絶対的保障(禁止)規定としては、例えば「検閲」の禁止(同21条2項)や「残虐な刑罰」の禁止(同36条)などを挙げることができる。関連して、例えば、憲法33条は「現行犯として逮捕される場合」以外の考慮に基づく例外を認めないものとも解しうるように、憲法制定者が制定時に利益衡量を行い、解釈者がさらに他の社会的利益との衡量を行うことは許されないと解しうる規定もある。もちろん、絶対的保障規定であっても解釈の余地がありうるが、札幌税関事件(最大判昭59・12・12民集38巻12号1308頁)がいうように、この種の規定は、「公共の福祉を理由とする例外の許容(憲法12条、13条参照)をも認めない趣旨を明らかにしたものと解すべきである」。

　しかし、特に基本的人権保障のように、憲法の規定はこのような一義的ないし絶対的保障を要請するものばかりではなく、一般的・抽象的文言であることが多い。それらは、法的問題を一定の方向に導きうるものの、具体的な答えを一義的には決めない規範内容を含んでいる。表現の自由と名誉権・プライバシー権の対立や、職業の自由と公衆衛生の維持などのように、それぞれの利益をどのように考慮すべきかは、憲法規定からは直ちには導出できないものである。つまり、これらの抽象的な規定については、対立する諸利益について判断する具体的基準が必要となるのであって、違憲審査基準が求められるのは、まさにこうした場面ということができる(長谷部・憲法98頁。小山・作法64-65頁も参照)。そして、この種の規定の憲法解釈は、民法の要件事実論や刑法の構成要件該当性のような議論と異なる部分があることにも、注意してほしい[5]。

[4] 以下につき、伊藤・憲法225-226頁参照。この点は、小山・作法にいう、「憲法上の権利」
　　制限の「絶対的禁止」と「相対的禁止」の説明と重なる(同書63-65頁)。
[5] 野山宏・最判解民平成7年度(下)633頁、648頁。

2 違憲審査基準の設定において、注意すべき論点は何か？

違憲審査基準が以上のようなものであるとして、いかなる審査基準を、どういった場面で援用するかについては、いくつか留意すべき点がある。

(1) 違憲審査基準の2つの次元

まず、違憲審査基準については、次の2つのものがあることが指摘される。①法律等の国家行為の合憲性審査において裁判所がどの程度の審査を及ぼすか、という、審査の方法・程度にかかわる基準と、②個別の事案において、ある法律等が憲法に反しているかどうかを審査する際に用いられる基準である[6]。

① 司法審査の方法・程度に関する基準

巨視的に見れば、違憲審査基準の設定とは、具体的事案において、裁判所が政治部門の行動に対してどの程度の司法審査をなすべきか、という論点にかかわっている[7]。つまり、裁判所が違憲審査権を行使するにあたり、当該事案において問題となる基本的人権の内容・性質をふまえつつ、他の国家機関との関係でどの程度司法審査を行うことが適切であるか、という問題である。民主政過程の維持に基礎づけられた精神的自由の重要性と、裁判所の審査能力の限界とを論拠とする「二重の基準」論は、この問題への1つの応答であった。

ただ、泉佐野市民会館事件（最三小判平7・3・7民集49巻3号687頁）が、集会の自由の制約について、「経済的自由の制約における以上に厳格な基準」で利益衡量を枠づけたように、「二重の基準」論は、「裁判所として拠るべき"海図"」、つまり、基本的には裁判所が憲法判断をする際の姿勢にかかわる基準と考えられる（佐藤・憲法論661頁）。しばしば答案で、事例の検討よりも「二重の基準」論の論拠・概要を延々と論じるものを見かけるが、「二重の基準」論をこのように理解すれば、一般にこの点の「論証」にそれほど力を注ぐ必要もないだろう。むしろ問題は、こうした「海図」を前提とした上で、具体的事案をどのように処理するかにある。

---

[6] 松井茂記「違憲審査基準論」争点282頁は、①を「審査基準」、②を「合憲性判断基準」と整理する。市川正人「違憲審査制と民主制」佐藤幸治＝初宿正典＝大石眞編『憲法五十年の展望Ⅱ 自由と秩序』（有斐閣、1998年）281頁、326-330頁も参照。

[7] 高橋和之「『通常審査』の意味と構造」法時83巻5号（2011年）12頁、13頁参照。

② 具体的な基準

　具体的事案の処理に妥当する基準については、次のものが通説的体系化といえよう(芦部・憲法学Ⅱ 227-243頁)。(ア)(事前抑制[検閲]や過度広汎規制に関する)文面上無効の判断、(イ)(i)表現内容規制には厳格な審査基準(「明白かつ現在の危険」や「定義づけ衡量」)、(ii)表現の時・所・方法の規制(内容中立規制)には内容規制にほぼ準ずる基準(LRAの基準)、(ウ)経済的自由規制については、合憲性推定の原則と結びついた合理性の基準を基礎に、(a)消極目的規制には「厳格な合理性」基準、(b)積極目的規制には「明白性の原則」、(エ)社会権やプライバシー権・自己決定権や「法の下の平等」なども、その性質・内容に応じて以上に準ずる基準。

　これらについては、(イ)(ii)内容中立的規制と(ウ)(a)経済的自由の消極目的規制とは、合憲性推定原則を除き同レベルの基準が想定されており、実際には3種の基準(厳格審査基準と「厳格な合理性」基準、そして合理性基準)の適用が想定されている、と指摘される[8]。そうすると、これらの3種の基準の「使い分け」で事案処理が決まるようにも思われるが、しかし留意すべきは、基本的人権制約の正当化事由は、それぞれの権利の性質に応じて具体的に引き出されなければならない、ということである(佐藤・憲法論 133頁、663頁)。審査基準の「図式的」当てはめを回避するには、権利の性質や事案に応じた審査基準の設定を考えなければならない。

(2) 審査基準設定の際の論点

　最高裁判例を例にとれば、次の点を指摘することができる[9]。

① 権利の重要性

　まず、審査基準の厳格度は、問題となる権利の意義・重要性に左右される場合がある。在外日本人選挙権制限規定違憲判決(最大判平 17・9・14民集 59巻 7号 2087頁)は、国民主権の原理(憲前文・1条)や「全国民〔の〕代表」としての国会の地位(同 43条 1項)、「国民固有の権利」としての公務員の選定・罷免権(同 15条 1項)、普通選挙の保障と選挙人資格平等の要請

---

[8] 松井・前掲注[6]284頁。高橋・憲法 137-138頁、佐藤・憲法論 664頁も参照。芦部説における「厳格な合理性」基準の変遷については、市川正人『「厳格な合理性の基準」についての一考察』立命館法学 333・334号(2011年)91頁参照。

[9] この点は、比例原則における「審査密度の決定」と重なる。小山・作法 72-77頁参照。

（同 15 条 3 項・44 条但書）など、憲法全体を通じて選挙権が重要な権利とされていることを確認した上で、選挙権とその行使への制限は原則として許されず、制約の正当化は「やむを得ないと認められる事由」でなければならない、という厳格度の高い審査基準を示した。また、『北方ジャーナル』事件（最大判昭 61・6・11 民集 40 巻 4 号 872 頁）が、出版物頒布等の事前差止めについて、その対象が公務員等への評価・批判等にかかわる表現の場合、当該事前差止めは「原則として許されないものといわなければならない」とするのも、「公共的事項に関する表現の自由」が有する憲法上の重要性をふまえたものといえる。一方、「憲法第〇条の精神に照らし」「尊重」される自由・利益は、その「本体」が重要な憲法上の権利であっても、合憲性判断の枠組みは同一に扱われない（博多駅テレビフィルム提出命令事件〔最大決昭 44・11・26 刑集 23 巻 11 号 1490 頁〕等[10]）。

　選挙権については、その重要性に加え、民主政過程に対する「不信」から審査が厳格となる場合がある。つまり、選挙制度の構築は国会議員の身分・利害にダイレクトにかかわり、憲法 47 条の選挙事項法定主義は、「立法者に対する信頼をそもそも語り得ない局面」である[11]。投票価値の平等に関する訴訟において、最高裁が「実質的にはより厳格な評価」を行っていたこと（最大判平 21・9・30 民集 63 巻 7 号 1520 頁。最大判平 23・3・23 民集 65 巻 2 号 755 頁なども参照）は、そのことを裏書きする。

② 　権利制約の態様・程度

　一方、審査の厳格度は、制約の態様・程度も重要な要素となる。薬事法違憲判決（最大判昭 50・4・30 民集 29 巻 4 号 572 頁）が、許可制について「重要な公共の利益のために必要かつ合理的な措置」であることを要請しつつ、消極的・警察的規制について「より緩やかな制限」の有無を審査する、厳格度の高い基準を設定したのは、それが「狭義における職業の選択の自由」への「強力な制限」だからであった。もっとも、消極目的規制とされる制約でも、資格制による場合、判例は緩やかな審査で処理している[12]。

[10] この点につき、佐藤幸治『憲法訴訟と司法権』（日本評論社、1984 年）158 頁、大林啓吾＝柴田憲司編『憲法判例のエニグマ』（成文堂、2018 年）第 2 部第 2 章〔御幸聖樹執筆〕参照。

[11] 櫻井智章「事情の変更による違憲判断について」甲南法学 51 巻 4 号（2011 年）145 頁、153 頁。

一方、最高裁判例は、精神的自由の領域において、猿払事件最高裁判決（最大判昭49・11・6刑集28巻9号393頁）以降、「間接的、付随的」制約による場合や「表現の手段」にかかる制約は、（場合によっては慎重ではあるが）緩やかな審査で処理している[13]。しかし、学説が指摘してきたように、規制それ自体は内容中立的であっても、実際上は表現内容に重大な不利益的効果をもたらす可能性のある場合、やはり内容規制と同様の観点からの審査が求められる（高橋・憲法239-240頁、佐藤・憲法論261-262頁）。こうした観点から判例を批判的に理解・検討することも重要であろう。

③　裁判所の制度上の能力

　「二重の基準」論の論拠の1つである裁判所の制度上の能力は、具体的な審査基準設定にも影響を与える。サラリーマン税金訴訟（最大判昭60・3・27民集39巻2号247頁）が、租税立法上の区別について、立法目的の正当性と、区別が著しく不合理であることが明らかか否かを審査するのは、租税立法定立が国家財政・社会経済等々に関する「立法府の政策的、技術的な判断」による部分が大きく、裁判所として制度上の能力から敬譲したものとみることができる。また、職業の自由規制のうち積極目的的規制にかかる合憲性審査も同様である（小売市場事件〔最大判昭47・11・22刑集26巻9号586頁〕）。規制目的二分論による審査基準の相違は、裁判所がどこまで立法事実を確実に把握しうるか（酒税法事件〔最三小判平4・12・15民集46巻9号2829頁（園部逸夫裁判官補足意見）〕）という、裁判所の制度上の能力に由来する部分が大きいことも、確認しておこう[14]。一方、職業の自由に対する許可制でも、租税立法に関連する場合は審査基準が緩和されるように（前掲酒税法事件）、権利制約が強度のものであっても（上記②）、裁判所の制度上の能力が最終的な審査基準のあり方を決する場合がある。

---

[12] 最三小判平12・2・8刑集54巻2号1頁（司法書士法違反被告事件）。福崎伸一郎・最判解刑平成12年度1頁、8頁。

[13] 例えば戸別訪問禁止違反事件（最二小判昭56・6・15刑集35巻4号205頁）、宗教法人オウム真理教解散命令事件（最一小決平8・1・30民集50巻1号199頁）、国歌起立斉唱事件（最二小判平23・5・30民集65巻4号1780頁等）。表現の「手段」に対する制約事例である自衛隊官舎ビラ配布事件（最二小判平20・4・11刑集62巻5号1217頁）および分譲マンションビラ配布事件（最二小判平21・11・30刑集63巻9号1765頁）は、いずれも表現の自由が「公共の福祉のため必要かつ合理的な制限を是認するもの」であることを前提にする。

　もっとも、社会・経済政策領域における司法審査がおよそ敬譲的姿勢となるべきかは、慎重に見極めなければならない。サラリーマン税金訴訟で緩やかな審査基準が採用されたのは、対象が経済的・財産的利益であることに加え、「区別の理由が憲法14条1項後段列記の事由ではないこと」が考慮されたものといわれるのは、租税立法でもすべて広い立法裁量が肯定されるわけではないことを示唆していた(同判決の伊藤正己裁判官補足意見参照[15])。また、生存権訴訟においても、憲法25条による最低生活保障の意義や社会保障受給権の内容・性格に応じて、裁量統制の広狭を個別に考えることも重要であろう[16]。

　以上、違憲審査基準について考えてきたが、重要なのは、いかなる憲法的「論証」によるにせよ、わが国の違憲審査制が付随的違憲審査制を採用する以上、その審査のあり方は、具体的事実に基づく経験的判断が重視される、という点である[17]。「図式的」な論証に走る前に、本稿でふれた論点をはじめ、問題となる具体的事実にも留意しつつ、審査基準の設定を論ずると、より説得的な展開が可能となるように思われる。

【参考文献】

松井茂記『LAW IN CONTEXT　憲法』(有斐閣、2010年)所収の「コラム」01〜11。

青井未帆「演習」法教356号(2010年)152頁。

高橋和之「憲法判断の思考プロセス」曹時64巻5号(2012年)1頁。

土井真一編著『憲法適合的解釈の比較研究』(有斐閣、2018年)264頁以下〔土井真一執筆〕。

伊藤健「目的審査に関する違憲審査基準」(1)〜(3・完)法学論叢181巻2号153頁、4号103頁、5号78頁(2017年)。

(尾形　健　学習院大学教授)

[14] 佐藤幸治「職業選択の自由規制と司法審査」芝池義一ほか編『租税行政と権利保護』(ミネルヴァ書房、1995年)357頁、374-375頁。もっとも、違憲審査基準が立法事実の立証責任配分基準でもあるとすれば、裁判所が立法事実の把握可能性によって審査基準を変化させることは、先取りした結論に合わせて基準を変えることになりうる点も指摘される(長谷部恭男「判批」法学協会雑誌111巻9号〔1994年〕123頁、131頁)。

[15] 泉徳治・最判解民昭和60年度74頁、91頁。佐藤・憲法論214頁、山口進＝宮地ゆう『最高裁の暗闘』(朝日新聞出版、2011年)18-19頁も参照。

[16] さしあたり尾形健『福祉国家と憲法構造』(有斐閣、2011年)第4章および本書21「生存権保障」(157頁)を参照されたい。

[17] 土井真一「法の支配と司法権」佐藤ほか編・前掲注[6]所収79頁、122頁参照。

2 違憲審査基準の適用の仕方

❶一つ覚えのように審査基準論に持ち込むなと言われるが、その意味は？
❷LRAの基準とは何か？
❸目的審査における目的とは？

1 一つ覚えのように「違憲審査基準論に持ち込むな」と言われるが、その意味は？

　憲法上の権利の制約が正当化されるのは、憲法が絶対的に禁止する検閲（21条2項前段）や拷問（36条）等を除けば、一般に、それを制限することによって得られる利益と失われる利益を衡量した結果、前者が上回る場合である。裁判所が事件毎に個別な利益衡量（ad hoc balancing）を行って妥当な結論を導き出せればよいが、何の目安もないままに利益衡量が行われてしまうと、経験則上、個人の利益よりも社会全体の利益や国家利益が優先されがちであるし、裁判官によって判断が異なる可能性も高く、予測可能性を担保できない。そこで、裁判所がどの程度の厳格度ないし密度で審査に臨むべきか、換言すれば、利益衡量を行う際の手掛かり・目安を類型的に提供するために、学説が法令審査を念頭において導入を提唱してきたのが違憲審査基準論なのである[1]。

　アメリカの憲法判例と学説を参考に日本への導入が提唱されてきた違憲審査基準論は、利益衡量の枠組みを目的と手段の連関構造に再構成する。そして、規制される権利の重要度と当該権利に加えられる制限の強度・態様に応じて、当該規制を合憲とするためにクリアしなければならない論証のハードルを変化させた3種の基準を提示する（本書1「違憲審査基準論の意味と考え方」〔4頁〕参照）。厳格度の高い順から、①厳格審査基準、②中間審査基準（LRAの基準と「厳格な合理性」の基準）、③合理性審査基準に区別するのが一般的であり、目的について順に、憲法上の権利を制約する法令の規定が、①「やむにやまれぬほど必要不可欠（compelling）」な利益、

---

[1] 高橋和之「審査基準論——個別的衡量論と『絶対主義』理論のあいだ」ジュリ1089号（1996年）165頁、および同「審査基準論の理論的基礎(上)」ジュリ1363号（2008年）64-69頁参照。なお、本章では三段階審査については触れない。三段階審査について詳細は、本書3「審査基準論と三段階審査」(17頁)参照。

②「重要(important)」な利益、③「正当(legitimate)ないし合理的(rational)」な利益を達成するためのものであることを求め、その目的を達成するために採られた手段が、①「必要最小限度のものとして厳密に設定されていること(narrowly tailored)」、②「より制限的でない他の選びうる手段では立法目的を十分に達成できないこと(LRAが存在しないこと)」、③「合理的関連性を有していること」の論証を要求する。そして、厳格度が高くなるほど、その法令を支える社会的事実(これを立法事実という)の存在の確証度が厳しく問うことを求める(芦部・憲法Ⅱ 227-243頁など)。

　このように違憲審査基準論は利益衡量の一種であるから(高橋・憲法134頁)、基準を設定するだけでは結論は出てこない。司法試験委員会が公表している「出題趣旨」と「採点実感」が再三強調しているように、目的の重要度と目的と手段の関連性といった検討を、事案に即して個別的・具体的に行わなければならないのである。

　「違憲審査基準論に持ち込むな」と言われるとき、文脈によってその意味内容は異なるが、以上に見た違憲審査基準の本質を理解せずにこれを使用していることに向けられていると言ってよい。すなわち、①「規制目的が重要だから審査基準を下げよう」とか、「結論を合憲にしたいから合理性審査基準にしよう」といった具合に、違憲審査基準の設定の仕方を理解していない場合、②「精神的自由だから厳格審査基準」、「経済的自由だから合理性審査基準」というように、当該事案で問題となっている権利の重要度や制約の態様・強度とは関係のない一般論から違憲審査基準を設定している場合、③違憲審査基準の設定にだけ力を注ぎ、あとは事案の個性を無視し、都合のいい事実のみを拾い集めた「当てはめ」と称する作業を行って結論に至っている場合などに、そうした態度を戒めるために発せられているのである。

2　LRAの基準とは何か？

　上述した違憲審査基準のうち、LRAの基準については、学説上共有された厳密な定義と適用場面がないことが学生の混乱の原因となっているように思われる[2]。そこで以下、芦部信喜説をベースにLRAの基準を整

---

[2] 詳細は、君塚正臣「LRAの基準——他に選択し得る基準が存する場合における本基準のより制限的な利用の勧め」横浜国際経済法学19巻3号(2011年)103頁。

理・確認しておこう[3]。

第1に、LRA の alternative という語感からすれば、同基準は手段審査の局面で用いられるものだと理解するのが素直のように思える。事実、そのように説明する論者も少なくない。しかし芦部教授は、「LRA の基準を適用するということは、立法目的を無条件に正当なものとし、唯目的を達成する手段の合理性だけを問題にする趣旨ではな」く、目的もまた「厳密に検証されなければならない[4]」としていた。つまり、厳格審査基準や合理性審査基準と同次元の審査基準として LRA の基準を位置づけているのである。もっとも、LRA の基準の手段審査の局面においても LRA の有無を問うため、話がややこしくなるのであるが、ここではそれを、「LRAの基準」と区別して「LRA の（手段）審査」と呼ぶことにしたい。

第2に、「LRA の基準」の適用場面である。芦部教授は、「国家権力が、とくに精神的自由を間接的に規制する場合、すなわち自由の内容に直接かかわりのない実質的で正当な利益を追求する場合」とともに、労働基本権の制約立法にも「LRA の基準」が用いられるべきとする。また、主に経済的自由に対する消極目的規制の場合に用いられる「厳格な合理性の基準」も「LRA の基準と性質を同じくする」とし、その厳格な合理性の基準を生存権、プライバシー権や平等権の一部にも適用すべきであると論じている（芦部・憲法Ⅱ 233-243 頁）。両基準には合憲性推定原則が働くか否かという違いがあるとされるものの、芦部説は、「LRA の基準」を中間審査基準一般とほぼ同一視している。

第3に、「LRA の基準」の適用の仕方についてである。この点について芦部教授は、同基準が用いられるべきとした労働基本権制約立法などの場合には、「規制手段の不可欠性(necessity)すなわち『より制限的でない他の選びうる手段』がないことの審査が、基本的権利の場合ほど厳格さを要求されない[5]」とか、「権利・自由の基本的性格(fundamentality)の程度が強くなればなるほど、裁判所は他の選びうる手段の有無を立ち入って審査

[3] もっとも芦部説における LRA の基準の位置づけには不明確な部分もある。君塚・前掲注[2]109-112 頁参照。また、市川正人「『厳格な合理性の基準』についての一考察」立命館法学 333・334 号(2010 年)91 頁以下も参照。
[4] 芦部信喜『現代人権論』(有斐閣、1974 年)274 頁。
[5] 芦部信喜『憲法訴訟の現代的展開』(有斐閣、1981 年)115 頁。

011

2 違憲審査基準の適用の仕方

することが要求されるし、規制立法のとる手段と他の選びうる目的との間の有効性の比較衡量を行う際、規制される権利・自由の側に置かれる比重は大きくなる[6]」と述べている。ここで「LRA の基準」は、適用の厳格さに幅のある審査手法として想定されている。

　関連して第 4 に、「LRA の（手段）審査」において、LRA が存在しないということは、その手段は least であるはずだから、結局、厳格審査基準における必要最少限度かを問う手段審査と同じではないかという疑問が生じる。この点、芦部教授は、「人権に対する制限が『合理性の認められる必要最小限度』でなければならないことは、いわば当然の事理であるから、『必要最小限度』とは合憲性判定の基準というよりも、むしろ人権規制の限界を示す原則ではないか、と考える。そして、この原則を具体化した一つの基準が LRA の基準[7]」であると述べる。つまり、人権の制約はいかなる場合であっても「必要最小限度」でなければならないところ、「必要最小限度」であるか否かを、裁判所がどこまで立ち入って審査するかに応じて、手段審査の寛厳が変化するのであり、それを違憲審査基準論では、「必要最小限度」や「LRA の（手段）審査」と呼んでいる、というわけである。その意味で、厳格審査基準における手段審査と「LRA の（手段）審査」は質的に異なるものではない[8]。教科書などで LRA の（手段）審査が厳格審査基準のもとでも用いられるとされるのは（高橋・憲法 137 頁など）、このような意味のものとして理解できる[9]。

　法律学の勉強は語学の勉強に近いと言われる[10]。LRA の基準（及び手段審査）という言い方は確かにミスリーディングだと思われるが、その語感

[6] 芦部・前掲注[5]302 頁。

[7] 芦部・前掲注[5]217 頁。

[8] 駒村圭吾「審査密度の多段階化㈠」法セミ 677 号（2011 年）58-59 頁。

[9] なお、ここで「LRA の（手段）審査」の場面での「あてはめ」に関して、「LRA の基準に基づく主張は、ときに『他の手段によっても規制目的が達成可能である』と根拠なしに論じてしまい、空想的な主張に陥る恐れもある」として、具体的な事実を用いて主張立証するために「より緩やかな手段による規制目的の達成という事実の立証ではなく、『より強い規制』を必要とする立法事実の不存在を根拠として、憲法違反の判断を導く判断手法」もある。その実践例も含めて、木下智史「営業の自由をめぐる事例分析【判例解説編】——LRA の使い方と立法事実の不在」法セミ 770 号（2019 年）78-79 頁を参照。

[10] 長谷部恭男・土井真一「〔対談〕憲法の学び方」法教 375 号（2011 年）69 頁〔土井発言〕。

等に囚われず、そういうものだと割り切って覚える必要があるかもしれない。いずれにせよ、学修者にとって重要なことは審査手法の命名の是非ではなく、その中身である。

3 目的審査における目的とは？

(1) 目的審査の重要性

　教室では目的審査がおろそかにされ、手段審査偏重の傾向があると夙に指摘される（宍戸・憲法50頁）。たしかに、尊属殺違憲判決（最大判昭48・4・4刑集27巻3号265頁）の調査官解説が指摘しているように、「現在のわが国で立法目的自体が明白に違憲であるような法律が成立することは考え難いのであって、立法目的の点で違憲を主張して認容されることははなはだ困難[11]」であることは事実である。しかし、ここでいう「目的審査」とは、目的の段階で違憲か否かを判断することだけを指しているわけではない。違憲審査基準論のもと、いかなる目的で憲法上の権利を制約しているのかを個別的・具体的に明らかにするという作業を含むものである。

　上述したように、違憲審査基準論のもとでの手段審査は、規制目的との関連で採られた手段の妥当性を審査するものである。ある法令がいかなる目的で憲法上の権利を制約しているのかを考えるにあたって、抽象的であることが通例であり、そうであるが故に異を唱える余地はほとんどないような当該法令の目的規定——法令の冒頭の第1条に置かれることが多い——を取り上げるだけでは、その目的を達成するために採られた具体的な規制手段の妥当性を実質的に検討することはできない[12]。具体的な事実関係のもとで、憲法上の権利を実際に制限している個別規定の「目的」の探求が試みられなければならないのである[13]。

---

[11] 田尾勇「判解」最判解刑事篇昭和48年度145頁。

[12] 駒村圭吾「憲法的論証における厳格審査」法学教室338号（2008年）48-49頁、松井・Context 204頁。

[13] 田尾・前掲注［11］145頁は、「規制手段の点について、技術的な不備による原発的欠陥や、事情変更による後発的欠陥などを指摘してその合理性を論難することは、成功の可能性がないではないと思われる。また、抽象的に当該法律の立法目的を争っているよりも、規制方法の内容について具体的なキメ細かい主張立証をする方が真の問題点を明らかにするのに役立つであろう」と述べているが、いずれも、いかなる目的との関係で考察することで、初めて、採用された手段の合理性の有無の検討が有意義なものとなる。

　このことを薬事法判決（最大判昭 50・4・30 民集 29 巻 4 号 572 頁）を例に見てみよう[14]。

　①薬事法全体を通じた最も抽象的なレベルでの立法目的は、「医薬品等に関する事項を規制し、その適正をはかること」（1 条）であり、そのための手段として、許可制をはじめ様々な規定が置かれている。②許可制を採る目的は、「不良医薬品の供給から国民の健康と安全とをまもること」であり、この目的を達成するための手段としての許可制は、一般論として「必要かつ合理的」である。③しかし、具体的な許可条件のうち、適正配置規制は「不良医薬品の供給の防止」に直結するものではないから、許可条件として適正配置規制を設けた目的を更に探究しなければならない。④適正配置規制の目的は、当該規定の改正案提案者の提案理由によれば、「一部地域における薬局等の乱設による過当競争のために一部業者に経営の不安定を生じ、その結果として施設の欠陥等による不良医薬品の供給の危険が生じるのを防止すること、及び薬局等の一部地域への偏在の阻止によつて無薬局地域又は過少薬局地域への薬局の開設等を間接的に促進すること」であり、薬事法の性格及びその規定全体との関係から、特に前者が主たる「目的」である。⑤かかる適正配置規制の「目的」は、「いずれも公共の福祉に合致するものであり、かつ、それ自体としては重要な公共の福祉ということができる」から、問題は、適正配置規制という手段がこれらの目的のために必要かつ合理的であるかどうかである。⑥「薬局等の偏在→競争激化→一部薬局等の経営の不安定→不良医薬品の供給の危険又は医薬品乱用の助長の弊害」という因果関係を想定する適正配置規制は、これらの目的のために必要かつ合理的な手段であるとはいえない。

　以上が薬事法判決の関連部分の概要である。このように、法令の構造が複雑であればあるほど、論理的には目的手段の段階構造が続いていくことになる。そして、どの段階に照準して立法目的を選択するかによって規制手段の評価も変わりうる[15]。目的審査が重要となるのはこのためである（君が代ピアノ伴奏拒否事件〔最三小判平 19・2・27 民集 61 巻 1 号 291 頁〕の

[14] 渋谷・憲法 715 頁。また、宍戸・憲法 54 頁、門田孝「違憲審査における『目的審査』の検討（二・完）」広島法学 31 巻 4 号（2008 年）201-209 頁も参照。
[15] この点については、中島徹「経済的自由権」辻村みよ子（編）『ニューアングル憲法』（法律文化社、2012 年）166 頁以下も参照。

藤田宙靖裁判官反対意見も、各自で読んでみてほしい）。

(2)　目的の検出

　それでは、どのようにして立法目的を検出ないし選択すればよいのだろうか。上記の薬事法判決は、適正配置規制の目的について、「本改正案の提案理由並びに薬事法の性格及びその規定全体との関連」から検出した[16]。他の判決にも目を向けてみると、立法経緯等には特に言及せず、裁判所の解釈によって目的を導出した判決（尊属殺違憲訴訟、猿払事件〔最大判昭49・11・6刑集28巻9号393頁〕、証券法違反事件〔最大判平14・2・13民集56巻2号331頁〕など）、立法に掲げられた目的規定を踏まえつつ、具体的な規制規定の目的を解釈により認定した判決（郵便法違憲事件〔最大判平14・9・11民集56巻7号1439頁〕など）、目的規定も含む法令構造や立法経緯から総合的に判断したとみられる判決（森林法事件〔最大判昭62・4・22民集41巻3号408頁〕、成田新法事件〔最大判平4・7・1民集46巻5号437頁〕、福岡県青少年保護育成条例事件〔最大判昭60・10・23刑集39巻6号413頁〕など）等がある（ただし、下級審で詳細に立法経緯を検討したケースもある点に注意）。

　このように立法目的の検出方法は多種多様であり、一律に論じられないが、敢えてそれを試みるとすれば、法文のみならず立法事実の検証——あるいは問題文で与えられた情報の検証——が重要になってくるということ、立法目的の解釈の際には、当該法令のうちの具体的条項が規制対象としている具体的行為の弊害は何か、換言すれば、規制によって保護しようとしている法益は何か、という観点から合理的に推論できるものを立法目的に設定することが必要となるといえるだろう[17]。

---

[16] 富澤達・最判解民昭和50年度199頁。

[17] 違憲審査基準には、利益衡量の枠付けという機能の他に、政府の行為理由を統制する機能、具体的には「違憲な目的をあぶり出す」機能も果たすという重要な指摘がなされている。阪口正二郎「人権論Ⅱ・違憲審査基準の二つの機能」辻村みよ子＝長谷部恭男（編）『憲法理論の再創造』（日本評論社、2011年）147頁。しかし、そこであぶり出される「目的」と、目的手段審査での審査対象の「目的」とは異なる。後者の審査をパスできなかった結果、前者の「目的」は違憲な目的だったことが「あぶり出される」ということであって、目的審査の段階で、立法目的を違憲なものであるかのように解釈するのではない。

(3)　立法目的の重要度

　最後に、立法目的の重要度、すなわち、「やむにやまれぬ利益」「重要な利益」「正当な利益」であるかをどのように判断すればよいのか。これも一般論として提示することは不可能であり、結局は、判例を手掛かりにしつつ、具体的かつ説得的に目的の重要度を説明しなければならない。

　まず合理性審査基準の「正当な利益」である。この審査基準が適用される場合、規制立法には合憲性が推定されるため(二重の基準論)、その推定を覆すだけの事情、すなわち、正当でない利益のための立法であることが明らかな場合——たとえば反憲法的な目的——にのみ目的審査で違憲としうるという意味で、極めて謙抑的な審査である。しかし、この審査で違憲となるケースもある。たとえば、尊属殺違憲訴訟の田中二郎裁判官らの意見は、尊属殺人罪規定の目的は憲法の理念と抵触するものであるとして、目的違憲を示唆している(非嫡出子相続差別訴訟〔最大決平7・7・5民集49巻7号1789頁〕における反対意見も参照)。

　他方、「正当か否か」という単純な判断とは異なり、「やむにやまれぬ利益」と「重要な利益」は、利益の重要度や目的実現の必要性という価値評価を伴う点で厄介である[18]。まず、「やむにやまれぬ利益」から考えてみよう。泉佐野市民会館事件(最三小判平7・3・7民集49巻3号687頁)では、集会の自由の重要性に鑑み、公共施設の利用を拒否できるのは、施設管理上の理由(施設の種類、規模、構造、設備に照らして利用が不相当である場合)、「利用の希望が競合する場合のほかは、施設をその集会のために利用させることによって、他の基本的人権が侵害され、公共の福祉が損なわれる危険がある場合に限られる」とした。ここでは、集会の自由の核心部分に対する警察上の理由に基づく制約は、他の基本的人権との調整以外は認めないという立場が示されているが、厳格審査で要求される利益とは、このレベルの利益であると考えることが可能である。もっとも、それは必ずしも他者の人権である必要はない(本書11「公共の福祉」〔79頁〕参照)。在外国民選挙権訴訟(最大判平17・9・14民集59巻7号2087頁)では、国民の選挙権の制限を正当化する「やむを得ないと認められる事由」が存する場合を、

[18]この点について検討を試みる近時の業績として、伊藤健「目的審査に関する違憲審査基準(1)～(3・完)——"compelling"と"important"の実質的区別に向けて」法学論叢181巻2号(2017年)153頁、同4号(2017年)103頁、5号(2017年)78頁を参照。

その制限をすることなしに「選挙の公正を確保しつつ選挙権の行使を認めることが事実上不能ないし著しく困難であると認められる場合」に限定したが、これは他者の人権ではない。しかし、選挙権の重要性に鑑み、可能な規制目的をここまで絞り込んだ判決の立場も、厳格審査にふさわしい目的審査であると評価できよう[19]。

　難しいのは中間審査基準における「重要な利益」である。「やむにやまれぬ利益」のためとまでは言えないが相応の重要性を持つ目的は、たとえば、経済活動に伴う弊害の除去・緩和、公衆衛生の維持、自然・文化的環境の保全など、多種多様に想定可能だからである。そうすると、立法目的が「重要な利益」か否かは、制限される憲法上の権利の重要性に見合った利益であるということを、事案の具体的事実関係に照らしながら説得的に論じることができるか否かに依拠してくる。その際には、司法試験が、「提供された素材を読みこなし、事案に即して考える力」をはかるために、一行問題ではなく事例問題を採用しているということを、今一度、念頭に置きながら論述に臨んでほしい。

【参考文献】

駒村圭吾『憲法訴訟の現代的転回』(日本評論社、2013 年)。

高橋和之『体系憲法訴訟』(有斐閣、2017 年)。

（横大道聡　慶應義塾大学教授）

[19] 戸松秀典『憲法訴訟〔第 2 版〕』(有斐閣、2008 年)314 頁。そしてこの判決は、目的審査で違憲判断を導いたと解することも可能である。高橋和之「違憲審査方法に関する学説・判例の動向」曹時 61 巻 12 号(2009 年)20-21 頁。

3　審査基準論と三段階審査

❶両者の違いは？
❷三段階審査では二重の基準論はどうなるのか？
❸三段階審査では比例原則はどのように当てはめればよいのか？（審査密度はどのようにして決定し、具体的にはどのように判断するのか）
❹今日では違憲審査基準論を捨てて三段階審査論をとる方がよいのか？

1　両者の違いは？

(1)　はじめに

　三段階審査論者の一部によって、相当強いレトリックを用いた審査基準論攻撃が、代表的な法学教育誌の１つの誌上で展開された[1] こともあり、本項のような質問が出るのであろう。ただ、三段階審査と審査基準論には、たしかに異なっているというべき側面と、必ずしもあれかこれかという関係にない側面とがあり、その点を区別した理解が必要であろうと思われる。その際、複雑な学説の対立が生じている際に常に必要な視点として、当該理論の固有の内容が何かということと、当該理論を採用するとする論者が何を主張しているのかということを区別することの重要性をまずは指摘しておきたい。

(2)　審査基準論

　まず、それぞれの内容の確認である。審査基準論とは、合衆国最高裁判所の判例の展開とアメリカでの憲法訴訟論に学んだ「二重の基準論」を中核とする考え方である。二重の基準論は、「裁判所が違憲審査を行う際、経済的自由の規制立法の場合は、合憲性推定の原則を働かせて緩やかな審査基準で臨み、精神的自由（とくに表現の自由）の規制立法の場合は、合憲性推定原則を及ぼすことなく厳格な審査基準を適用すべきである、とするもの」[2] である。ここでは、実体的判断基準と審査の程度の双方について、「二重」の基準が主張されている。実体的判断基準（合憲性判断基準）として、

[1] 法教 2007 年 4 月号から 2009 年 3 月号に渡って連載された石川健治、駒村圭吾、亘理格の各教授による「憲法の解釈」と題する連載。
[2] 佐藤・憲法論 661 頁。

厳格審査であれば、「やむにやまれないほど圧倒的な目的を達成するためのものであり、しかもその目的を達成するための手段が必要不可欠なものであること」が求められ、合理性の基準が適用されれば、法律ないし政府の行為は、「正当な目的のために合理的関連性を有していれば合憲」とされることになる[3]。審査の程度としては、合憲性の推定の有無が論じられている。

「二重の基準論」は、「『公共の福祉』によって安易に合憲とする判例の当初の動向に立ち向かう理論」として伊藤正己教授や芦部信喜教授が開拓者となって主張されたもので、その根拠として、「実体的価値論」「民主的政治過程論」「司法能力限界論」などが主張されたとされる[4]。このうち、「民主的政治過程論」(表現の自由が民主的政治過程が機能するために不可欠であることを二重の基準論の理由とするもの)が二重の基準を支える中核的理由であることには争いがない、といってよかろう。「実体的価値論」(表現の自由がそれ自体の価値として経済的自由よりも高いことを理由とするもの)は、松井茂記教授の強烈な異論がある[5]もののある程度一般に承認されている。なお、「司法能力限界論」(裁判所が当該規制の合理性を判断する能力において、立法府より劣ることを基準設定の理由とするもの)は経済的自由権の中での審査基準の使い分けの問題に関するものであると考えられる[6]ところである。

判例は、「二重の基準論」の主張の実体的な側面に関しては、少なくとも一定の範囲では受容しているといいうる。小売市場事件・最大判昭47・11・22刑集26巻9号586頁、北方ジャーナル事件・最大判昭61・6・11民集40巻4号872頁、泉佐野市民会館事件・最三小判平7・3・7民集49巻3号687頁、民主的政治過程論からいえば当然に厳格な審査が行われるべき選挙権について在外選挙権訴訟・最大判平17・9・14民集59巻7号2087頁などが参照されるべきである。ただ、合憲性の推定あるいはその排除というような審査の程度の側面に関しては理解を示していないし、実体的な側面に関してもその受容が不十分であるというのが学説一

---

[3] 松井・Context 74 頁。
[4] 佐藤・憲法論 661 頁。
[5] 松井・Context 140 頁。
[6] 松井・Context 96 頁。

般の理解であろう。学説の不満は、判例が抽象論として述べていることは正当であっても、なぜその抽象論から具体的な結論として合憲となるのか、というところにある場合もある。

(3)　三段階審査論

　三段階審査論は、ドイツの憲法裁判所の判例の展開と憲法学説に学んだ比例原則と結びついた考え方である。上述の「法学教室」誌の連載の他、学生・院生向けの連載・単行本[7]で議論が展開されている。その内容と用語法は必ずしも完全には統一されていないが、小山剛教授によれば、「三段階審査は①ある憲法上の権利が何を保障するのか(保護領域)、②法律および国家の具体的措置が保護領域に制約を加えているのか(制限)、③制限は憲法上、正当化しうるのか、という順で審査することを求める」[8]。この①②③が「三段階」審査といわれる所以であるが、重要なのは、③の中身で、これが「法律上の根拠(さらに、規範の明確性)があるかを問う形式的正当化」[9]と実質的正当化に分かれ、実質的正当化の検討の中核をなすのが比例原則の適用である。比例原則は適合性、必要性、狭義の比例性の3つの要素からなり、それぞれ、「①手段の適合性は、その手段が立法目的(規制目的)の実現を促進する場合に肯定される。その手段が立法目的の実現を阻害するか、目的を促進する作用を持たない場合には適合性が否定される」、「②手段の必要性は、立法目的の実現に対して等しく効果的であるが、基本権を制限する程度が低い他の手段が存在する場合に否定される」、「③狭義の比例性とは、『手段は追求される目的との比例を失してはならない』あるいは、『手段は追求される目的と適切な比例関係になければならない』」と説明される[10]。比例原則の適用には、緩やかなものと厳しいものがある(審査密度)[11]。

(4)　両者の違いは

　以上を前提に、両者の関係を考えてみよう。

[7]　小山・作法(同書の初版は 2009 年)および宍戸・憲法。
[8]　小山・作法 10 頁。
[9]　小山・作法 10 頁。
[10]　小山・作法 70-71 頁。
[11]　小山・作法 72 頁。

　まず、三段階審査の最初の二段階、保護領域と制限の問題については、これを審査基準論が考えていないということはあり得ない。審査基準論を前提とする解釈論も、この点を明示的に議論する必要がある場合は論じてきたはずであるし、そうでない場合は、論ずるまでもないから論じていないだけである[12]。形式的正当化についても、審査基準論と排他的関係にあろうはずがない[13]。さらに、比例原則の内容の①②についても、これをそれぞれどの程度実体的にまた手続的に（合憲性の推定などの問題として）厳しく問うかということは、審査基準論の中でも問題になっていると考えられる。

　問題は狭義の比例性（③）と審査密度の決定方法である。

　ここでいきなりやや言い訳じみるが、このあたりから私の話も少し手探り気味になってくる。というのも、学会でも、まだ、深い分析がなされ、広範に一致した見解が成立しているという段階になおない点だと思われるからである。このような論点が、判例に則して淡々と解説するだけでは済まないところに、我が国の憲法訴訟の未成熟さが顕れているのだとも思う。ドイツでも、アメリカでも、各論的な異論はあっても、総論としての三段階審査や審査基準論に実務的な異論は全く存在しないと思われる[14]。芦部教授や佐藤幸治教授の教科書や論文が、判例を解説する、あるいはそれに各論的に異論を唱えるだけに留まらず、そもそも憲法訴訟論の総論的なレベルで判例を教導しようというトーンで書かれていることは、その意味で、歴史的な（我々もまだその歴史の過程にある訳だが）現象なのである[15]。

　さて、話を元に戻す。審査基準論と三段階審査の要素の関係である。残りのうち、狭義の比例性が問題にしている内容は、審査基準論の目的手段審査の内容と審査の程度の問題に還元して説明が可能であるのかもしれな

---

[12] 市川正人「最近の『三段階審査』論をめぐって」法時83巻5号（2011年）9頁および松井・Context 300頁も同旨であろう。

[13] 同旨、市川・前掲注[12]。

[14] この点をアメリカの学説について述べつつ、我が国の学説の主張内容に疑問を示すものとして、安念潤司「判例で書いてもいいんですか？」中央ロー・ジャーナル6巻2号（2009年）85頁以下。

[15] このような文脈が、たとえば、市川正人「『厳格な合理性の基準』についての一考察」立命館法学333＝334号（2011年）1551頁以下が明晰に示す、厳格な合理性と中間審査基準の概念をめぐる混乱の背景にあるのであろう。

い（ドイツの学説にも狭義の比例性不要論があるそうだ[16]）。しかし問題は、その審査密度がどのように決まるのかである。この点は、審査基準論と三段階審査（というより比例原則）の相違として残る可能性がある。これは次項に即して考えよう。この点の理解が結局狭義の比例性についてどう考えるかを決するということにもなろう。

2　三段階審査では二重の基準論はどうなるのか？

この質問には2つの回答の候補がある。

1つは、二重の基準論は妥当しない、というものである。というのは、三段階審査が、その実体的な中身までドイツ直輸入で考えるということになると（なお、これはおそらく我が国の三段階審査論者の立場ではないので注意されたい）、「ドイツでは意見表明の自由の制限について厳格な基準を適用すべきだとの考え方はとられていない」[17]からである。これは、修正1条を中心とする権利保障を附随的・具体的に司法裁判所が行うアメリカ流と、人間の尊厳を中核とする権利保障を憲法裁判所が抽象的にでも行うドイツ流の相違であろう（筆者はドイツ固有の議論に詳しくないが、人間の尊厳を中核に据えれば、表現の自由が実体的価値として優位に立つとは論じにくく、また、憲法裁判所が抽象的審査権を憲法上もつことから出発すれば、アメリカでのように司法審査と民主主義の緊張関係を問題にする必要がなく、したがって、民主主義が正当なものであるために非民主的な機関である裁判所が、表現の自由についてだけは厳しく審査するのだという発想は生まれにくいのであろう）。

しかし、この意味での「直輸入」は必ずしも三段階審査を採用することの必然的帰結ではない。では、もう1つの回答として、表現の自由について、審査密度を高め、経済的自由権について低くすれば、それは比例原則流二重の基準論ということになるのであろうか？　なるほどたしかに、上述の相当強いレトリックを用いる石川健治教授も、結局、「多段階化の試みにおいて、やはり一日の長があるのはアメリカの違憲審査基準論です」[18]と述べる。しかし、この方向で簡単にまとまるかどうかには疑問がある。

[16] 小山・作法72頁。これはピエロート／シュリンクの立場である。

[17] 松井・Context 300頁。

[18] 石川健治ほか「Mission Alternative──連載2年を振り返って」法教342号（2009年）45頁〔石川発言〕。

　二重の基準論では、三段階審査論者のいう「審査密度」、二重の基準論者の用語では「審査の程度」は、まずは合憲性の推定が及ぶのか、逆に違憲性の推定が及ぶのかという形で、2項対立的に論じられることになる。これは、なによりも司法裁判所での付随的違憲審査という当事者主義的な発想と構造を背景にしているところからの帰結であろう（念のために付言するが、三段階審査では、保護領域について制限があれば、それが正当化されなければ違憲であるが、制限があることから、違憲と推定される訳でも、合憲と推定される訳でもない）。もちろん、本稿で詳細に立ち入るのは適切ではないので差し控えるが、合衆国最高裁の判事の中にも、スライディング・スケールで考えるという発想の裁判官がいたことはあり、付随的違憲審査制が論理必然的に非スライディング・スケールを帰結すると考えるのは、適切ではない。しかし、合衆国最高裁の判例が基本的には非スライディング・スケールで説明ができるのは、やはり、「司法審査と民主主義」の緊張関係を踏まえた1つの経験的な知見に基づく法理を展開したものと受け止めるべきであろう。

　これに対して、比例原則の「審査密度」は種々の要素を考慮しつつ、スライディング・スケール的に決まるように見受けられる。このことが、狭義の比例性の内容（加えて、比例原則では目的は正当であるか否かだけが問われており、審査基準が厳格な場合のような類型的実体的限定は施されていないこと）と相まって、「裸の利益衡量」[19]への先祖返り、裁判官の「恣意」[20]を許してしまう危険があるとの批判を審査基準論者から招いている。

　これらの点についてどう考えるかが、今後学説の議論の焦点となるであろう[21]。

[19] 高橋和之「違憲審査の方法に関する学説・判例の動向」曹時61巻12号（2009年）3609頁。

[20] 吉田仁美「合憲性審査基準をめぐって」法セミ675号（2011年）15頁。

[21] なお、長谷部恭男＝土井真一「有斐閣法律講演会2011法律学の学び方第3回〔対談〕憲法の学び方」法教375号65-66頁では、土井教授が、①猿払への回帰の懸念、②論証責任についての視点の欠落、③過度の実体への傾斜、④実務の動向への配慮の4点にわたって三段階審査論の問題点を指摘した上で、違憲審査基準論をベースにすべきことを明言し、これに長谷部教授が、「全くそのとおり」と応じている。憲法訴訟論の通説的立場を集約的に表現したものである。

3　三段階審査では比例原則はどのように当てはめればよいのか？（審査密度はどのようにして決定し、具体的にはどのように判断するのか）

実際には例えば小山教授は、判例に則しつつ、「重要な権利に対する強力な制限であれば、特段の事情がない限り、比例原則が厳格に適用される」[22] といった準則を見いだし、説明をされている。ただ、上述の点から明らかなように、むしろ総論段階で類型的に決定をしないということが、比例原則の立場の一つの特徴なのではないかと思われるところである。

4　今日では違憲審査基準論を捨てて三段階審査論をとる方がよいのか？

上述の議論（あまり充実した説明とはなっていないことを畏れるが）からすれば、おそらく両者はそういう全面的な排他的な関係にはない。基本的には、違憲審査基準論は、三段階審査論の指摘を吸収しつつ、我が国におけるさらなる憲法訴訟の充実に貢献することを目指すべきであろう[23]。ただ、2の後半で「審査密度」と「審査の程度」について検討した両者の発想の相違は、今後、「多段階化」が進行することによって、実際の結論には相違がなくなりうる部分があるとしても、なお、（種々の具体的論点について異なる結論を出さないことが仮にあっても、「法の支配」と「法治国家」が根本にある発想あるいは法秩序観を異にしているように）残存していくのではないかと考えられる。

なお、本書28「当事者主張想定型の問題について」（233頁）で述べる意味での「法実証主義的」観点からは、平成22年の「採点実感」が、「どのようなものでも審査基準論を示せばよいというものではない。審査基準とは何であるのかを、まず理解する必要がある。また、幾つかの審査基準から、なぜ当該審査基準を選択するのか、その理由が説明されなければならない」と述べつつ、「比例原則での個別的比較衡量を選択するのならば、なぜあらかじめ基準を立てない比例原則を採るのか、比例原則で何をどのように比較衡量するのかについて、それらがきちんと説明されていなければならない」と述べていることが注目される。審査基準論が妥当することは当然の前提とされ、比例原則の採用は、それ自体に論証責任が課せられている。また、平成20年の採点実感は「目的と手段の実質的（あるいは合

---

[22] 小山・作法73頁（ゴチック省略）。
[23] 同旨、長谷部＝土井・前掲注[21]。

理的)関連性の有無、規制手段の相当性、規制手段の実効性等はどうなのかについて、事案の内容に即して個別的・具体的に検討することが必要である」と述べている。多くの点で、審査基準論が、比例原則論の主張を吸収できるという理解が前提になっているのであろう。平成23年の「採点実感」は、パターン化した答案への嫌悪感の余り、審査基準論に対し過剰に否定的で、個別的な衡量に偏った口吻を不用意に漏らし、顰蹙を買ったが、その後「補足」が施されている(全て法務省・司法試験委員会のウェブサイトでみることができる)。その後も様々なことがあったが、結局は、基本的に妥当なところに落ち着いていると評価できる。

【参考文献】

長谷部恭男＝土井真一「有斐閣法律講演会2011法律学の学び方第3回〔対談〕憲法の学び方」法教375号(2011年)59頁以下。

高橋和之「違憲審査の方法に関する学説・判例の動向」曹時61巻12号(2009年)3597頁以下。

市川正人「最近の『三段階審査』論をめぐって」法時83巻5号(2011年)6頁以下。

小山剛『「憲法上の権利」の作法〔第3版〕』(尚学社、2016年)。

石川健治ほか「Mission Alternative——連載2年を振り返って」法教342号(2009年)25頁以下〔石川発言〕。

(松本哲治　同志社大学教授)

4　判例の捉え方

❶判例要旨をどのように取り扱うべきか？
❷判例法理とは何か？
❸なぜ「事案類型」に着目することが必要なのか？

1　判例要旨をどのように取り扱うべきか？

(1)　事案類型と判断枠組み

　「憲法判例」を学習するにあたっては、それが後の事件にとってどのような意味をもつのか、すなわちその「射程」を画することが重要である。例えば平成30年度の司法試験論文式・憲法の採点実感は、「判例に言及する場合には、単に事件名や結論を提示するのみでは十分とは言い難い」と指摘しているが、これは、事件名や判例要旨・論証パターンの暗記がそれ自体として重要なのではなく、いかなる問題類型の事件につき、どのような判断枠組みが採用されたのか、という点に着目した検討が必要であることを示唆している（判例要旨は、そのような検討の結果生み出された産物であるに過ぎない）。これが、いわゆる判例の射程、という問題である。

(2)　取扱注意の「判例要旨」

　一つ例を挙げてみよう。ある暴力団どうしの抗争で、ダイナマイトを詰め込んだ牛乳瓶を一方の組事務所に投げ入れようとしたが、うまく着火せずに事務所前を通り過ぎ、100m以上離れた空地付近で爆発した、というケースにつき、これが爆発物取締罰則1条にいう「爆発物ノ使用」に当たるとして有罪になった裁判例がある[1]。同条は「治安ヲ妨ケ又ハ人ノ身体財産ヲ害セントスルノ目的ヲ以テ爆発物ヲ使用シタル者」につき死刑又は無期若しくは7年以上の懲役又は禁錮に処すべき旨を定めている。このケースでは、肝心の相手方事務所に対して爆弾が投擲されたわけではなく、近隣の空き地で爆発したに過ぎないのであるが、これが「爆発物ノ使用」に当たるとされたのである。

　この裁判例では、同条を適用する根拠として、大審院の大正7年の裁判

---

[1] 大阪高判昭和40・12・9判タ189号159頁、及びその判断を是認した最一小判昭和42・2・23刑集21巻1号313頁。

例[2]を引用しているが、その「判決要旨」には、爆発物取締罰則1条にいわゆる「爆発物ノ使用」とは「同条所定ノ目的ヲ達スルカ為メニ爆発可能性ヲ有スル物件ヲ爆発スヘキ状態ニ措クノ謂ニシテ現実ニ爆発スルコトヲ必要トセサルモノトス」とある。これを踏まえて、大阪高裁・最高裁では、爆弾が相手方事務所で現実に爆発しなくとも「爆発物ノ使用」に当たるとしたわけである。

　しかし、大正7年判決は、加害対象たる内閣総理大臣・大隈重信が乗る馬車に対して爆弾が投げつけられたが、投擲力が足りず爆発しなかった、という事案である。ここでは、少なくとも、爆発物を加害目的たる人物に対して投げつけているのであって、加害目的たる人の身体財産を害するおそれのある具体的状況の下で、爆発物が爆発すべき状況におかれており、上記の裁判例とは決定的に事案類型を異にしている。最高裁で少数意見を書いた岩田誠は、この点に着目しつつ、新任判事補に対する講演の中で次のように指摘している。曰く、「この判例要旨というのは、大隈さんのこの事件は、『爆発しなかったから使用にならない』という論旨に答えて、『爆発しなくても使用になることもある。』ということをいっているだけで、こんどの判決の事案のように、目的物に向けられたかどうかという問題には触れていない。そういう点が問題の焦点になっていれば、大審院の判決の要旨も違ったことが出てきているはずだと思います。ですから判例を引用する場合には、よく事案を考えてやっていただく必要があると思います[3]」と。

2　判例法理とは何か？

　以上のことは、事案類型との対話のうちに「判例」の意味を探らなくてはならない、ということを示唆している。そのことの意味を、より立ち入って検討してみよう。

(1)　判例・判決例・判例法理

　まず、そもそも「判例」とは何か、という存外厄介な問題が存在するが（蟻川・後掲参照文献1頁）、ここでは、実定法上の用法と、講学上の用法との二つに分けて概観するにとどめる。

---

［2］大判大正7・5・24刑録24輯613頁。
［3］岩田誠『ある裁判官の思索と意見』(一粒社、1972年)230頁。

　わが国の実定法上、「判例」という用語は、刑事事件について「最高裁判所の判例と相反する判断をしたこと」、および「最高裁判所の判例がない場合に、大審院若しくは上告裁判所たる高等裁判所の判例又はこの法律施行後の控訴裁判所たる高等裁判所の判例と相反する判断をしたこと」を上告理由として認める刑事訴訟法405条2号・3号、並びに、民事事件における上告受理申立・許可抗告について同趣旨の定めを置く民事訴訟法318条、337条等において用いられている〔傍点附加〕。

　他方、講学上の概念としての「判例」は、①裁判所が下した判決の数々（＝「判決例」）、あるいは②これらの判決の中に含まれている一般的な命題であって、当該の具体的な事案を超えて広く一般に通用する法理論としての性格を持つもの（＝「判例法理」）といった意味で使われている[4]。しかし、判決に含まれる一般的な法命題ないし法理論とは何であって、また、裁判所はどうしてそのような一般理論を宣明することができるのだろうか。そもそも司法裁判所の役割は、眼前の法的紛争を適正に解決することであって、一般的理論の確立ではないはずではなかったか。

(2)　法規則命題の宣明の副次的・相対的性格

　この問題を考える際に示唆的なのが、中村治朗『裁判の世界を生きて』（判例時報社、1989年）における次のような指摘である。すなわち、具体的紛争の解決を目的とする裁判においては、結論に至る理由が示される必要があるが、この理由には、証拠に基づく客観的・合理的な事実認定と、これに対する法規則の適用によって当該結論が導かれることが示される必要がある（その前提として法規則命題の宣明が行われる）。それでは、この法規則命題の宣明をもって、「広く一般に通用する法理論」たる「判例法理」と捉えてよいだろうか。そこには、しかし、いくつかの留意点がある（同書322頁以下）。

　第1に、司法裁判所が設けられた窮極の制度目的は、裁判所に係属して

---

[4] いわゆる「事例判決」と言われるものは、まさしく当該事案の具体的な事実関係を前提にして、その限りで下された判断であり、ここでいう「判決例」に他ならない。これに対して「法理判決」は、当該の具体的事案を超えて、他の同様の事案にも通用する一般的な法理を示したものであって、「判決例」であると同時に、その理由中に「判例理論」ないし判例法理を含むものだ、とされる（藤田宙靖『裁判と法律学——「最高裁回想録」補遺』〔有斐閣、2016年〕36-39頁）。

いる具体的紛争の適正な解決であって、個々の法規則命題の宣明は、そのような目的に至る過程・ステップとしての意義しか持たない（＝決して、法理論の確立それ自体や、学説対立の決着自体が目的なのではない）。

第2に、それらの法規則命題の宣明は、当該訴訟における個々の争点に対してなされるものであるから、各争点が紛争全体の裁判による解決（＝裁判の窮極の目的）に際して占めている比重・重要性に応じて、各々の法規則命題の宣明がもつ比重・重要性も多様である。また、この争点自体、当事者が主張するものに限られるのが原則である。

第3に、各々の法規則命題は、たとえ一般論を展開しているように見えても、その事件の個別的な事実関係と切り離して理解することはできない。その意味で、「法理判決」に見えるものも、厳密に言えば「事例判決」としての性質を本来的に有している[5]。

このように、法理判決・事例判決の区別は相対的なものであって、法理判決に含まれる法規則命題（一般的法理論）の宣明も、当該事案との関係でその意義・重要性を考察する必要がある。その背景には、裁判所の判断が正統性を持つためには、それが経験的判断であることを必要とする、という洞察が控えている。

そもそも司法権（憲法76条1項）を発動するためには「事件性の要件」の充足が求められるが、この事件性の要件は、①争訟の主観的権利性の要件（＝争訟が国民の主観的権利・義務にかかわるものでなければならないという要請）と、②争訟の具体性の要件（＝争訟が具体的事実の中で成熟していなければならないという要請）とに分析して考えることができる[6]。このうち②の要件は、実際に生じた具体的な紛争について、裁判所が経験的な事後判断を行うことに着目し、そのような経験的判断だからこそ、民主的正統性の希薄な裁判所による判断権の行使（による法秩序形成）が正統化され、また、その枠内で違憲審査権を行使することも正統化される、と考えるのである。

---

[5] 藤田宙靖・元最高裁判事の次のような指摘を参照。「厳密に言いますと、判決理由というのは、一般論を展開しているように見えても、実はそれは、その事件の個別的な事実関係と切り離して理解することはできないのであって、これは最高裁判例にあっても基本的に同じことです」（藤田宙靖「最高裁判例とは何か」横浜法学22巻3号〔2014年〕293頁〔後に藤田・前掲『裁判と法律学』36頁に収録〕）。

[6] 土井真一「法の支配と司法権――自由と自律的秩序形成のトポス」『憲法五十年の展望Ⅱ』（有斐閣、1998年）79頁以下、とりわけ117頁以下。

(3)　判決理由の拘束力

　「判例」の意義を考える際には、他方、判例がもつとされる拘束力の面からも考察する必要がある。すなわち、主文の理由を導くのに直接の論拠となる判断(=判決理由 *ratio decidendi*)のみが判例であると説明されることも多い反面、実務上は、判決で示された「理論」(ないし理由付けのための一般的法命題)が判例とされる場合もある[7]。判例の位置づけは、判例法主義を採用する英米法系と、成文法主義を基調とする大陸法系とで異なっているが、わが国では明治期以来の大陸法システムの基層の上に、占領改革期に英米法系システムが導入された結果、両者が交錯する中間的な形態を呈しており、(憲法)判例の位置づけについても、次のような特殊なあり方をみせている。

　すなわち、英米法系では傍論(*obiter dictum*)から区別される判決理由(*ratio decidendi*)に法的拘束力が認められ、同種の事件においては、裁判官は同じ判決理由に依ることが要請される(先例拘束性の原理〔*doctrine of stare decisis*〕)[8]。これに対して、大陸法系は成文法による画一的な垂直下降型の秩序形成システムである点に特質をもち、制定法の周辺領域(間隙部分や解釈により補充すべき領域)において同趣旨の判例が蓄積されることにより、事実上の拘束力が生じるに過ぎないとされる。

　この点、わが国では、上記の歴史的経緯から、「事実上の拘束力」説が通説であり、その実定法上の根拠は、憲法76条3項および裁判所法4条に求められてきた。他方、新たに有力説として提示された法的拘束力説は、憲法76条1項、先例拘束性の原理の理念的基盤(公正の観念)、憲法14条、31条、32条等を根拠にして、(憲法)判例(とくに最高裁のそれ)には、法源性(=法的拘束力)が承認されるべきであると主張する[9]。

　ただし、法的拘束力説の理解する「判例」の内容が、他説に比して予め

---

[7]　横大道聡・後掲参照文献2頁。

[8]　「判決理由」と「傍論」とを区別するこのような思考法が、厳格な先例拘束性の理論がはたらくイギリス法実務を前提にしたものであり、当該「先例」の妥当する領域を限定するという実践的意義をもっていた(したがって厳格な先例拘束性の理論が妥当しないところでは、このような実践的解釈技術がもつ価値はその分後退する)ことにつき、田中英夫「外国判例の読み方——自分の国の判例の場合とは違うべきではないか」ジュリ312号(1964年)101-104頁を参照。

[9]　佐藤幸治『憲法訴訟と司法権』(日本評論社、1984年)を参照。

限定されていることに注意が必要である。すなわち、いわゆる憲法判例を例にとれば、法的拘束力をもつのは、憲法裁判に示される憲法判断の、その結論に至る過程で直接必要とされる憲法解釈（憲法規範による理由づけ・正当化＝ *ratio decidendi*）のみである[10]。しかも、その憲法的論拠自体、上述のように、具体的な事実関係を前提に当該紛争の解決に必要な限りで示されるものであって、法理判断とされているものも実は一個の「事例判断」に他ならない。このように限定された射程をもつ「先例拘束性の原理」の下、最高裁は自らの憲法判例に拘束され（〔憲法〕判例の変更には大法廷の審判を必要とする）、また下級裁判所は最高裁判所の憲法判例に拘束されることになる。

3　なぜ「事案類型」に着目することが必要なのか？

(1)　事案類型に基づく推論・区別

　このような観点からすれば、「法理判決」に含まれるとされる一般的な法規則命題の宣明も、また判決例の蓄積から帰納的に抽出される判例法理も、それが司法裁判所の法秩序形成として正統性を持つためには、各ケースにおける具体的な司法事実との対話のうちに紡がれた「見立て」に基礎をもつことが必要になる。裁判において、この「見立て」による説得と応答が重要になる所以である[11]。

　以上を踏まえれば、裁判例から抽出された判旨ないし判例法理は、そもそも、当該事件の背景事実から抽象化されて——引き剥がされて——はその意義の大半を喪失することが了解されるだろう。重要な法的争点が問題

[10] かつて、わが国の最高裁判例は、憲法判断を示す場合に、極めて抽象的な法理・準則を提示することが多かったが、具体的な事件の解決に必要な限度を超えた一般的法理の展開は、事件争訟性の要件を中核とする「司法権」規定と、原理的に矛盾する危険性を孕んでいる。

[11] 見平典「アメリカにおける少数意見制の動態」大林啓吾・見平典編『最高裁の少数意見』（成文堂、2016年）141頁は次のように指摘する。「裁判所の正統性を討議性から調達するためには、単に裁判官が少数意見を活発に提出し、自己の立場を詳述すればよいというわけではない。裁判所を討議空間とするためには、裁判官が異なる立場からの説得に対して開かれた姿勢を維持すること、そして、提出意見において他の裁判官・下級裁判所・当事者・アミカスの意見に対して丁寧に応答することが求められる」と。最高裁が過去の最高裁判例の論理過程（「見立て」）を理由づけなきままに変更することの孕む問題性について、蟻川・後掲参考文献を参照。

となっている場合には（いわゆるハードケース）、我々は何が法であり、何が重要な関連事実であるのかを予め知ってはいないのが通例である（だからこそ紛争が生じる）。それゆえ、事実への適用のうちに法の意味を探求し、かつ、探求された法の意味に照らして重要な関連事実の範囲を確定する、という実践作業が必要になるのである。こうして、重要な法的問題においては、何が法であり、何が重要な事実であるかを、一定の見立てのもとに説明することこそが求められているのである。

　この点を今少し敷衍すれば、「通常『P ならば Q』と単純に理解されている命題も、その多くは、『P_1 かつ P_2 かつ P_3 かつ……P_n ならば Q』という複雑さを有している[12]」のが通例であって、ある法命題を単純に事実に適用できるとは限らない、という点に注意が必要である。具体的事案における前提条件の組み合わせ（「事案類型」）によっては、Q ではなく Q' 又は Q" という結論を導くべきケースもありうるし、またどのような前提条件の組み合わせであれば等しく Q（ないし Q' 又は Q"）という結論が導かれるのかは、具体的事実に照らし経験的に思惟して初めて明らかになることが多い。そこで、一定の見立てに基づいて前提条件と結論の組み合わせを検討する――解釈する――必要が存するが、この見立ては唯一つであるとは限らない（だからこそ解釈の争いが生じる）。我々は、各事案の無数の事実関係を踏まえつつ、一定の見立てに基づく前提条件（に該当する事実）と結論の組み合わせを見出し、これに基づく類推（アナロジー）および区別（ディスティンクション）を行うことによって、他者を説得しようとする。それゆえ、裁判においては、その裁判結果に服する者の権利保護の観点からも、また、判例法理の意味を法共同体の構成員に納得させるためにも、裁判官は、当該判断がいかなる「見立て」に基づくものであるかを示す必要が存するのであり、判例を学ぶとは、このような「見立て」を批判的に追体験することに他ならない。

⑵　判断枠組みの創出

　裁判にその生涯をささげた中村治朗[13]は、こうして、裁判作用の要諦

---

[12] 土井真一「憲法解釈における憲法制定者意思の意義――幸福追求権解釈への予備的考察をかねて〔⑷・完〕」法學論叢 131 巻 6 号（1992 年）27 頁。

[13] 「裁判の殉教者」としての中村については、まずもって、渋川満『裁判官の理想像』（日本評論社、2016 年）2-24 頁を参照。

につき、次のように後進に語り遺している。いわく、「裁判官は、その判断を示す判決の中で、なぜ自分がそれを正しい答えと考えるかについての理由を明らかにすることによって、自己が前述のような〔法源理に基礎づけられた最善の解釈を求めるという〕真摯な労力を払ったことを実証するのであり、更に進んで、その答えの正しさの承認に向けての説得を試みるのであります[14]」と。そこに唯一の正解はなく、判決理由はむしろ、当事者や法曹・学者等による批判・評価を通じてその価値を測られる。すべては「裁判の内容およびその理由付けが有している説得力」のいかんにかかっているのである。

　しかし、繰り返すならば、ハードケースにおける裁判の内容・理由づけ（「見立て」）が説得力を持つためには、——我々は何が法であり、何が重要な関連事実であるのかを予め知ってはいない以上——事実への適用のうちに法の意味を探求し、かつ、探求された法の意味に照らして重要な関連事実の範囲を確定する、という実践作業が必要になる。しかし、無数の事実の中から、ある事実を重要な関連事実としてつかみ出すためには、一定の眼差しが必要である。というのも、特定類型の事実が「重要な」事実であるためには、それを重要なものたらしめる法規則命題の理解が前提となるところ、この理解は、先例や立法過程、法源理、憲法制定過程などと調和するよう、体系的・整合的な説明が可能なものでなくてはならないからである。

　この「体系的・整合的な説明」がナラティヴ（物語、見立て）である。裁判官に必要なのは、このナラティヴの創出能力であり、また当事者は、自己に有利な体系的説明（ナラティヴ）が承認されるよう、裁判官の説得を試みる。少数意見は、法廷意見とは異なる「見立て」で当事者及び人々を説得しようとする。こうして、司法意見が一定の事実との関係で位置づけられなくてはならない、という場合の「事実」とは、事実審の認定した司法事実そのものというよりは、むしろ、文脈（context）ないし地平（horizon）を設定するような事実、特定の観点から類型化された事実（事案類型）を意味することになる。事例問題の解答に当たって、「当該事例の事案類型をその『近い』判例の事案類型から隔てている当該問題の特性を析出し、次に、当該特性があることに即応させるならばその『近い』判例の『判断枠組

［14］中村・前掲『裁判の世界を生きて』414頁。

み』をどのように変容させるのが適切かを考え」ることの重要性が指摘される[15]のも同趣旨であって、一定の見立てに基づき類型化した事案の相違ないし特徴に応じて、説得的な判断枠組みを構築できるか否かが問われているのである。この事案類型とセットで導出された法規則命題は、それゆえ、この文脈・地平(事案類型)から引き剝がされて抽象的な命題として捉えられた場合には、将来の紛争をいかに解決すべきかについて、殆ど語るところがない。冒頭で見た、大阪高裁および最高裁による大正7年大審院判決の「判決要旨」の取り扱いをめぐる問題は、この問題を浮き彫りにしているように思われる。

【参考文献】

蟻川恒正「憲法判例と判例研究」辻村みよ子編著『ニューアングル憲法』(法律文化社、2012年)1-22頁。

横大道聡「憲法判例の『射程』を考えるということ」同編著『憲法判例の射程』(弘文堂、2017年)1-15頁。

(赤坂幸一　九州大学教授)

[15]蟻川恒正「起案講義憲法〔第23回〕2015年司法試験公法系第1問」法教418号(2015年)100-101頁。
　　蟻川の挙げる例をもう一つ紹介すれば、例えば目的効果基準という大変射程の広い判例法理を生み出したように捉えられてきた津地鎮祭訴訟最高裁判決(最大判昭和52・7・13民集31巻4号533頁)と、その判断枠組みを表面的には継承したかに見える箕面忠魂碑訴訟最高裁判決(最三小判平成5・2・16民集47巻3号1687頁)は、事案類型に応じた考慮要素の導出(=判断枠組みの設定)という点で、実質的には2系列に分類しうる。それが空知太神社訴訟最高裁判決(最大判平成22・1・20民集64巻1号1頁)の理解にとっても重要な意味を持つことにつき、蟻川恒正「政教分離規定『違反』事案の起案(1)〜(3)」法教434号(2016年)〜同436号(2017年)所収、を味読されたい。

5 最高裁判例における利益衡量論

❶利益衡量論とはいかなるものか？
❷最高裁判例における利益衡量論とはいかなるものか？
❸最高裁判例における利益衡量論の問題点は何か？

1 利益衡量論とはいかなるものか？

(1) 意義

利益衡量論とは、次のように説明される。つまり、「裁判ないし紛争解決にあたり適用すべき法律の規定又は考慮すべき法的価値判断が複数存在する場合に、それぞれの規定ないし価値判断をとれば関係者のどのような利益をどの程度にまで保護することになるかをつきつめて考え、その結果を比較し、いわば秤にかけて、より大きな利益をもたらすと思われる結論を出すこと、又は比較衡量の過程をその結論の理由として明示すること」[1]、と。法解釈における利益衡量には、2つの次元がある[2]。①一般に、当事者間の利益を衡量し、いずれを保護すべきかを決断（価値判断）する意味での利益衡量論がある（広義の利益衡量論）。およそ法は対立する利益を整合・調整する役割を担うといわれるが[3]、それはこの点にかかわるものといえる。一方、②個別の法において、その解釈の多様性や「法の欠缺」などにより、法的判断においてさらに何らかの基準が求められる場合に、利益衡量が用いられる場合がある（狭義の利益衡量論）。

(2) 民法学における利益衡量論

利益衡量論、特に②狭義の利益衡量論をめぐって論じられたのは、民法学説においてであった[4]。加藤一郎教授は、法的判断過程において、形式にとらわれず実質的な利益衡量が十分行えるよう、既存の法令を意識的に除外し、具体的事実の中から、当該事件をどう処理・解決すべきかをまず

---

[1] 竹内昭夫ほか編集代表『新法律学辞典〔第3版〕』（有斐閣、1989年）1429頁。高橋和之ほか編集代表『法律学小辞典〔第5版〕』（有斐閣、2016年）1319頁は、合憲性審査と法解釈方法論との場面を区別をして説明する。

[2] この区別につき、水本浩「民法学における利益衡量論の成立とその成果(4・完)」民商法雑誌64巻2号(1971年)175頁、207-208頁参照。

[3] 伊藤正己「憲法解釈と利益衡量論」ジュリ638号(1977年)198頁。

考え、その後、法令による形式的な理由付け（法的構成）を行う解釈法を提唱した[5]。また、星野英一教授は、法の解釈は必ず一定の利益・価値を保護し実現する機能ないし意味を持っているとして、対立する諸価値・諸利益の調和的実現を考える、価値判断・利益考量による解釈を示した[6]。

しかし、以上については、①異質の利益間での比較衡量は可能か、②利益衡量論は客観的基準を提供できないのではいか、③利益衡量論は裁判官への白紙に近い信頼の上に成り立っている、などの批判があった[7]。これらは、利益衡量論固有の問題点を指摘するものでもある（後述 3）。

2 最高裁判例における利益衡量論とはいかなるものか？

憲法判例に目をむけると、戦後初期の最高裁判例は、例えば、「新憲法下における言論の自由といえども、国民の無制約な恣意のまゝに許されるものではなく、常に公共の福祉によつて調整されなければならぬ」、などとして、「公共の福祉」による権利制約を三段論法式に肯定していた（最大判昭 24・5・18 刑集 3 巻 6 号 839 頁等）。しかし昭和 40 年代以降、こうした傾向に変化がみられ、最高裁は、利益衡量論的手法で権利制約の適否を判断するようになる[8]。和教組事件（最大判昭 40・7・14 民集 19 巻 5 号 1198 頁）や全逓東京中郵事件（最大判昭 41・10・26 刑集 20 巻 8 号 901 頁）が先駆とさ

---

[4] 田中成明『現代法理学』（有斐閣、2011 年）482-485 頁など参照。より詳細には、水本浩「民法学における利益衡量論の成立とその成果(1)〜(3)」民商法雑誌 62 巻 6 号 941 頁、63 巻 2 号 179 頁、63 巻 4 号 503 頁(1970-1971 年)、水本・前掲注[2]参照。

[5] 加藤一郎『民法における論理と利益衡量』（有斐閣、1974 年）23-31 頁。

[6] 星野英一『民法論集 第 1 巻』（有斐閣、1970 年）6-11 頁、15-27 頁。用語の問題であるが、加藤説は「利益衡量」を、星野説は「利益考量」をそれぞれ標榜している。平井宜雄『法律学基礎論の研究——平井宜雄著作集 I』（有斐閣、2010 年）45 頁注(8)参照。

[7] 水本・前掲注[2]195-205 頁。

[8] 以下につき、芦部・憲法学 II 200 頁以下参照。より詳細な検討として、伊藤・前掲注[3]200-201 頁、浦部法穂「利益衡量論」公法研究 40 号(1978 年)89 頁、97-102 頁、山川洋一郎「利益衡量論」芦部信喜編『講座憲法訴訟 第 2 巻』（有斐閣、1987 年）所収 301 頁、304-334 頁、渡辺康行ほか『憲法 I 基本権』（日本評論社、2016 年）99-109 頁〔渡辺執筆〕などがある。近年の最高裁判例における利益衡量論については、【参考文献】に掲げた上田教授の分析と、千葉元裁判官の思考を対比されたい。また、ドイツの諸学説を手がかりに利益衡量の理論的意義を分析する、長尾一紘『基本権解釈と利益衡量の法理』（中央大学出版部、2012 年）も参照。

れるが、後者では、労働基本権が「内在的制約」を内包するものとしつつ、その尊重の必要性と国民生活全体の利益を維持増進する必要とを比較衡量すべきことが説かれ、その制限は、「合理性の認められる必要最小限度のもの」にとどめるべきものとされた。その趣旨は全農林警職法事件（最大判昭48・4・25刑集27巻4号547頁）等によって変遷していくが、利益衡量論自体は、以後、様々な場面で登場する。

(1)　立法の合憲性判断枠組みの場合

① 　立法裁量統制枠組みとしての利益衡量（「比較考量」）論

　まず、立法裁量の合憲性判断枠組みとして利益衡量（「比較考量」）論が用いられることがある。これらの判例では、立法裁量がある程度前提となる規制等について、裁量統制の枠組みとして利益衡量（「比較考量」）論を援用しつつ、規制目的と規制手段の両面にわたって審査する点で共通する部分がある[9]。薬事法違憲判決（最大判昭50・4・30民集29巻4号572頁）は、職業の自由について、「具体的な規制措置について、規制の目的、必要性、内容、これによつて制限される職業の自由の性質、内容及び制限の程度を検討」する「比較考量」の基本枠組みを示し、これは「第一次的には立法府の権限と責務」であるが、立法裁量の範囲には「事の性質上」広狭があり、裁判所は、「具体的な規制の目的、対象、方法等の性質と内容に照らして、これを決すべきものといわなければならない」、とした。この「比較考量」の枠組みは、森林法違憲判決（最大判昭62・4・22民集41巻3号408頁）・証券取引法合憲判決（最大判平14・2・13民集56巻2号331頁）などでも踏襲される。郵便法違憲判決（最大判平14・9・11民集56巻7号1439頁）は、国家賠償責任の制限・免除等につき、当該公務員の行為態様、被侵害利益の種類・程度、免責・責任制限の範囲・程度等に応じ、規制目的の正当性、目的達成手段としての合理性・必要性を「総合的に考慮」すべきものとしている。

② 　厳格度を高めた枠付けによる利益衡量論

---

[9] 高橋和之「違憲審査方法に関する学説・判例の動向」曹時61巻12号（2009年）1頁、26-41頁参照。尾島明・最近解民平成14年度(下)598頁、609頁は、郵便法違憲判決の審査基準について、「法令の目的とその目的を達成する手段の合理性及び必要性をみるという点で、結果的に憲法29条の違憲審査基準と類似したものになっている」、という。

　また、利益衡量論を基本枠組みとしつつ、問題となる権利・自由の意義
を重視し、厳格度を高めた基準等で枠づけて判断するものがある。よど号
ハイジャック新聞記事抹消事件(最大判昭58・6・22民集37巻5号793頁)は、
利益衡量(較量)論に立ちつつ、新聞等の閲読の自由が憲法上保障されるべ
きことを述べた上で、当該自由の制限が「真に必要と認められる限度」に
とどめられるべきであるとし、かつ、障害発生の程度につき「相当の蓋然
性」があることを要求した。一方、規制立法が対象を極めて限定し、利益
間の価値優劣が明らかであるとされる場合には、他の厳格な基準等によっ
て枠づけることなく、利益衡量そのもので判断している(最大判平4・7・1
民集46巻5号437頁〔成田新法事件〕、最三小判平19・9・18刑集61巻6号
601頁〔広島市暴走族追放条例事件〕)[10]。公職選挙法251条の3(組織的選挙運
動管理者等にかかる連座制)の合憲性に関する事例(最一小判平9・3・13民集
51巻3号1453頁)は、特に厳格な審査基準を援用することなく、立法目的
にかかる利益との比較衡量において、規制手段の必要性・合理性の審査を
している[11]。

③　「猿払基準」における利益衡量論

　一方、猿払事件最高裁判決(最大判昭49・11・6刑集28巻9号393頁)にお
ける「猿払基準」のうち、第三基準、すなわち、「政治的行為を禁止する
ことにより得られる利益と禁止することにより失われる利益との均衡」で
も、利益衡量論が採られている。これは「個別的比較衡量」・「基準なしの
衡量」として強く批判されたが[12]、この「猿払基準」は、戸別訪問禁止違
反事件(最二小判昭56・6・15刑集35巻4号205頁)、寺西判事補分限裁判最
高裁決定(最大決平10・12・1民集52巻9号1761頁)、広島市暴走族追放条
例事件(前掲最三小判平19・9・18)などで踏襲されたほか、利益衡量の一般
的基準の先例として援用されることがあった(家永第一次教科書訴訟最高裁

[10] 千葉勝美・最判解民平成4年度220頁、244頁、前田巌・最判解刑平成19年度403-408
　　　頁。よど号事件が引用する最大判昭45・9・16民集24巻10号1410頁(未決勾留拘禁者に
　　　対して喫煙を禁止する監獄法施行規則等が争われた事例)でも同様であった。

[11] 菅野博之・最判解民平成9年度(上)456頁、472頁。

[12] さしあたり芦部信喜『憲法訴訟の現代的展開』(有斐閣、1981年)251頁、265-266頁、高
　　　橋和之「審査基準論の理論的基礎(上)」ジュリ1363号(2008年)64頁、71頁、74-76頁、同
　　　「(下)」ジュリ1364号(2008年)108頁、110-111頁、113頁以下、宍戸常寿「『猿払基準』の
　　　再検討」法時83巻5号(2011年)20頁、23-25頁など参照。

判決〔最三小判平5・3・16民集47巻5号3483頁〕など）[13]。

　周知のように、その後、最高裁は、堀越事件・世田谷事件（最二小判平24・12・7刑集66巻12号1337頁・同1722頁）によって、猿払事件最高裁判決の射程を相当限定した。ただし、堀越事件等にあっても、「昭和50年以降積み上げられてきた最高裁判例の合憲性審査の基準、すなわち精神的自由の重要性に鑑み、これを規制することにより得られる利益と失われる利益とを比較衡量ないし利益衡量して、前者が大きい場合でなければ憲法適合性は認められないという判断枠組みにより判断すべきであるとし、その利益衡量が恣意的にならないための基準として、いわゆる『厳格な基準』を用いて審査している」とされている（【参考文献】の千葉・後掲書48頁）。

(2) 法令の解釈適用または具体的処分等の場合

　以上のほか、利益衡量論は、法令の解釈適用や具体的処分の憲法適合性の判断においても援用される。その先駆として博多駅テレビフィルム提出命令事件（最大決昭44・11・26刑集23巻11号1490頁）があるが、次のものも注目される。

① 法令の文言解釈における利益衡量論

　「悪徳の栄え」事件最高裁判決（最大判昭44・10・15刑集23巻10号1239頁）では、刑法175条の構成要件該当性・違法性阻却事由につき、被侵害法益と文書公表による社会的利益（芸術的・思想的・文学作品としての公益性）との比較衡量によるべき旨の個別意見が付された（岩田誠裁判官意見・奥野健一裁判官反対意見。田中二郎裁判官の有名な「相対的猥褻概念」論は、その延長線上に位置づけることもできる）。

　また、刑事法における構成要件該当性解釈や違法性阻却の許否には、当該行為の目的・態様、必要性・緊急性、手段の相当性等をめぐる法益の衡量が求められ、その場合、憲法的価値との衡量がなされる場合がある。自衛隊官舎ビラ配布事件（最二小判平20・4・11刑集62巻5号1217頁）・分譲マンションビラ配布事件（最二小判平21・11・30刑集63巻9号1765頁）は、違法性の評価につき、「表現の自由の行使」の価値と管理権侵害・「私生活の平穏」とを衡量した結果、前者については「表現の手段」に対する制約

---

［13］猿払事件の与えた影響力につき、渡辺康行「憲法訴訟の現状」法政研究76巻1・2合併号（2009年）33頁、42-47頁参照。また、西野吾一・最判解刑平成21年度35-39頁も参照。

に過ぎないものとみて、後者に重きを置いて判断したものと解することができる[14]。

② 　厳格度を高めた枠付けによる利益衡量論

　そして、立法の合憲性の場合と同様に、権利の重要性などに応じて、具体的法令適用等にかかる利益衡量をより厳格な基準で枠づける場合がある。『北方ジャーナル』事件（最大判昭61・6・11民集40巻4号872頁）は、表現行為に対する事前抑制は「厳格かつ明確な要件」の下で許され、かつ、公人等に対する評価等にかかる表現の事前差止めは、私人の名誉権に優先する社会的価値を含む点で原則として許されない、として、公的言論の重要性をふまえた衡量枠組みが示されている[15]。泉佐野市民会館事件（最三小判平7・3・7民集49巻3号687頁）は、集会の自由の重要性と、当該集会開催によって侵害される他者の権利の内容や侵害発生の危険性の程度等との比較衡量によるべきものとしつつ、集会の自由の制約は精神的自由の制約であることから「厳格な基準の下」になされるべきであるとして、条例の文言を限定解釈し、かつ、「明らかな差し迫った危険の発生」の具体的予見可能性を要求している。NHK記者証言拒絶事件（最三小決平18・10・3民集60巻8号2647頁）は、民訴法197条1項3号にいう「職業の秘密」に基づく証言拒絶につき、保護に値する秘密について比較衡量の枠組みを一般的に示しつつ、報道関係者の取材源については、当該報道の内容や取材源開示により生じうる不利益等と、当該民事事件の内容や証言の必要性等を比較衡量すべきであるとした。そして、先述の博多駅事件を引用しつつ、取材源の秘密は「重要な社会的価値を有する」ものであることから、当該報道の公共性、取材方法等の適法性等が肯定され、当該事件の社会的意義や公正な裁判の実現性、証言の必要不可欠性等が認められない場合には、原則として取材源にかかる証言を拒否しうるものとしている。

[14] 以上につき、前田雅英「憲法的価値判断と刑法的利益考量」警察学論集63巻3号（2010年）164頁、168-174頁参照。

[15] なお、和歌山カレー事件にかかる被告人の容貌等の撮影およびイラスト画公表が争われた事件（最一小判平17・11・10民集59巻9号2428頁）では、容貌等の撮影の違法性につき、「総合考慮」によるべきものとしている。

3　最高裁判例における利益衡量論の問題点は何か？

(1)　利益衡量論固有の問題性

　以上のように利益衡量論を広く用いるのが最高裁判例であるが、法的紛争処理が相対立する様々な利益を調整する側面を伴う以上、法解釈の手法としての利益衡量論(広義の利益衡量論)それ自体を否定することは難しい。問題はむしろ、憲法判断の基準として利益衡量論を用いること(狭義の利益衡量論)にあるといえる。つまり、この場合の利益衡量は、きめ細かな憲法判断を可能とする一方、①比較の基準が不明確で、かつ比較対象の選択を裁判所の裁量に委ねてしまう、②憲法上の権利の制約について利益衡量による場合、「秤の重みが権力の側に傾く可能性が大きい」、ということである(芦部・憲法学Ⅱ 208 頁)。これらの問題は民法学における利益衡量論に対する批判とも共通するが、ここにこそ、利益衡量論固有の問題が潜んでいる。

(2)　利益衡量論の課題とその克服

①　利益衡量論の限定的援用

　以上の問題を克服する方途として、表現の自由とプライバシー権の調整など、利益衡量論を、国家が第三者的仲裁者としての立場で、対立する同程度に重要な利益の調節を行う場面に限定するアプローチがある。また、審査基準を具体的に適用する際の手法として用いるべきことも指摘される(芦部・憲法学Ⅱ 210-212 頁)。

②　利益衡量過程の枠付け・適正化

　より一般的な対処法は、利益衡量過程を枠付けるものである(佐藤・憲法論 664 頁等)。違憲審査基準論は、まさにその役割を担って登場したものであった[16]。ただし、すでにみたように、最高裁自身、この努力をしようとしてきた点にも注意したい。それは、立法裁量にかかる利益衡量を目的 – 手段審査の枠組みで検討する姿勢にもみることができるが(上記 **2**(1)①)[17]、特に、昭和 50 年以降の最高裁大法廷判例は、基本的人権制約の合憲性審査にあたって、一定の利益を確保しようとする目的のために制限が

---

[16] 高橋・前掲注[9]6 頁以下、高橋和之「審査基準論」ジュリ 1089 号(1996 年)165 頁、169-170 頁。
[17] 駒村圭吾『憲法訴訟の現代的転回』(日本評論社、2013 年)15-22 頁参照。

必要とされる程度と、制限される自由の内容・性質、制限の態様・程度等を具体的に比較する利益衡量論を採用し、その際、事案に応じて厳格な審査基準等を併せて考慮したものがある、といわれる[18]。この方向は基本的に評価しうるものであるが、ただ、目的－手段審査に要求されるべき「合理性」・「必要性」の程度や[19]、そもそも利益衡量論と厳格度を伴う審査基準とをストレートに「つなぎ合わせる考え方」が成立しうるかについては、一定の留保も必要であろう（芦部・憲法学Ⅲ 492-493頁。また、【参考文献】の上田・後掲63頁も参照）。

③ 「切り札型思考」による憲法判断

さらに、最近では、諸々の利益との衡量を許さない、「切り札」としての権利（長谷部・憲法111頁以下）からアプローチする試みがある（「切り札」型思考）[20]。これは、憲法上保護を受けるべき行為類型や憲法上許容されざる国家行為等を憲法レベルで概念定義しておき、それ以上の衡量を許さずに憲法判断を行う手法である[21]。その典型は検閲の禁止（憲21条2項）や「残虐な刑罰」の禁止（同36条）であるが、例えば、表現の自由をめぐる定義づけ衡量や範疇化などによって、こうした思考の可能性を追究することも期待される（佐藤・憲法論262頁参照）[22]。

【参考文献】

山川洋一郎「利益衡量論」芦部信喜編『講座憲法訴訟 第2巻』（有斐閣、1987年）所収301頁。

千葉勝美・最判解民平成4年度220頁。

千葉勝美『違憲審査』（有斐閣、2017年）第Ⅱ章。

亘理格「利益衡量型司法審査と比例原則」法教339号（2008年）37頁。

上田健介「利益衡量論と審査基準論のあいだ」法律時報91巻5号（2019年）58頁。

（尾形 健 学習院大学教授）

[18] 千葉・前掲注[10]242頁（ここでは「利益較量論」と表記される）。また、堀越・世田谷各事件の千葉裁判官補足意見参照。

[19] 駒村・前掲注[17]21-22頁。「必要性」・「合理性」の要求する程度や意味につき、LS憲法研究会・プロセス311-313頁〔石川健治〕参照。

[20] 青井未帆「演習」法教355号116頁、同357号156頁（2010年）、阪口正二郎「憲法上の権利と利益衡量」一橋法学9巻3号（2010年）31頁、49頁以下。批判的検討として、長尾・前掲注[8]183-185頁参照。

[21] 駒村・前掲注[17]36頁。

[22] 青井未帆「演習」法教358号（2010年）146頁は、自衛隊官舎ビラ配布事件を素材に「切り札型思考」を検討する。

6 適用審査と適用違憲

❶「適用審査」・「適用違憲」という言葉は、そもそも何を意味するのか？
❷適用審査は具体的にどのように行うのか？
❸法令一般審査と適用審査との優先関係はどのように考えればよいのか？

1 「適用審査」・「適用違憲」という言葉は、そもそも何を意味するのか？

　最近、違憲審査の対象や憲法判断の方法に関する用語の意味に、重要な変化が生じている（あるいは、そのような用語が意味するものについて、自覚的に論じられるようになった）。まずは、その確認から始めたい。

(1) 文面審査の拡張──法令一般審査

　従来、「文面審査」は、立法事実を検出・検討することなく、もっぱら法令の「規定の仕方」──まさに「文面」──に着目して行う違憲審査の方法であると考えられてきた。その典型例とされたのが、法令の漠然性審査や検閲該当性審査である。しかし、このようなもののみを「文面審査」と言った場合、法令が組み立てる規制構造の合理性を、その目的‐手段関係から（立法事実を踏まえつつ）検証していくタイプの──われわれにとって馴染み深い──違憲審査に、適切な場所が与えられなくなってしまう。そこで最近では、前者の純然たる文面審査（「狭義の文面審査」とも呼ばれる）と、後者の内容上の法令審査を併せて、「文面審査」と呼ぶようになってきている。ただ、本稿では、これらが共に、当該訴訟事件の具体的事実関係を捨象して、法令を一般的・客観的に審査するものである点を重視し[1]、両者を「法令一般審査」と呼ぶことにしたい（前者は法令の規定ぶりを、後者は法令の規制構造を一般的・客観的に審査するものである。ただし、過度広汎性審査は、その規定ぶりのみに着目して行われる場合[2]と、法令の目的‐手段関係に分け入ってその過度広汎性を検証していく場合[3]とがある）。

---

[1] ここでは違憲主張適格の原則が緩められている。

[2] 最三小判平19・9・18刑集61巻6号601頁（広島市暴走族条例事件）参照。ここでは、立法者のいわば「書き損じ」によって、定義規定が広汎になってしまっていることが問題とされる。目的‐手段関係からその広汎性が審査されているわけではない。

(2)　適用違憲の縮小──適用審査／処分審査

　従来、「適用違憲」には、以下の３つの類型があると考えられてきた[4]。①法令の合憲限定解釈が不可能である場合、当該法令が事件に適用される限りで違憲とするもの、②法令の合憲限定解釈が可能であるにもかかわらず、法執行者が違憲的に適用した、その適用行為を違憲とするもの、③法令そのものには憲法上の瑕疵はないが、執行者が憲法上の権利を侵害するような形で適用した場合、その適用行為を違憲とするもの、の３つである。しかし、近年この３類型には、違憲審査の対象、さらには憲法判断の方法という点で重要な違いがあることが摘示され、これらをすべて「適用違憲」と呼ぶことに慎重であるべきとの見解が有力化している。たしかに、①は、当該訴訟事件に適用される限りで、法令を審査しているのに対し（したがって、法令の一部審査に近い）、②は、法令の文面にまず注目した上で、これを合憲限定解釈し、かく解釈された法令と処分との適合性を審査し（よって②は、上述の法令一般審査を行い、然る後、執行者の処分を審査している。この点、②は法令審査と処分審査の両方を含んでいる）[5]、また③は、──法令がinnocentであることを前提に──単純に執行者の適用行為ないし処分を審査しているのである[6]。そして、このことと関連して、何を憲法判断の対象にしているかという点でも３類型に重要な違いがみられる。すなわち、①は、適用法令部分を「違憲」と判断するものであり（したがって、法令の部分無効に近い）、②は、限定解釈された法令に適合しない処分を「違法」と判断するものであり、③は、執行者の適用行為・処分を「違憲」と判断するものなのである。

　このように、看過し難い違いがあるものをすべて一括りに「適用違憲」と称することは、憲法訴訟論の混乱を招く。また、法令レベルの問題と処分レベルの問題をごちゃ混ぜにすることで、憲法に違反したのは誰か──立法者が悪いのか、執行者が悪いのか──という「憲法的罪人(constitutional culprits)」をめぐる問題を曖昧にし、憲法的責任の所在ないしは違

---

[3]　例えば、東京高判平 22・3・29 判タ 1340 号 105 頁(堀越事件控訴審判決)参照。

[4]　芦部・憲法 399-400 頁参照。

[5]　最三小判平 7・3・7 民集 49 巻 3 号 687 頁(泉佐野市民会館事件)参照。

[6]　例えば、最二小判平 8・3・8 民集 50 巻 3 号 469 頁(エホバの証人剣道実技拒否事件)、最大決昭 44・11・26 刑集 23 巻 11 号 1490 頁(博多駅テレビフィルム提出事件)などを参照。

憲性の帰責点を不明確化することにも連なる(「適用違憲」との判断がなされ
ても、立法者は、憲法に反する適用・処分を行った執行者が悪いと罵り、執行
者は、そもそも憲法に反する法律を作った立法者が悪いと罵ることで、問題状
況が何ら改善されないといった事態も起こりうる)。そこで最近では、「適用」
の原語である"*statute as applied to*"にも倣って、適用関係において切り
取られた法令部分を審査し(適用審査)、これを違憲とする①に限定して
「適用違憲」という言葉を用い、②を「処分違法」、③を「処分違憲」(適用
行為違憲)と呼ぶ傾向が強まっている[7]。

2 適用審査は具体的にどのように行うのか?

(1) 適用審査の方法

こう考えると、適用審査は法令審査の1つということになる(法令一般
審査と適用審査との主な違いは、対象とする法令の「射程」ないし「範囲」に
ある)。したがって、適用審査は、先述した内容上の法令審査と同様、基
本的には法令の目的－手段関係の検証という形で行われる。すなわち、①
当該訴訟事件で問題化した具体的事実類型(適用事実類型)に適用される法
令部分が、②立法目的と本当に適合しているか(立法目的の実現を促進する
か。適合性＝合理性)、③立法目的の実現にとって本当に必要か(必要性)が
審査されるのである(比例原則を用いるならば、さらに狭義の比例性審査が加
わることになろう[8])。

〈適用審査－適用違憲〉の典型とされる猿払事件1審判決においても、

[7] 例えば、青井未帆「憲法判断の対象と範囲について(適用違憲・法令違憲)」成城法学79
号(2010年)41頁以下、駒村圭吾「憲法判断の方法」法セミ673号(2011年)58頁以下、宍
戸・憲法293-295頁、土井真一「憲法判断のあり方」ジュリ1400号(2010年)51頁以下、
山本龍彦「『適用か、法令か』という悩み」法セミ682号(2011年)86頁以下などを参照。
先駆的業績として、戸松秀典『憲法訴訟〔第2版〕』(有斐閣、2008年)342-351頁(「適用違
憲」と「処分違憲」を意識的に区別している)。

　なお、市川正人は、①を「適用前提型適用違憲」、②を「合憲限定解釈可能型適用違憲」、
③を「違憲的解釈適用型適用違憲」と呼ぶ。市川正人「適用違憲・再考」立命館法学374
号(2017年)105頁以下参照。市川は、すべてに「適用違憲」という言葉を与えるものの、
「最近では『適用違憲』の概念をこのタイプのもの〔①〕に限定すべきであるという意見
が強い」と指摘し、「理論的な明晰さを追求するのであれば、適用前提型適用違憲〔①〕
だけを適用違憲と呼ぶのが最もすっきりするであろう」と述べる。同上107頁、120頁。

[8] この点については本書3「審査基準論と三段階審査」(20頁)参照。

①当該事件の具体的事実関係から、「非管理者である現業公務員でその職務内容が機械的労務の提供に止まるものが勤務時間外に……」云々という適用事実類型が抽出され⁹、この事実類型に「刑事罰を加えることができる旨を法定すること」が、②立法目的と適合しているか、③立法目的の実現にとって必要かが(十分とは言えないまでも)審査されている。そして、この審査の結果、上記法定部分が、「行為に対する制裁としては相当性を欠き、合理的にして必要最小限の域を超えている」とされ、上記適用事実類型に「刑事罰を加えることをその適用の範囲内に予定している国公法110条1項19号」が違憲と判断されたのである(審査および憲法判断の対象が、あくまで法令となっていることに注意されたい。同判決は、結論部においても、「本件被告人の所為に、国公法110条1項19号が適用される限度において、同号が憲法21条および31条に違反する」と述べている。傍点はすべて山本)。

　いわゆる婚外子相続分差別事件において適用違憲判断を下した最近の東京高裁判決¹⁰も、大筋において猿払1審判決と同様の審査を行っている。すなわち、高裁判決は、①本件事案の被相続人が一度も婚姻しておらず、Yが「養子で、……嫡出子ではあるが……、婚姻関係から出生した嫡出子ではない」という事実を摘示した上で、「本件事案に本件規定〔民法900条4号ただし書き〕を準用してX〔非嫡出子〕の遺留分を嫡出子の遺留分割合の2分の1にし、Yの取り分を増やすこと」を、②立法目的(法律婚主義の尊重)との関係において審査し、結果、これは「法律婚を尊重することには何ら結びつかない」(適合性に欠く)と述べたのである。判決の文言上は、適用法令部分を審査したのか、適用そのものを審査したのか判別しづらいが、結論部分では、「これ〔本件規定〕を本件事案に適用する限りにおいては、違憲と評価され、効力を有しない」と述べており、実際上は、やはり法令を違憲判断の対象にしているように見える¹¹。

---

[9] 当該事件の具体的事実(ナマの事実)は、このような適用事実類型を抽出するために、用いられる。土井・前掲注[7]52頁参照。

[10] 東京高判平22・3・10判タ1324号210頁。

[11] 全文を貫くトーンからして、本判決が違憲性の帰責点を「法令」(民900条4号ただし書き)にみていたことは明らかである。

(2) 法令一般審査との接続

〈適用審査 – 適用違憲〉が法令を対象にしたものであるとすると、これと法令一般審査との関係が問題となる。法令一般審査の結果であるところの法令合憲判断は、法令には憲法上の瑕疵がないということを意味するので、かかる判断の後に、適用審査が行われ、適用違憲判断がなされることは、論理的にありえない(法令の品質証明を行った後に、再び法令に問題があると言っていることになる。〈法令合憲→適用違憲〉という組み合わせは、本来はありえない)[12]。この点、わが国で適用審査が行われた例をみると、原告側の主張を受けて、まず、法令一般審査が行われているが、そこで積極的な法令合憲判断がなされていない、という点が注目される。すなわち、法令一般審査において、①法令に広汎に過ぎる部分があることが明らかにされ(法令への疑義表明)、かつ、②合憲限定解釈が困難であるとされながら、③法令が合憲的に適用される場面があり、④しかもそれ(合憲的適用場面)が大部分で、過度広汎な部分は全適用場面の一部に過ぎないと認められることによって、法令の全部無効を結論するには及ばない[13]と宣言されるにとどまるのである[14]。このような判断は、法令全体を無効とする必要性に乏しい(むしろ無効とする弊害の方が大きい)ことを認めただけで、法令の合憲性を積極的に是認するものではない[15](法令はグレーであり続けている)。ここに、適用審査というかたちで、なお法令審査を継続する余地が生まれることになる。

[12] 他方で、法令合憲判断の後に、適用行為ないし処分が審査されることはある。したがって、〈法令合憲→処分違憲〉という組み合わせは十分ありえる。なお、市川は、本文に示したような筆者の見解に対し、「法令合憲判決は法令を全面的に合憲とする判決であるという前提に問題がある」と指摘している。市川・前掲注[7]135頁。

[13] 最大判昭48・4・25刑集27巻4号547頁(全農林警職法事件)に付された田中ら5裁判官意見は、「基本的人権の侵害にあたる場合がむしろ例外で、原則としては、その大部分が合憲的な制限、禁止の範囲に属するようなものである場合には、当該規定自体を全面的に無効とすること」はないと述べている。プラグマティックな理由(「不当な結論」の回避)から「無効」判断を避ける法理として、他に「事情判決の法理」がある(最大判昭51・4・14民集30巻3号223頁〔衆議院議員定数不均衡訴訟〕)。裁判所は、判決の政治的・社会的帰結を考慮できないわけではないのである。

[14] ①②が認められる以上、原理的には法令全部違憲が下されるべきである。裁判所がこれに踏み切らないのは、法令全部違憲ないし全部無効とした場合の社会的コストを考慮しているからである。前掲注[13]も参照。

3 法令一般審査と適用審査との優先関係はどのように考えればよいのか？

　付随的違憲審査制の下での裁判所は、「具体的な争訟事件が提起されないのに将来を予想して憲法及びその他の法律命令等の解釈に対し存在する疑義論争に関し抽象的な判断を下すごとき権限を行い得るものではない」とされる[16]。これを厳密に捉えれば、実際に起きた当該訴訟事件を超えて——将来の仮定的な適用事例に思いを馳せつつ——法令を一般的・客観的に審査する法令一般審査は、表現の自由規制事案のような例外的場面にとどめるべきであって、あくまで適用審査が原則であるとも考えられる。しかし、すでに多くの論者が指摘しているように、日本では法令の一般的・客観的審査(とくに内容上の法令審査)が一般的であったし、アメリカでも、適用審査優先原則は実際には崩れていると指摘する見解が少なくない。

　このような議論を踏まえると、われわれは「法令一般審査か、適用審査か」にそれほど深く悩む必要がないとも言えるだろう。いま述べたように、付随的違憲審査制や、それに由来するとされる違憲主張適格(standing)のルール[17]が、両者の選択問題を厳密な形でコントロールしているわけではないからである。とはいえ、裁判所が、何からも自由にこの選択をなしうるというわけでもない。ここで、この選択を行う際に考慮すべき要素を2つ挙げるとすれば、1つは、問題とされる権利・自由の性格であり、もう1つは、法令の可分性(severability)である。

　まず、問題とされる権利・自由が、個人を超える価値を含んでいる場合には、法令一般審査を優先的かつ重点的に行うべきだろう。例えば、表現

---

[15] 例えば、堀越2審判決(前掲注[3]参照)は、「現段階において広範に過ぎるとみられる部分〔が〕……一部にすぎ」ないことを踏まえると、「その過度の広範性や不明確性を大きくとらえ、本法及び本規則の政治的行為の規制をすべて違憲であるとすることは決して合理的な思考ではない」と述べている。ここでも、法令の合憲性が積極的に肯定されているわけではない。論証としても、「法令が合憲である」と言うのではなく、「法令を全面的に無効と判断するのは妥当ではない」などと言うにとどめるべきだろう。

[16] 最大判昭27・10・8民集6巻9号783頁(警察予備隊違憲訴訟)。

[17] 付随的審査制の下では、「訴訟当事者は他者の権利ではなく彼『自身』の権利のみを主張することができ」、「彼に対して『適用される限りで』ある法律に異議を唱えることができる」のが原則であるとされる。詳細は、山本龍彦「文面上判断、第三者スタンディング、憲法上の権利」『慶應の法律学・公法Ⅰ』(慶應義塾大学出版会、2008年)361頁以下参照。

の自由は、一般に、個人的価値（自己実現の価値）だけでなく、民主政に資するという社会公共的な価値（自己統治の価値）をも有していると言われる。そうだとすると、裁判所は、当該事件に適用される限りでミクロ的に法令を捉えるのではなく、その法令の存在自体が社会全体に与える影響——萎縮効果や、それによる言論空間の縮減・歪曲——を考慮して、マクロ的に法令を捉えるべきことになる。「集団」としてのスティグマ化と関連する平等権や、反全体主義的な価値を含むプライバシー権の規制立法についても、かかる権利が有する超個人的価値から、マクロ的な法令審査が積極的に要請されよう。

　つぎに、萎縮効果等が特に問題とならないような、打たれ強い権利・自由（例えば職業選択の自由）が問題になる場合であっても、当該事件から抽出される適用事実類型が、法令のメイン・ターゲットである——Ｘの行為が、法令が規制の標的とする典型的な行為である——とみなされるならば、適用審査ではなく法令一般審査（例えば「許可制」そのものの審査）を行うべきと言えよう。立法者は、このような適用事実類型への適用がなされないならば、そもそも当該法令自体を制定しなかったものと解される（この場合、その事実類型へ適用される法令部分は、法令全体から切り離すことができない不可分なものと言える）。ここで仮に適用審査を行い、適用法令部分のみを違憲無効とすること、言いかえれば、法令の周辺的・外縁的部分だけを残すこと（ドーナツ化現象？）は、かえって立法者の意思に反するように思われるからである。

4　憲法適合的解釈との関係

　これまで①「適用違憲」や②（合憲限定解釈→）「処分違法」といった処理がなされていた——過度広汎性の疑われる——立法について、近年では「憲法適合的解釈」を行い、"憲法上の権利・自由の価値を踏まえれば、もともと当該立法は○○のように限定して解釈すべきだ"と考えるアプローチが登場している。こうしたアプローチを採用した判決として、例えば、公務員の政治的行為を禁止する国公法102条1項を、同項の「文言、趣旨、目的や規制される政治活動の自由の重要性に加え、同項の規定が刑罰法規の構成要件となることを考慮すると、同項にいう『政治的行為』とは、〔もともと〕公務員の職務の遂行の政治的中立性を損なうおそれが、観念的なものにとどまらず、現実的に起こり得るものとして実質的に認められ

るものを指〔す〕」(傍点山本)と限定解釈し、被告人を無罪とした堀越事件
上告審判決がある[18]。

　このような「憲法適合的解釈」は、適用違憲や合憲限定解釈とは異なり、
法令または立法者に対する非難(過度広汎性といった憲法上の瑕疵の指摘)を
含まない。したがって、裁判所にとっては、立法者との全面対決を回避し
つつ——現実的に、無理なく——憲法価値を実現し、かつ被告人を救済で
きる有用かつ魅力的な手法となりうるが、解釈の限界との関係で一定の問
題を生じるケースもある。なお、憲法適合的解釈の場合、合憲限定解釈の
ように当該解釈によって違憲性を治癒(合憲化)するものではなく、解釈段
階で明確な憲法判断が下されたわけではないため、理論上は、憲法適合的
に解釈された法令を、さらに違憲審査(法令一般審査)することが求められ
る(堀越事件上告審判決参照。ただし、法令は既に憲法適合的に解釈されている
から、結論的に違憲となることは滅多にない。その意味で、この場面での法令
一般審査は確認的なものにとどまる)。

【参考文献】

青柳幸一「法令違憲・適用違憲」芦部信喜編『講座憲法訴訟　第3巻』(有斐閣、1987年)3頁
　　以下。

蟻川恒正「合憲限定解釈と適用違憲」樋口陽一ほか編著『国家と自由　再論』(日本評論社、
　　2012年)265頁以下。

市川正人「文面審査と適用審査・再考」立命館法学321・322号(2008年)26頁以下。

市川正人「違憲審査の方法と法令違憲」立命館法学369・370号(2016年)30頁以下。

君塚正臣「法令違憲」横浜国際経済法学20巻3号(2012年)29頁以下。

木村草太『憲法の急所〔第2版〕』(羽鳥書店、2017年)。

佐々木弘通「表現行為の自由・表現場所の理論・憲法判断回避準則」戸松秀典＝野坂泰司(編)
　　『憲法訴訟の現状分析』(有斐閣、2012年)246頁以下。

高橋和之『憲法判断の方法』(有斐閣、1995年)185頁以下。

山本龍彦「違憲審査の手法と憲法判断の方法」法律時報増刊『国公法事件上告審と最高裁判
　　所』(日本評論社、2011年)171頁以下。

(山本龍彦　慶應義塾大学教授)

[18] 最二小判平24・12・7刑集66巻12号1337頁。

7 行政裁量と判断過程審査

1 判断過程審査とは何か？——行政裁量と判断過程統制

　近年、行政の裁量的判断の「結果」ではなく、かかる判断に至るまでの「過程」に着目する「判断過程審査」が、憲法学においても大きな注目を集めている。1つは処分審査(本書5「適用審査と適用違憲」(34頁)参照)の手法として、もう1つは立法裁量統制の手法として、である。本章では前者を取り上げることとする(後者については次章で検討する)。

　以下では、まず、行政法分野で判断過程審査が登場してきた背景と、その適用範囲が拡張されてきた経緯について簡単に触れておく。

(1) 判断過程審査

　複雑高度な専門技術的判断を要する事項については、そのような専門知識を有する者に判断を任せた方が、よりよい結果(公益の最善の実現)をもたらすことがある。こうした機能的な考慮に基づき、立法府が、法律を通じて、専門技術的事項について判断する裁量を行政に授権する場合がある[1]。行政裁量は、このように、機能的権限配分論に基づいて法律により授権されるが、問題は、かく是認される裁量を、裁判所がどのように統制するかにある。①裁量を認めた趣旨をとくに重視すれば、行政の裁量的判断に最大限の敬意を払うべき——当該判断が「社会通念に照らして著しく妥当性を欠くことが明らか」でない限りは違法とはしない[2]——ということになるが(最小限の実体法審査＝踰越濫用審査)[3]、これには、行政の自由

---

[1] 裁量の有無は、法の規定ぶりだけでなく、法の趣旨目的の合理的解釈をも踏まえて判断される。いずれにせよ、ここでは裁量を付与しようという「立法者意思」の有無が基準とされるが、この「意思」は容易に擬制されうる。そう考えると、裁量の有無に関する判断の決め手は、結局は憲法レベルの機能的権限配分論にあると言うこともできる。宍戸常寿「裁量論と人権論」公法研究71号(2009年)102頁。

[2] 最大判昭53・10・4民集23巻8号1470頁(マクリーン事件)。

[3] 亘理格「行政裁量の法的統制」ジュリスト増刊『行政法の争点〔第3版〕(法律学の争点シリーズ(9))』(有斐閣、2004年)117頁参照。

な判断可能性を広く認めるものであるがゆえに、果たしてそこまで行政を信頼してよいのか、という問題が提起される。他方、②行政への不信を前提にすれば、裁判所は、行政の裁量的判断の適法性について積極的に審査すべきということになるが（判断代置審査）、これには、当該問題領域に関する専門知識をもたない素人＝裁判官に「専門的」判断を代行させることによって、行政裁量を認めた趣旨がまったく失われてしまうのではないか、という問題が提起される。

　こうした"ジレンマ"から編み出された手法が、判断過程審査である。「行政庁が一定の意思決定や行動へ到達するまでの調査、審議、判断等の一連のプロセスが適正かつ公正に進行したか否かを、裁判所が審査〔する〕」[4] この手法は、裁判所による比較的厳密な審査を認めることで①の問題を回避しながら、その着眼点を、裁量的判断の「結果」ではなく「過程」に置く――裁量を否定するのではなく、むしろそれが適切に行使され、裁量授権の趣旨が最大限発揮されることを企図して、裁量権行使の過程を統制する――ことで②の問題をも回避できる、中間的な審査手法とされるのである。この点、後述するように、裁量を認めざるをえないが、同時に「人権」にも配慮しなければならないような場面で、有用な審査手法となりうる。

　なお、判断過程審査は、広義の手続的審査には属するが、告知や聴聞といった法の形式的要求の遵守を単純に審査するものではなく、法の解釈により、行政が判断過程において「考慮すべき事項」（「考慮すべきでない事項」）を導出したうえで、行政がこれを適正に考慮したか（考慮から外したか）、考慮事項相互の適正な衡量を行ったかなどを審査する[5]。その意味で、「手続的側面と同時に実体的性格をも有」するものと言える[6]。

(2)　優越的法益侵害事案への適用――「人権」侵害事案へ

　裁判所が判断過程審査を行い、行政の裁量処分を違法としたリーディング・ケースとされるのが、日光太郎杉事件控訴審判決[7]である。ここで裁

---

[4] 曽和俊文＝山田洋＝亘理格『現代行政法入門』（有斐閣、2007年）147頁〔亘理格〕。

[5] 塩野宏『行政法Ⅰ〔第5版補訂版〕』（有斐閣、2013年）135-136頁。

[6] 宍戸・前掲注[1]104頁。

[7] 東京高判昭48・7・13行集24巻6＝7号533頁。

判所は、土地収用法上の収用事業認定に関する行政庁（建設大臣・当時）の判断に自由裁量の余地を認めながらも、行政庁が「この点の判断をするにあたり、本来最も重視すべき諸要素、諸価値を不当、安易に軽視し、その結果当然尽すべき考慮を尽さず〔＝考慮不尽〕、または本来考慮に容れるべきでない事項を考慮に容れ〔＝他事考慮〕もしくは本来過大に評価すべきでない事項を過重に評価し〔＝衡量不均衡〕、これらのことにより……判断が左右されたものと認められる場合」には、裁量判断の「過程」に誤りがあるものとして違法となると述べたうえで、「本件土地付近のもつ……かけがいのない諸価値〔本件土地上の巨杉群等がもつ文化的・歴史的価値〕ないしは環境の保全という本来最も重視すべきことがらを、不当、安易に軽視し、その結果、右諸価値ないし環境の保全の要請と自動車道路の整備拡充の必要性とをいかにして調和さすべきかについての手段、方法の探究において、当然尽すべき考慮を尽さなかったという点で、その裁量判断の過程に過誤があつたものと認めざるをえない」と結論した（代替手段の探究不足、考慮不尽）[8]。

本判決は、直接には、巨杉群等の文化財的価値としてのかけがいのなさに着目して、比較的厳密な判断過程審査を行ったものと言えるが、他面で、このかけがいのなさが、「国民〔の〕健康で文化的な生活を営む条件」に密接にかかわることも強調していた。そして、本判決以降（とりわけ1990年代後半以降）、生存権との関連性を説く後者部分がクローズアップされ、生命・身体・健康、人身の自由、信教の自由といった優越的法益の侵害事案——いわば「人権」侵害場面——において、本判決のような中間密度の判断過程審査が積極的に導入され、行政の裁量的判断が違法と結論づけられることも増えていったのである。例えば、伊方原発訴訟判決[9]は、人の生命・健康に対する重大な侵害リスクのある原子炉設置許可処分の適法性につき、「原子力委員会の科学的、専門技術的知見に基づく意見を尊重して行う内閣総理大臣の合理的な判断にゆだね〔られ〕る」としつつ、裁判所はかかる専門家委員会の判断過程まで審査すべきとした（しかも本判決は、

[8]本判決は、他事考慮と衡量不均衡についても認めているが、本稿では触れない。なお、ここで、考慮不尽（代替手段の探究不足）とLRA基準との類似性に注意してほしい。
[9]最一小判平4・10・29民集46巻7号1174頁（ただし結論では本件処分の適法性が肯定された）。

行政庁の側に、判断過程等に不合理な点がないことを主張立証する責任がある
とした）。

　また、二風谷ダム事件判決10 は、アイヌ民族の文化等に重大な影響を
与える、土地収用法上の事業認定の違法性を判断するに当たって判断過程
審査を行い、本件事業認定を違法と結論づけた。本件事業計画（ダム建設）
によって失われるものが少数民族の文化——本判決はこれを「民族固有の
文化を享有する権利」と述べ、憲法 13 条から基礎づける——であること
を踏まえれば、この（いわば憲法ランクの）利益に「十分な配慮」を払いつ
つ、同計画によって得られる公共の利益との優劣関係につき慎重に検討す
ることが求められるところ、本件で建設大臣は、かかる優劣関係を「判断
するために必要な調査、研究等の手続を怠り」（調査研究の不足）、よって
「本来最も重視すべき諸要素、諸価値を不当に軽視ないし無視」した（考慮
不尽）、と判断されたのである11。

2　判断過程審査は、違憲審査の一手法たりうるか？ ——「憲法事件」における適用

　このようにみると、「判断過程審査」と「違憲審査」との距離が、そう
遠くないことがわかる。実際、一般に「憲法事件」と分類されるような事
案において、判断過程審査を行う判決もいくつか登場してきている。以下
では、これらの判決を概観し、違憲審査の一手法として判断過程審査を捉
えてみたい。

(1)　〈権利 – 制限〉を観念できるが、専門技術的裁量を無視できない場面

　第 1 に、①執行者の処分が、憲法上保障された権利を制限するものとひ
とまず観念できるが、②問題領域の特殊性や、事件が起きた空間の特殊
性12 により、執行者の専門技術的裁量を認めざるをえないような場面で、

[10] 札幌地判平 9・3・27 判時 1598 号 33 頁。

[11] さらに、生活環境利益（騒音問題）にかかわる都市計画決定に対して判断過程審査を行い、
　　 裁量権の逸脱濫用を認めた小田急高架訴訟東京地裁判決（東京地判平成 13・10・3 判時
　　 1764 号 3 頁）参照。

[12] 伝統的に「部分社会」と観念されてきた諸空間が考えられる。ただ、この場合の「裁
　　 量」は、憲法上の組織的自律権・自治権にも由来する。部分社会論の審査抑制機能につき、
　　 山本龍彦・判例プラクティス 382 頁。

③当該処分に対し判断過程審査を行った判決がある[13]。例えば、エホバの証人剣道実技拒否事件判決は、①信教の自由の実質的な制限とみられる原級留置処分・退学処分を扱うものであったが、②これら処分を行うかどうかの判断につき「校長の合理的な教育的裁量」を明示的に認め、③これら処分に対し——判断代置審査やいわゆる目的–手段審査ではなく——判断過程審査を行うものであった。本判決は、こうして、「信仰上の理由による剣道実技の履修拒否を、正当な理由のない履修拒否と区別することなく、代替措置が不可能というわけでもないのに、代替措置について何ら検討することもなく、体育科目を不認定とした担当教員らの評価を受けて、原級留置処分」等をした校長の措置は、「考慮すべき事項を考慮しておらず、又は考慮された事実に対する評価が明白に合理性を欠〔く〕」(傍点は筆者)として(代替手段の探求不足、考慮不尽)、本件各処分を「違法」と結論づけたのである。

　先述のように、判断過程審査は、行政庁がその裁量権を行使する過程において、(a)ある特定の(不)利益の重大性・重要性を考慮し、(b)かかる(不)利益と達成される公益との優劣関係や、制限度のより低い代替手段の有無等を慎重かつ誠実に調査・探究することを求める。本判決では、信教の自由といった憲法規範が、(a)本件処分により学生が受ける不利益の側に「重み」を与え(重要考慮事項の指定機能)、(b)こうした不利益を回避ないし緩和しうる代替措置の積極的な探求義務を引き出したと考えられる[14]。このようにみると、判断過程審査においても憲法規範は実質的な役割を果たしていると言える[15]。判断過程審査を、裁量を前提とした違憲審査の一手法として捉える余地はあるだろう(本判決の「違法」判断のポイントが、憲法上要求される考慮義務を果たさなかった、という点にあるとすれば、これを「違憲」判断と呼ぶことも許されよう[16])。

[13] なお、このような場面では、授権法律の合憲性(法令合憲)が前提とされている。法令(立法者)が裁量を組み込んだことに憲法上の瑕疵を見出せない(裁量それ自体は憲法上是認される)場合に、問題の所在は、執行者がこの裁量権をどう行使したのか、憲法上適切に行使したのか、へとシフトする。法令合憲とされた後の処分審査で判断過程審査が行われた例として、家永第1次教科書訴訟上告審判決(最三小判平5・3・16民集47巻5号3483頁)。

[14] 亘理・前掲注[3]118-119頁参照。

[15] LS憲法研究会・プロセス33-34頁〔駒村圭吾〕参照。

　なお、「行政裁量の肯定に法律の授権が必要であり、そして法律が人権によって拘束されるならば、やはり人権は裁量を『外』から制約する」ものである[17]、との考えに基づき、「問題の自由・利益が憲法上の保護範囲に入り、裁量処分がそれを直接的に制約している」場合には、裁量を前提としない裸の違憲審査（「比例原則の厳格な適用」）を行い、正面から「処分違憲」判断を行うべき、とする見解もある[18]。わが国の判例法理との整合性が問題になるが、傾聴に値する見解と言えよう[19]。

(2)　〈権利 – 制限〉を観念できない場面

　第2に、①執行者の裁量的処分が憲法上の権利を制限しているとみることはできないが、②それが憲法価値の積極的実現（人権条項の客観法的側面）にかかわっており、執行者に、かかる裁量権を適切に行使する義務が認められると解される場面で、③当該処分に対し判断過程審査を行った判決がある。例えば、広島県教組事件判決[20]は、①集会の自由が本来的に保障されない——〈権利 – 制限〉を観念できない——非パブリックフォーラム（学校施設）での集会許否の判断が管理者の裁量に委ねられることを認めつつも、②本件では、この裁量権行使が集会の自由の実現（給付的・助成的側面）にかかわっており、管理者はこの裁量権を適切に行使する義務を負っていると解される限り、③裁判所としては、この裁量権行使の態様が適正なものであったかを審査すべきであると考え、本件の集会拒否の判断につき判断過程審査を行ったものと思われる。そして本判決は、かかる審査を行うことで、本件管理者が集会の許否を判断するに当たり、国旗掲揚・国歌斉唱問題等をめぐる「教育委員会と被上告人〔職員団体〕との緊

---

[16]　「違憲」という「ことば」を使用することの有用性について、藤井樹也「違憲性と違法性」公法研究71号（2009年）112頁以下参照。

[17]　宍戸・前掲注[1]107頁。これに対し、判断過程審査では、人権はあくまで裁量の「中」に位置づけられる（「制度の中の人権」）。

[18]　宍戸・憲法313-314頁参照。

[19]　実際のところ、**2**(1)の判断過程審査と、裸の違憲審査において裁判所が行うことはそれほど変わらない。前者で言う代替手段の探求義務（審査）は、後者で言うLRAの審査と類似しているし、前者で言う衡量不均衡（審査）は、後者で言う狭義の比例性審査と類似している。前掲注[8]も参照。

[20]　最三小判平18・2・7民集60巻2号401頁。

張関係と対立」——観点(viewpoint)の対立——という、本来考慮に容れる
べきでない事項を考慮に容れていたことを突きとめ、本件不許可処分を
「違法」と判断したのである(他事考慮、動機の不当性[21]。ここでの「違法」
判断のポイントを、憲法21条に由来する適切かつ中立的な権限行使義務の違反
と捉えれば、これを「違憲」判断と呼ぶことも許されよう)。

　また、老齢加算事件福岡高裁判決[22]も、①〈権利−制限〉とは直ちに
は観念されない、生活保護基準の不利益変更(老齢加算の廃止)をめぐる判
断につき、厚生労働大臣の裁量を認めながら、②この裁量権が生存権(憲
25条)の実現にかかわって適切に行使されるべきこと[23]を踏まえて、③上
記不利益変更に対して判断過程審査を行ったものと言える。ここでは、大
臣が「生活保護制度の在り方に関する専門委員会」の専門的意見(激変緩
和措置の要求など)を十分に検討しなかったことが考慮不尽に当たるとされ、
本件不利益変更の違法性が認められている(専門的意見の軽視、考慮不尽)[24]。

【参考文献】

山下義昭「裁量瑕疵の体系について——ドイツにおける裁量瑕疵論の一局面(1)、(2・完)」福
　岡大学法学論叢39巻3＝4号(1995年)451頁、同40巻2号(1995年)223頁。

藤井樹也「違憲性と違法性」公法研究71号(2009年)112頁。

太田健介「憲法学から見た行政裁量とその統制」東京大学法科大学院ローレビュー5号(2010
　年)25頁。

柴田憲司「行政裁量・立法裁量と『専門技術的・政策的判断』の内実」横大道聡編著『憲法判
　例の射程』(弘文堂、2017年)271頁以下。

（山本龍彦　慶應義塾大学教授）

[21] さらに本判決は、長年、本件集会のための学校施設の使用が許可されてきたという事実
　　は、「使用目的の相当性……を推認させる」から、管理者は、これを否定する根拠の存在
　　を具体的に検討しなければならないとも考えていた(しかし本件では、管理者にこの点に
　　関する考慮不尽があったとされた)。

[22] 福岡高判平22・6・14判時2085号76頁。老齢加算事件については、最二小判平24・
　　4・2判タ1371号89頁も参照。

[23] とくに「制度後退」の場合には、より慎重な検討が求められよう。

[24] この点を詳しく検討したものに、山本龍彦「『生存権』の財政統制機能に関する覚書」
　　法学研究91巻1号(2018年)121頁以下参照。

8 立法裁量の統制
──判断過程審査を中心に

❶どのような場合に、立法裁量を前提にすべきか？
❷立法裁量統制としての判断過程審査とはどのようなものか？
❸立法裁量統制としての制度準拠審査とはどのようなものか？

1 どのような場合に、立法裁量を前提にすべきか？

(1) 立法裁量を前提にすべき場合

　三段階審査や審査基準(本書1〔1頁〕、3〔17頁〕参照)を適用して、勢い
よくずんずんと違憲審査を進めていける場面は、そう多くない[1]。①「憲
法上の権利」のなかには、法律ないし制度に依存した権利、言いかえれば、
立法府の手を借りないとその具体的存在を許されない権利というものが存
在している(生存権、財産権など)。また、②憲法が、その創設ないし形成
を、立法府に明示的に委任している制度も存在している(例えば、国籍制度
について憲法10条、相続制度について24条2項、選挙制度について43条2
項・47条参照)。このような権利・制度が問題となる場面では、三段階審
査や審査基準を正面から適用して、裁判所が主体的に立法府の判断を審査
するのではなく、立法裁量を前提とした「審査」[2]を行わざるをえない。
裁判所は、憲法が「主役」に推した立法府の判断に敬意を払わざるをえな
いのである。

　もちろん、「立法裁量を前提にした審査を行うこと」と、「審査をまった
く行わないこと」はイコールではない。裁判所は、「主役」の座を奪うこ
とはできないが、「主役」である立法府が良い演技を行えるよう手助けし、
まずい演技をした場合にはやり直しを命じることはできる(また、そうすべ
きである)。実際、最近の最高裁には、①・②の観点から立法裁量を認め
つつも、これを適切に統制しようという態度がうかがえるし[3]、学説にお
いても、立法裁量の司法的統制の手法を具体的に探求し、類型化する努力

---

[1] したがって、憲法事案に直面した者は、「三段階審査で行くか、審査基準で行くか」で悩
　　む前に、当該事案が、そもそもこういった審査が妥当する場面なのかについて真剣に悩ま
　　なければならない。

[2] ここでいう「審査」は、立法者の行為を「統制(monitor)」するという意味に近い。

がなされつつある[4]。こう見ると、いまや①・②が認められるからといって、問題とされる立法が、常にきわめて緩やかな基準で審査され、合憲になると安易に考えるべきではない（憲法学習者も、立法裁量統制をめぐる問題から単純に逃避することができなくなってきている）。

(2)　立法裁量統制の手法

　小山剛教授は、立法裁量統制の手法として、以下の4つを挙げている。すなわち、(a)嫡出子と婚外子で相続分を区別する民法の相続規定について、「法律婚主義という単なる法律上の原則を準拠点に、差別の合理性を審査」した婚外子法定相続分事件決定[5]のように、広範な立法裁量が前面に出て、きわめて緩やかな基準で審査される立法裁量強調型、(b)参議院議員定数不均衡事件平成16年判決補足意見2[6]のように、裁量権行使の「過程」に着目する判断（裁量）過程統制型、(c)「立法者による第一次判断権の行使を受けて、立法者の基本決定との首尾一貫性を検証するという形で、合理性が比較的詳細・具体的に検討される」立法裁量縮減型、(d)国籍法違憲判決[7]のように、「法の下の平等が制度形成の立法裁量に限界を画する」立法裁量限定型の4つである[8]。

　このうち、(a)は、立法裁量に対する実効的な統制手法というより、立法裁量を強調して、立法府の判断を積極的に是認しようとするものである。また、(d)は、立法裁量を前提とした手法というより、平等原則によって立法裁量を打ち消して、裁判所を「主役」とする通常の違憲審査（防御権の作法）に切り替えようとするものである[9]。したがって、以下では、立法裁

［3］最大判平16・1・14民集58巻1号56頁（参議院議員定数不均衡事件）、最大判平20・6・4民集62巻6号1367頁（国籍法事件）などを参照。前者については補足意見2を参照。

［4］渡辺康行「立法者による制度形成とその限界」法政研究76巻3号（2009年）249頁以下などを参照。

［5］最大決平7・7・5民集49巻7号1789頁。

［6］前掲注[3]参照。なお、補足意見2に参加したのは、亀山・横尾・藤田・甲斐中の4裁判官であった。

［7］前掲注[3]参照。

［8］小山・作法175頁参照。

［9］小山教授は、(d)を、「法の下の平等によって立法裁量に対して外側から限定」を加える手法と表現している（傍点山本）。小山・作法183頁。

量を前提にしつつも、あるいは立法裁量を尊重しつつも、その適切な統制を図ろうとする(b)と(c)について見ていくことにしたい。

2　立法裁量統制としての判断過程審査とはどのようなものか？

(1)　方法

　伝統的に、最高裁は、議員定数不均衡訴訟において、投票価値の平等が憲法上の要請（憲14条1項）であることを認めつつも、一定不変の選挙制度が憲法上確定されているわけではなく、憲法もまた、43条2項および47条により、選挙制度の仕組みの具体的決定を国会の裁量に委ねていることを踏まえて、投票価値の不平等につき、「結果としての……最大較差の数値」に着目した踰越濫用型の審査を行ってきた。これによって、「立法府としては，最高裁判例から……許容限度を読み取って，その数値以下に最大較差を収めれば足りる」という風潮が生まれ、都市への人口集中によって拡大してきた一票の較差を広く容認してきたところがある[10]。このような趨勢に待ったをかけるべく、先述の平成16年判決補足意見2で示されたのが、「結果」ではなく「過程」に着目する――すでに行政裁量統制として注目されつつあった――判断過程審査（本書7「行政裁量と判断過程審査」〔57頁〕参照）の対立法的応用であった[11]。

　補足意見2は、まず、①伝統的アプローチと同様、選挙事項の制定につき立法府に裁量権（憲47条）があることを丁寧に確認しつつも、②「ここでの立法裁量権の行使については，憲法の趣旨に反して行使してはならないという消極的制約が課せられているのみならず，憲法が裁量権を与えた趣旨に沿って適切に行使されなければならないという義務もまた付随している」と述べる。「立法府には，複雑高度な政策的考慮に基づく判断がゆだねられなければならないからこそ，こういった考慮を適切に行い，与えられた裁量権を十二分に行使して，正に立法府でなければ行えない判断をする責務がある」というのである（裁量権の適切行使義務[12]の強調）。③その上で、補足意見2は、裁判所としては、「こうして導かれた判断につき，その内容自体が政策上最適のものであったか」を審理・判断することはできないが、「結論に至るまでの裁量権行使の態様が，果たして適正なもの

[10] 亀山裁判官による補足意見2の追加補足意見（引用文の傍点は山本）。

[11] これが、行政法学者であった藤田裁判官によって主導されたことが興味深い。

[12] 他の場所では、「憲法によって課せられた裁量権行使の義務」と言いかえている。

であったかどうか，例えば，様々の要素を考慮に入れて時宜に適した判断
をしなければならないのに，いたずらに旧弊に従った判断を機械的に繰り
返しているといったことはないか〔旧弊追従〕，当然考慮に入れるべき事
項を考慮に入れず〔考慮不尽〕，又は考慮すべきでない事項を考慮し〔他
事考慮〕，又はさほど重要視すべきではない事項に過大の比重を置いた判
断がなされてはいないか〔衡量不均衡〕，といった問題」については、こ
れを審理・判断できるし、そうすべきであると述べたのである（傍点はす
べて山本）。

(2)　具体的なあてはめ

　補足意見2は、上記③で挙げられた旧弊追従を判断するに当たっては、
「当初の人口分布が大きく変わり，……〔立法府の考慮しうる〕三要素(地
域的利益，半数改選制，人口比例)間における均衡が著しく崩れたにもかか
わらず，このことに全く配慮することなく，ただ無為の裡に放置されて来
た，といった状況が認められる」かを指標とすべきとし、衡量不均衡ない
し考慮不尽を判断するに当たっては、「様々の要考慮事項の中で，特に重
きを置くべきものとそうでないもの，とりわけ，それぞれの事項の憲法上
の位置付けの相違等を十分に考慮に入れた政策判断がなされて来たかどう
か」を指標とすべきとしている。後者については、さらに、(a)「投票価
値の平等のように，憲法上直接に保障されていると考えられる事項」と、
(b)「立法政策上考慮されることは可能であるが憲法上の直接の保障があ
るとまではいえない事項」(地域代表的要素など)とを区別し、当然、前者
(a)を重視しなければならないと述べている。後述のように、各判断基準
は明確とは言い難いが、ポイントは、立法府が、「諸考慮要素の中でも重
きを与えられるべき投票価値の平等を十分に尊重した上で，それが損なわ
れる程度を可能な限り小さくするよう，問題の根本解決を目指した作業の
中でのぎりぎりの判断をすべく，真摯な努力をしたものと認められるか否
か」(傍点山本)を[13]、立法経過(legislative history)や立法記録(legislative re-
cord)などを参照しつつ、検討するところにあると言えよう[14]。

[13] 最大判平 18・10・4 民集 60 巻 8 号 2696 頁(藤田補足意見)。
[14] なお、補足意見2は、「最小限の作業」であったとはいえ、立法府が改正作業に着手し
　　ていたという事実を踏まえ、「違憲と判断することには，なお，躊躇を感じざるを得ない」
　　と結論づけた。

(3) 射程と限界

　無論、踰越濫用型の審査を採用したとしても、「一般的に合理性を有するとはとうてい考えられない」立法府の決定については、裁判所がこれを違憲と判断することは可能である[15]。しかし、立法裁量を前提とする以上、そこまでには至らない微妙な決定・結果について、裁判所が踏み込んだ（実体的）判断を行うことは難しい。こう考えると、「過程」に着目して、立法府がその裁量権を適切に行使したか——真摯な努力をしたか——をチェックする手法には一定の意義が認められよう。この点、判断過程審査は、生存権の具体化立法の合憲性審査などにも適用可能であるように思われる[16]。しかし、問題も少なくない。

　1つは、判断基準の不明確性である。立法府は、一体どのようなことをすれば「真摯な努力」をしたものとみなされるのだろうか。参議院議員定数不均衡事件から推して考えれば、①当該問題を解決するための専門委員会等[17]を設置し、②そこにおいて実質的な議論をさせ、③国会としても上記委員会等の意見を尊重して、その当否について適切な検討を行ったこと、④ある政策的決定が、重きが置かれるべき価値や利益を侵害しうる場合に、国会として、これを正当化する合理的な理由の存在、その侵害度をできる限り小さくするような方途を誠実に探求したことなどが立法記録から読み取れれば、立法府として「真摯な努力」をしたものとみなされよう。また、ドイツの連邦憲法裁判所は、「立法者が、法律の制定当時に存在する実際上の諸前提についての知識を正確かつ十分な方法で入手したか否か」を審査し、立法者が、接近可能な認識源を利用し尽くしたとみなされる場合には、立法者の当該判断を尊重するものとしている[18]。以上の考察は、判断過程審査を前提に「あてはめ」を行う際の指針にはなるが、なお判断基準の不明確性は残るだろう（さらに、判断過程を審査する際の資料となる「立法記録」の範囲や、その信頼性にかかわる問題もある）。

[15] 最大判昭51・4・14民集30巻3号223頁（衆議院議員定数不均衡事件）。

[16] 渡辺・前掲注[4]249頁以下、小山・作法187頁参照。

[17] 参議院は、平成16年2月に「参議院議員選挙の定数較差問題に関する協議会」を設置し、同年12月には、参議院改革協議会の下に選挙制度にかかわる専門委員会を設置するなどしていた。

[18] 詳細は、小山・作法186-187頁（BVerfGE 39, 210を引用）、宍戸常寿『憲法裁判権の動態』（弘文堂、2005年）261-265頁参照。

もう1つは、立法府の制度的な性格づけと権力分立上の問題である。例えば、立法府が、妥協・交渉・取引を不可欠な要素とする「政治」の場であるとすれば、それに対してどこまで誠実な討議過程を要求することができるのだろうか。また、「過程」に対する裁判所のチェックは、議事手続に関する議院自律権（憲58条2項）を脅かすことにならないだろうか[19]。判断過程審査を、「主役＝立法者」の良い演技を引き出すものとして有効に機能させるためにも、これらの点に関するさらなる検討が求められよう。

3　立法裁量統制としての制度準拠審査とはどのようなものか？

立法裁量統制の手法として、判断過程審査とともに注目されているのが、先述した立法裁量縮減型審査（制度準拠審査）である。

これは、裁判所が、①制度形成に関して立法府自身が定めた基本決定（例えば、政党本位の選挙にしようという基本決定）と、②問題となる立法府の具体的・個別的決定（例えば、具体的な選挙運動規制）との整合性ないし首尾一貫性を審査するものである（この結果、①と②の間に矛盾が認められれば、②は合理性を欠くものとして違憲無効となる。例えば、具体的な選挙運動規制が、政党本位の選挙をむしろ阻害するような場合）。この手法も、裁判所が立法府から「主役」の座を奪おうとするものではない。その審査は、あくまで立法府自身が定めた基本決定を準拠点にしているからである（この点で、立法府自身の決定を「逆手にとって行われる審査」[20] とも言える[21]）。

ただ、問題も少なくない。1つは、立法府の基本決定を同定することの困難性である。制度の「基本」部分の同定が、それ自体解釈問題となることもある。もう1つは、首尾一貫性要請の憲法上の根拠と、要求される首尾一貫性のレベルの不明確性である。前者については、「法の支配」の一

[19] 在宅投票制度廃止事件判決（最一小判昭60・11・21民集39巻7号1512頁）が、議員の免責特権（憲51条）の意義など踏まえて、「法律の効力についての違憲審査がなされるからといって、当該法律の立法過程における国会議員の行動、すなわち立法行為が当然に法的評価に親しむものとすることはできない」と述べていることとの整合性も問われる。

[20] 駒村圭吾「選挙権と選挙制度」法セミ683号（2011年）67頁。

[21] したがって、逆手にとれない場合、すなわち①と②に矛盾が認められない場合には、統制方法としての強みを失う。例えば、①「法律婚主義」という基本決定を準拠点にすれば、②婚外子の相続分差別はそれなりに合理的なもの、ともみなされうる。婚外子差別が問題となる場合には、先述した立法裁量限定型の審査を行うべきであろう。

内容である「法の無矛盾性」[22] が、首尾一貫性要請を憲法上根拠づけていると解する余地があるが(憲41条)、なお詳細な検討が必要だろう。後者については、「政治」部門である立法府が、裁判所と同様の厳格な首尾一貫性——先例拘束性(stare decisis)——を課されるべきではないとも解される。そうであるとすれば、基本決定からの逸脱・矛盾も、正当な理由さえあれば許容されるように思われる。しかし、現在主張されている裁量縮減型審査ないし制度準拠審査は、この「例外」許容の可能性について具体的説明を加えていない。この点で、当該社会で共有されている制度イメージに関する法律家集団の共通了解を準拠点とし、それとの乖離の正当性を問うベースライン論[23] との異同も問われることになろう[24]。

【参考文献】

大石和彦「立法不作為に対する司法審査」白鷗法学14巻1号(2007年)171頁以下。

岡田俊幸「判断過程統制の可能性」法時83巻5号(2011年)55頁以下。

櫻井智章「参議院『一票の格差』『違憲状態』判決について」甲南法学53巻4号(2013年)61頁以下。

毛利透「参議院の選挙区選出議員定数配分の合憲性」民商法雑誌142巻4・5号(2010年)450頁以下。

矢口俊昭「立法裁量論」戸松秀典=野坂泰司(編)『憲法訴訟の現状分析』(有斐閣、2012年)212頁以下。

山本龍彦「三段階審査・制度準拠審査の可能性」法時82巻10号(2010年)101頁以下。

山本真敬「立法裁量統制のこれから」片桐直人ほか編『憲法のこれから』(日本評論社、2017年)201頁以下。

(山本龍彦　慶應義塾大学教授)

[22] ロン・フラーの「法内在道徳(internal morality of law)」の一内容として、井上達夫「立法学の現代的課題」ジュリ1356号(2008年)133頁。さらに、長谷部・憲法19頁も参照。

[23] 長谷部恭男『憲法の理性』(東京大学出版会、2006年)134頁参照。

[24] なお、立法府の基本決定を、判断過程における重要な考慮事項の1つと考えれば、首尾一貫性要請は判断過程審査の下位規範へと吸収される。

9 合憲限定解釈

　一般に、法律の合憲限定解釈とは、(1)法律の条規について複数の解釈が合理的に成り立ちうる場合であって、かつ(2)そのうちのある解釈を採用すれば違憲となる場合（又はその疑いがある場合）には、憲法に適合するものを選択し〔選択的合憲解釈〕又はそれに限定しなくてはならない〔制限的合憲解釈〕、という解釈のあり方ないし準則を意味するものとされる。

　後者の中でも、理念的には、(a)法律条文の意義を合憲なものへと確定する型（合憲部分画定型）と、(b)法律条文のもつ（又はもちうる）違憲的意義を画定・除去する型（違憲部分画定型）とを区別することができ[1]、この区別が、合憲限定解釈の採否を決する1つの考慮要素となる場合がある（後述）。

　このような合憲限定解釈という解釈技法は、憲法学の基本的な知識ないし論点に属しているようにも思われる。しかしながら、広島市暴走族追放条例事件・上告審判決（最三小判平19・9・18判時1978号150頁）のように、合憲限定解釈の手法を採用すべきかどうかについて僅差（3：2）で意見が分かれるケースもあれば、そもそもある判決が合憲限定解釈の手法を採用しているのかどうか、それ自体が問題になるケース（たとえば全逓東京中郵事件・最大判昭41・10・26刑集20巻8号901頁）もあり[2]、学生にとって、しばしば困惑の種になっている感は否めない。そこで本節では、この解釈手法の概念・根拠にまで立ち返って検討してみたい。

1　合憲限定解釈が行われるのはどのような場合か？——合憲解釈の根拠

　法学セミナー誌の「書き分け・話し分け法学鍛錬術」という特集を紐解くと、答案作成に際して、合憲限定解釈の手法は「民主主義における司法審査の役割を確定する観点から正当化される」と書くように奨められてお

[1] 高橋和之『憲法判断の方法』（有斐閣、1995年）78頁〔初出1987年〕、阪本昌成『憲法理論Ⅰ〔補訂第3版〕』（成文堂、2000年）416頁〔初版1993年〕など。
[2] 上村貞美「合憲限定解釈について」名城ロースクール・レビュー21号（2011年）35-39頁。

り[3]、その上で、「ある概念〔の〕生成と展開の文脈が分かればその概念の使用上の注意もまた分かる」との配慮から、合憲限定解釈が「特殊アメリカ的な文脈」(1932年合衆国最高裁判決のブランダイス・ルール第7準則)で生まれてきたことに注意が促されている。また芦部信喜教授も、同手法がアメリカ型司法審査制に特有の判断準則(憲法判断回避の原則)の一環として定式化されたものであることを指摘している[4]。

　しかしながら、合憲限定解釈の根拠ないし基盤は、今少し違った角度からも考察することが可能であり、翻って、同解釈手法の「使用上の注意」についても、異なった理解をもたらす余地があるように思われる。

(1)　法秩序の統一性の原理

　というのも、第1に、アメリカ合衆国のみならず、憲法裁判制度を採用する大陸諸国においても、法律の憲法適合的解釈(verfassungskonforme Auslegung von Gesetzen)は確立した法律解釈原則なのであって、その根拠は、「(憲法典の最高法規性を前提とする)法秩序の統一性の原理」という、法律解釈上の客観的原則に求めうるからである[5]。

　それゆえ、司法審査制の本質に由来する「必要性の原則(憲法判断それ自体の回避)」とは異なり、憲法適合的解釈の原則は、裁判所のみならず、国会や内閣・行政各部にも妥当する解釈準則なのであって、「法律の合憲限定解釈」という手法は、これを憲法訴訟の局面において適用したものに他ならない[6]。

(2)　法律の合憲性推定の原則

　また第2に、憲法適合的解釈の原則は、法律の効力を可能な限り維持するという効果を有することから、立法者に対する裁判官の謙抑の原理、あるいは、憲法規範の具体化プロセスにおける立法者の優位の原理、をも意味しうる[7](上記の答案例で意図されていたのは、まさにこの点にほかならな

---

[3] 橋本基弘「【憲法編】合憲限定解釈」法セミ649号(2009年)12頁。
[4] 芦部信喜『憲法訴訟の理論』(有斐閣、1973年)293頁以下。
[5] コンラート・ヘッセ(初宿・赤坂(訳))『ドイツ憲法の基本的特質』(成文堂、2006年)44頁以下。
[6] 大石・憲法15-16頁、新正幸『憲法訴訟論〔第2版〕』(信山社、2010年)416-417頁、佐藤・憲法論651頁など。

い）。

　すなわち、公共秩序の形成は、第一次的には、有権者団に対して政治的責任を負う立法者の任務なのであって、かかる民主的正統性をもつ立法者の法律制定行為は憲法適合的であるとの推定を受けることとなり（「合憲性推定の原則」）、憲法訴訟の局面においても、裁判所は憲法適合的な法律解釈を選択することが要求されるのである[8]。

　しかし、合憲性推定の原則は万能ではない。(a)しばしば、精神的自由の優越的地位を根拠に「合憲性推定原則の排除（ないし「違憲性の推定原則」）」が主張されるが[9]、さらに進んで、(b)およそ憲法的自由の領域においては違憲性の推定原則が妥当すべき旨を説く見解も見られる[10]。というのも、①憲法的自由の特質は、それが議会多数派の恣意によって左右されないという点にあり（自由主義の原理）、かつ、②憲法典自体が、民主主義と共に自由主義をも基本原理としているからである。

(3)　法的混乱の回避

　第3に、以上と並んで、法令違憲判決を下した場合に生じうる一定の法的混乱を回避することも、合憲限定解釈の根拠として挙げられる[11]。というのも、ある規制法律の条規が憲法に適合しない部分を含んでいる場合に、その全体が違憲と判断されたとすれば、内閣は、憲法適合的な規制部分についてまで、法律執行責任を解除されることになるからである（無規制状態の回避の要請）。

　このように、憲法判断回避の準則に由来する「民主主義における司法審査の役割を確定する観点」には限界（立場によっては根本的な限界）がある一方で、合憲限定解釈（およびその「使用上の注意」）の基盤・根拠は、法秩序の統一性という法律解釈上の客観的原則や、あるいは法的混乱の回避とい

---

［7］高橋・前掲注[1]書112頁以下、ヘッセ・前掲注[5]書46-47頁。

［8］この原則は、立法事実に基づく違憲審査手法の浸透に伴い、「立法を支持する事実状況の存在の推定の原則」という意味を与えられることもあるが（高橋・前掲注[1]書111頁以下〔初出1983年〕、阪本・前掲注[1]書418頁以下など）、「立法者に対する裁判官の謙抑の原理」を意味する点で共通している。

［9］佐藤・憲法論663頁、長谷部恭男「司法消極主義と積極主義」争点246頁、247頁など。

［10］新・前掲注[6]書283-284頁。

［11］佐藤・憲法論651頁。

うプラグマティックな要請にまで、より広く求めることができるのである。それでは、微妙な対立契機を孕んだこの解釈技法は、わが国の裁判実務においてどのように用いられてきたのだろうか。また現在、どのような問題点を抱えているのだろうか。

2　合憲限定解釈は明確性の要請に反しないか？──合憲解釈の限界①

⑴　初期の最高裁判例

　最大判昭 32・11・27 判時 134 号 34 頁において最高裁は、旧関税法 83 条 1 項が一定の「犯罪ニ係ル貨物又ハ其ノ犯罪行為ノ用ニ供シタル船舶ニシテ犯人ノ所有又ハ占有ニ係ルモノ」〔傍点稿者〕の没収を定めていた点につき、法文上は当該貨物の所有者(犯人以外の第三者)の善意・悪意を問わない無差別没収制度であると解する余地もあるところ、悪意第三者の所有物に限定して解釈することが没収制度の趣旨・目的に適合(し、ひいては憲法 29 条の趣旨にも適合)するとして、同条項の違憲判断を回避した(善意第三者所有物没収事件)。

　もっとも、仔細に見た場合、この事例は「法令の趣旨・目的に照らして法文を解釈する」という通常の法解釈手法に属することから、憲法規範に照らして法律を解釈し、憲法上疑義のない狭義の解釈を導く手法(狭義の合憲限定解釈〔＝「合憲解釈のアプローチ」〕)とは区別される場合も存する[12]。わが国の最高裁が合憲限定解釈の手法を洗練された形で初めて示したのは、昭和 44 年 4 月 2 日の 2 つの大法廷判決であった。

　すなわち、東京都教組事件上告審判決(最大判昭 44・4・2 判時 550 号 21 頁)・全司法仙台事件上告審判決(最大判昭 44・4・2 判時 550 号 29 頁)は、地公法上及び国公法上、禁止・刑事罰の対象行為となっている争議行為・あおり行為につき、それぞれ違法性の高い態様のものに限定することによって(いわゆる「二重の絞り」論)、各法律条規の違憲判断を回避したのである。しかしながら、全農林警職法事件判決(最大判昭 48・4・25 刑集 27 巻 4 号 547 頁)において、「不明確な限定解釈はかえって犯罪構成要件の保障的機能〔憲法 31 条〕を失わせることになる」ことを根拠に判例変更が行われ(明確性の理論)、公務員の争議行為の一律禁止が合憲とされるに至っている。

[12] 時国康夫「合憲解釈のアプローチ㊤」ジュリ 326 号(1965 年)81 頁以下。

(2) 萎縮効果の問題

　しかしながら、芦部教授も指摘するように[13]、明確性の理論の観点からすれば、裁判所としては端的に法令違憲のアプローチをとり、より明確で具体的な構成要件・基準の設定を立法部に委ねるべきではなかったか、との批判も可能である[14]。

　このことをより一般化して言えば、合憲限定解釈の適否の問題については、規制対象たる基本権の性質、及び当該規制法令の特質にも配慮する必要があるのであって[15]、すなわち、構成要件の明確性の要請が働く刑罰法規については、規制法令の萎縮効果（chilling effect）に鑑みて、合憲限定解釈の採用には慎重であるべきだと考えられる。合憲限定解釈を施さなければ違憲となる規制法令の存在自体が、一定の萎縮効果を与えるためである[16]。民主的政治過程が適切に機能しうるための前提条件である（表現の自由を中核とする）精神的自由に関わる場合にも、同様の理が妥当しよう[17]。

　また、冒頭で触れた違憲部分画定型の合憲解釈手法は、違憲と画定された部分以外についての憲法判断を回避するものであるから、萎縮効果に配慮すべき事案においては適切な解釈手法ではないと考えられる[18]。

[13] 芦部信喜『現代人権論』（有斐閣、1974年）330頁以下。

[14] ①不明確な法文につき、不明確な形ではあるが合憲限定解釈を施して法文を「救う」のか、②不明確な法文につき、不明確な合憲解釈しか行えないから（という理由で限定解釈を行わず）全面的に合憲とするのか、③不明確な法文につき、不明確な合憲解釈しか行えないから（という理由で限定解釈を行わず）法令違憲とするのか、という問題である。

　法的混乱の回避（**1**（3）を参照）を重視する佐藤教授の立場（佐藤・憲法論653頁）が①、「公務員の地位の特殊性と職務の公共性」に鑑みて争議行為・あおり行為の一律禁止を全面的に合憲とし、この帰結と平仄を併せるために従来の合憲解釈を否定した全農林警職法事件上告審判決が②、芦部教授・新教授の立場が③に近いと言えよう（新・前掲注[6]書436-437頁）。

[15] 時国康夫「合憲解釈のアプローチ（下）」ジュリ327号93頁（1965年）101頁。

[16] 高橋・前掲注[1]書81頁、長谷部・前掲注[9]論文247頁、新・前掲注[6]書436頁等。

[17] 政治活動の自由に対する刑事規制が問題となった世田谷事件・堀越事件では、この理が一層強く妥当することとなろう。その上告審判決では、④不明確な法文につき、不明確な合憲解釈しか行えないからという理由で（限定解釈を行わず）「体系的解釈」の手法が採用され、そもそも立法部が憲法の趣旨に沿うよう体系的配慮を行ったうえで立法していたと判断された。

[18] 高橋・前掲注[1]書79頁。

3　「通常の判断能力を有する一般人の理解」はいかにして測定するのか？
　　　──合憲解釈の限界②

(1)　合憲限定解釈の「内在的限界」

　以上は、そもそも合憲限定解釈の手法を採用すべきかどうかという「外枠」にかかわるものであるが、その枠内であっても、合憲限定解釈の手法は無制約ではあり得ず、法令の文言及び（立法過程資料等から明らかになる）立法目的に反してはならない、などと説かれるのが一般的である[19]。しかしながら問題は、どのような場合に合憲限定解釈が法令の文言・立法目的に反することになるのか、その判断基準ないし着眼点である。この基準を一義的に決定することは困難であるが、その手掛りとなりうるのが札幌税関検査違憲訴訟・上告審判決（最大判昭59・12・12判時1139号12頁）で、そこには次のような指摘が見られる。

　　「表現の自由を規制する法律の規定について限定解釈をすることが許されるのは、〔(a)〕その解釈により、規制の対象となるものとそうでないものとが明確に区別され、かつ、合憲的に規制し得るもののみが規制の対象となることが明らかにされる場合でなければならず、また、〔(b)〕一般国民の理解において、具体的場合に当該表現物が規制の対象となるかどうかの判断を可能ならしめるような基準をその規定から読みとることができるものでなければならない」。

　すなわち、表現の自由の規制法令については、たとえ合憲限定解釈に踏み切る場合であっても、(a)「『限定』の明確性の要請」と並んで、(b)「通常の判断能力を有する一般人の理解」への適合性が、限定解釈を行う条件となっているのである（なお判決の後続部分によれば、その根拠は主として、合憲限定解釈の結果がもたらす萎縮効果に求められているようである）。

　なお、おなじく萎縮効果が問題となりうる福岡県青少年保護育成条例事件（最大判昭60・10・23判時1170号3頁）において最高裁は、同条例の禁止・刑事罰の対象たる「淫行」につき、青少年に対する性行為一般を指すのではなく、①誘惑・威迫等、青少年の心身の未成熟に乗じた不当な手段によるもの（手段の限定）、及び②青少年を単に自己の性的欲望を満足させ

[19]　長谷部・前掲注[9]論文247頁、佐藤・憲法論652頁など。

るための対象として扱っているとしか認められないものに限定し(内心の限定)、憲法31条等についての違憲判断を回避した。しかし、このような限定解釈が上記(b)の観点から許容されるか否かは疑わしいであろう。

(2) 「全体論的解釈」の陥穽

　この問題について最も疑義を呼んだのが、冒頭でも触れた広島市暴走族追放条例事件判決である。本件条例は、立法技術上の稚拙さも手伝って、素直に一読しただけでは、その規制対象は社会通念上の暴走族に限定されえず(2条7号)、また禁止行為の対象(16条)、および市長の中止命令・退去命令の対象(17条)も、社会通念上の暴走族を超えて広汎に及びうることから、憲法21条1項・31条との関係で問題を孕んでいた。しかしながら、

> 「本条例の全体から読み取ることができる趣旨、さらには本条例施行規則の規定等を総合すれば、本条例が規制の対象としている『暴走族』は、本条例2条7号の定義にもかかわらず、暴走行為を目的として結成された集団である本来的な意味における暴走族の外には、服装、旗、言動などにおいてこのような暴走族に類似し社会通念上これと同視することができる集団に限られるものと解され、したがって、市長において本条例による中止・退去命令を発し得る対象も、被告人に適用されている『集会』との関係では、本来的な意味における暴走族及び上記のようなその類似集団による集会が、本条例16条1項1号、17条所定の場所及び態様で行われている場合に限定されると解される。」〔傍点稿者〕

　当該法令の全体や下位法令までを見渡した困難な検討を重ねてようやく導出される限定解釈(「全体論的解釈[20]」)が、「通常の判断能力を有する一般人の理解」に適うとは言い難いであろう。不明確・不備な法令を合憲限定解釈によって安易に正当化してはならないのは無論であるが、その限定解釈自体も、一般人の理解に適った「明確」なものでなくてはならないのである。いわんや、表現の自由に対する萎縮効果が問題となるようなケース

---

[20] 巻美矢紀・重判平成19年16頁以下。曽根威彦「暴走族追放条例と合憲限定解釈」判評604号(2009年)180頁、渡辺康行「集会の自由規制と合憲限定解釈」法政研究75巻2号(2009年)159頁も参照。

で、かつ多大な不備をもつ法令を「救う」ためにあえて合憲限定解釈に踏み切った場合においてをや、である[21]。

(3) 「限定」の明確性の要請

なお付言すれば、上記のように、合憲限定解釈の原則は、法律条規の合憲的意味を明確かつ簡潔に画定・定式化しうる場合にのみ妥当する(この要件を充足しえない場合には、端的に法令違憲の手法が要請されよう)。

例えば、上記の福岡県青少年保護育成条例事件の②はこの要請に違背すると考えられ[22]、また前出の東京都教組事件上告審判決は、「違法性の強弱」という抽象的な価値概念を導入することで、限定内容を不明確にする結果を招来した[23]。このことが、全農林警職法事件判決における判例変更を許す格好の口実となったことは、先に見たとおりである。さらにまた、広島市暴走族追放条例事件判決にいう「服装、旗、言動などにおいてこのような暴走族に類似し社会通念上これと同視することができる集団に限られる」との限定解釈が、「一般人の理解」への適合性以前に、そもそも明確な限定たりえているのかという点についても、再検討の余地が残されているように思われる[24]。

【参考文献】

渡辺康行「集会の自由の規制と合憲限定解釈」法政研究75巻2号(2009年)159頁。

宍戸常寿『憲法 解釈論の応用と展開〔第2版〕』(日本評論社、2014年)149頁以下、309頁以下。

曽根威彦「暴走族追放条例と合憲限定解釈」判評604号(2009年)180頁。

(赤坂幸一 九州大学教授)

[21] とりわけ藤田裁判官の反対意見を参照。藤田宙靖『最高裁回想録——学者判事の7年半』(有斐閣、2012年)291頁以下にも採録されている。

[22] 阪本・前掲注[1]書417頁、新・前掲注[6]書433頁など。

[23] 高橋・前掲注[1]書82頁以下など。

[24] 紙幅の関係で、「法律の合憲補充解釈」という問題には立ち入ることができなかった。別稿(赤坂幸一・争点340-341頁)を参照されたい。

10 部分違憲

❶部分違憲とは何か？
❷類似手法（合憲解釈、適用違憲）との異同
❸部分違憲手法の限界

1　部分違憲とは何か？

(1)　最近の判例と部分違憲手法への関心の高まり

　最近の最高裁による違憲判決の特徴の１つとして、部分違憲（一部違憲、一部無効などとも言われる）の手法の利用がある。この手法を最初に用いたのは郵便法違憲判決（最大判平 14・9・11 民集 56 巻 7 号 1439 頁）であり、その後、在外国民選挙権判決（最大判平 17・9・14 民集 59 巻 7 号 2087 頁）、国籍法違憲判決（最大判平 20・6・4 民集 62 巻 6 号 1367 頁）、再婚禁止期間一部違憲判決（最大判平成 27・12・16 民集 69 巻 8 号 2427 頁）でも用いられている。こうした手法は、学説上未解明の点も多いが、本章ではできるだけ明快に部分違憲の手法に関する諸問題を整理することを目指したい。

(2)　部分違憲の意義と種類

　部分違憲とは、ある規定の一部が違憲無効となり、残りの部分は有効なまま残る、というものであり、法令違憲の一種である。これには文言上の部分違憲（量的部分違憲）と、意味上の部分違憲（質的部分違憲）とがあるといわれる。

　文言上の部分違憲とは、条文の文言の一部を違憲とするものである。在外国民選挙権事件はその例であるが、やや複雑なので、法律の部分違憲の例ではないものの、別の分かりやすい例をあげよう。すなわち、児童扶養手当法の委任を受けて同手当の支給対象児童を定める同法施行令の「母が婚姻（中略）によらないで懐胎した児童（父から認知された児童を除く。）」という規定のうち、「（父から認知された児童を除く。）」という部分が法律の委任の範囲を逸脱し違法無効だとされた判決（最一小判平 14・1・31 民集 56 巻 1 号 246 頁）である。無効とされた文言を除く部分が存続する結果、父から認知された婚外子も児童扶養手当を受給できることになる。

　これに対して意味上の部分違憲とは、特定の文言そのものではなく、条文の意味の一部を違憲とするものである。郵便法判決の例でいえば、郵便

法68条は、国賠法の特則として、郵便物の亡失等の事故に関して国(当時は郵政事業は国営であった)に損害賠償を請求できるのは同条に限定列挙された場合に限られるとしていたが、判決は、書留郵便物については郵便業務従事者の故意又は重過失によって損害が生じた場合に損害賠償責任を免除等している部分が憲法17条に反し違憲であり、また、特別送達郵便物については、軽過失によって損害が生じた場合に責任を免除等している部分も違憲無効だとした。こうした区分は68条の文言上何ら手掛かりはないことから、意味上の部分違憲であるといえる。

　もっとも、この区別はそれほど重要ではないとも考えられ、さしあたりは用語の意味合いを押さえておけばよいだろう[1]。

(3)　部分違憲手法の意義と問題点

　部分違憲は、違憲となる範囲を限定することによって立法府との軋轢を最小限にし、また、その限定も明確なものとすることで法的安定性をできるだけ確保しつつ、当事者の救済をも図るという意義があり、重要な違憲判断の手法であるといえる。

　しかし、常にこの手法をとることができるわけではない。第1に、部分違憲の手法は、合憲限定解釈、適用違憲といったおなじみの手法と重なるところがあり、これらとの区別ないし使い分けのあり方が問題となる。

　第2に、より根本的な問題であるが、部分違憲は立法者との軋轢の小さい手法であるが、これは一面からみた場合の話であり、違う面からみると、部分違憲は条文の文言や意味の一部を恣意的に切り取ることによって新しい意味を生みだし、法律を書き換えることになって立法者の権限を侵すおそれもある。

　以下ではこの2つの問題について検討する。

2　類似手法との異同

(1)　部分違憲と合憲解釈

　読者には部分違憲と合憲解釈(合憲限定解釈、合憲拡張解釈)とは全く異なるものというイメージの方が強いかもしれない。しかし、両者にはかなり

---

[1] なお、国籍法違憲判決のように、どちらの類型かにつき評価の分かれるものもある(参照、新正幸『憲法訴訟〔第2版〕』〔信山社、2010年〕463-465頁)。

の共通性がある。すなわち、両者は、法律が合憲な範囲を越えて規律を行う場合に、その過剰部分を除去することを目的とするものである点で共通する。

しかし、その除去の仕方は両者で異なる。すなわち、部分違憲においては、端的に過剰部分を違憲とするのであるのに対して、合憲解釈の方では、法律の限定解釈によって過剰部分を排除することになる。その結果、部分違憲では法令は一部とはいえ違憲無効となるが、合憲解釈では法令自体は合憲ということになる。

これを具体例で見てみよう。広島市暴走族追放条例事件(最三小判平19・9・18刑集61巻6号601頁)では、同条例による集会規制の主体が、「何人も」となっており、暴走族に限定されていないことが過度に広汎な規制ではないかが争われた。最高裁は、この規制の対象を、本来的な意味における暴走族、及び社会通念上これと同視することができる集団(以下では両者合わせて「暴走族等」)に限定解釈すれば違憲ではないとした。これによって、昔の学生運動でよくみられたヘルメットに覆面、手には角棒といった出で立ちでの集会や、コスプレ・イベント、ある種の宗教団体の集会などが規制対象から除外される。

これと同じ結果は、部分違憲判決によっても達成可能かもしれない。すなわち、上記の規制の対象について、暴走族等以外を規制する部分は違憲であるという判断も可能かもしれない。したがって、両者の使い分けの問題が生じるが、これについては後述する。

(2) 部分違憲と適用違憲

次に、部分違憲と適用違憲であるが、こちらの方は逆に、部分違憲は法令違憲の一種であって適用違憲とは明らかに異なるというイメージをもつ読者が多いのではないだろうか。しかし、最近の議論では少し様子が異なる。この点を、適用違憲の意義の検討を通じて考えてみよう。

従来、適用違憲とは、「法令自体は合憲でも、それが当該事件の当事者に適用される限度において違憲である」[2]というものであるとされ、法令違憲とならぶ違憲判断の方法であるとされる。ここでの問題は「法令が当該事件の当事者に適用される限度において違憲」ということの意味である。

[2] 芦部・憲法 376 頁。

この点について、行政処分や刑事の有罪判決等の、法令の適用行為のことを指すと理解している読者もいるかもしれない。こうした理解では、適用違憲といわゆる処分違憲とは同じ意味ということになろう。

　しかし、一般的な理解によれば、「適用される限度において違憲」というのは、適用行為それ自体の違憲とは異なる[3]。つまり、適用違憲とは、適用行為(行政処分や有罪判決等)が違憲であるということではなく、法令のうち、具体的事件に適用される部分が違憲であるということである。つまり、適用違憲は実は法令違憲の一種であり[4]、したがって部分違憲との区別が問題となるということになる。

　具体的には、日本における適用違憲の典型例だとも評される猿払事件一審判決(旭川地判昭43・3・25判時514号20頁)は、「本件被告人の所為に、国公法110条1項19号が適用される限度において、同号が憲法21条および31条に違反するもので、これを被告人に適用することができない」(傍点筆者)とする。判決は、人事院規則14-7、6項13号の想定する広い罰則の適用範囲のうち、「非管理職である現業公務員で、その職務内容が機械的労務の提供に止まるものが、勤務時間外に、国の施設を利用することなく、かつ職務を利用し、若しくはその公正を害する意図なしで行った」政治的行為に罰則を科す部分については違憲であるから、このような類型に属する本件被告人の行為に適用される上記法令の部分も違憲であるとしたものである。

　ただ、適用違憲と部分違憲とは違憲判断の方法としては類似性があるとしても、違憲判断の方法の場面を離れ、違憲審査の方法の場面まで視野に入れてみると、両者の区別が見えてくる。すなわち、適用違憲は主に当該事件の司法事実を審査の中心に据える具体的・主観的審査の帰結として表れ、他方、部分違憲は主として法令の内容や構造を審査する一般的・客観的法令審査の帰結として表れる傾向にあると言えるのではないか(審査方法については本書8「立法裁量の統制」〔57頁〕参照)。その結果、適用違憲

[3] 山本龍彦「憲法ゼミナール part.1『判例』を読む(第6回)」法セミ681号(2011年)86頁(87頁)、土井真一「憲法判断の在り方」ジュリ1400号(2010年)54頁、野坂泰司・争点286頁など参照。

[4] つまり、適用違憲において違憲とされるのはあくまで法令であり、これに対して処分違憲は個別の行為が違憲判断の対象となる点で適用違憲と区別される。

は、違憲判断の対象は法令であるが、「違憲の範囲を当該事件への適用に限る」[5]、あるいはせいぜい当該事件と同種の行為に適用される部分が違憲というピンポイントの判断になるのに対し、部分違憲は、一定類型に適用される部分が違憲という、より射程の広い判断になる傾向があろう[6][7]。

3 部分違憲手法の限界
(1) 部分違憲手法はどのような場合に用いられるか

　以上の記述をまとめつつ、部分違憲の手法がどのような場合に用いられるか考えてみよう。ある規定の違憲審査を行い、当該規定の適用範囲のうちの一部が違憲であると判断されたとする。例えば、広島市暴走族追放条例事件の例でいえば、暴走族等以外を規制することは違憲だという判断に至ったとする。この場合、どのような違憲判断の方法をとるかが問題となり、部分違憲はその1つの選択肢である。

　しかし、違憲判断はなるべく避けるべきだ（違憲判断回避の準則）とすれば、合憲解釈が可能な場合にはそうすべきである。

　仮に合憲解釈ができないとすると、部分違憲の可能性が出てくるが、そのためには、いくつかの条件が必要である。まず、①違憲部分が明確に定式化できる必要がある。違憲部分が不明確であれば、立法者への指示として不適切であり、また、本当は違憲ではない場合も違憲部分に含んでしまうことになってしまう可能性もある。この点、猿払事件一審判決では、異

[5] 安西ほか・論点203頁〔青井未帆〕。
[6] もう1つの違いとして、適用審査を前提とする適用違憲の場合、審査対象となった行為（あるいは同種の行為）の制約の合憲性のみを審査するため、それ以外の制約の合憲性は判断対象とならず、合憲か違憲か不明となるのに対し、法令一般審査に基づく部分違憲の場合には、違憲部分以外は合憲ということになる（参照、宍戸常寿「合憲・違憲の裁判の方法」戸松秀典＝野坂泰司（編）『憲法訴訟の現状分析』〔有斐閣、2012年〕64頁〔81-82頁〕）。
[7] この観点から猿払一審判決を見ると、一定類型の司法事実への適用が違憲という部分違憲的な判断を行い、それを前提に、当該司法事実に適用する限りで違憲という適用違憲の判断をしている点で、形式的には適用違憲の判決であるが、実質的には部分違憲の判決だという見方も不可能ではない。これに対し、同判決による類型化は、違憲部分の括り出しとしては不十分であり、部分違憲とはいえずやはり適用違憲であるという見方として、蟻川恒正「合憲限定解釈と適用違憲」樋口陽一ほか（編）『国家と自由・再論』（日本評論社、2012年）265頁（284頁）。

論はあるものの、違憲部分がかなり明確に類型化されているといいうるが、他方、広島市暴走族追放条例事件では、「暴走族等に規制を限定すれば合憲」とは言えても、「暴走族等以外に規制をすることは違憲」との即断は難しく（暴走族等以外による集会でも合憲的に規制できる場合があるかもしれない）、違憲部分の画定に問題を残している。

　次に、②法令が可分である必要があるが、可分か不可分かは予め自明なわけではなく、次のような検討の結果判断されるものである。

(2) 部分違憲と立法権
① 問題の所在

　部分違憲は、法令の規定の文言または意味の一部を切り取るものであるが、残部だけでは実質的な意味が残らない場合や、残部だけだと元の法文とは趣旨が大きく変わり、むしろ新たな立法として司法権の範囲を超え、立法権を侵害すると考えられるような場合には、当該規定は不可分のものとして、部分違憲の手法は利用できず全部違憲とすることになる。この点を少し敷衍しよう。

　部分違憲による規定の趣旨の改変が立法権を侵害するのではないかが問題となるのは、国籍法違憲判決でこの点が大きく争われたことからも分かるように、主として授益的な規定についてである。これは、自由権を制約する規定が部分違憲とされても、原則である自由な状態に戻るだけであるのに対し、授益的規定の場合には、違憲部分の残部の規定に基づき立法者が授益の対象外とした者も対象となることから、裁判所が積極的立法を行ったという疑義を生じさせるためである。

② どのように考えるべきか

　国籍法違憲判決では、婚姻関係にない日本人父と外国人母との間に生まれ、出生前に認知もされなかった子が届出により日本国籍を取得できるためには、同法3条1項により、①父の認知、②父母の婚姻という2つの要件を満たさなければならないが、②の要件が憲法14条違反とされたため、②の部分につき意味上の部分違憲という判断がなされた。そして、本件の原告は、残った①の要件を満たし、届出を行っていたので、判決で日本国籍が確認された。

　このように書くと、要件①②のうち②が違憲であるから、②を除いて法律を適用したにすぎず、特に問題はないと思われるかもしれない。しかし、

事情はもっと複雑であり、できるだけシンプルに整理すると、さしあたり以下のように考えられないだろうか。

　まず、ⓐ国籍法３条１項が要求する要件を①②というように２つに分解できるかどうかは自明ではない。国籍法違憲判決の個別意見でも述べられたように、同条項の①と②は不可分で、要するに準正子だけを対象とした要件を定めたものであり、①だけを備えた子は最初から同条項の対象外であるという理解も可能である。このような理解からは、国籍法には①だけを備えた子に届出により国籍を付与する規定はなく、このような子についての立法不作為があるだけだということになる。立法不作為の場合に給付判決をするのは、まさに積極的立法であって許されないと考えるのが自然だろう。多数意見のような立場をとるためには、要件を①②のように分解できるという解釈が技術的に成り立つ必要があるが、これは要するに法律解釈の問題である。

　次に、ⓑ国籍法違憲判決は、要件①②のうち②が違憲である以上、当然、①だけを適用して原告に国籍を認めることができると単純に述べたわけではない。判決は、①だけを適用しても、国籍法３条１項の趣旨に沿う、つまり、合理的な立法者意思に沿うとも述べている。これは、違憲部分以外を適用したとしても、立法者の決定の範囲内であり、裁判所による積極的立法ではない趣旨をいうものと思われる。

　法律上明確に原則と例外、ないしは積極要件と消極要件が定められており、例外部分や消極要件が違憲だとするような場合には、比較的容易に部分違憲手法が可能だと思われる。

　そして、違憲部分がうまく文言と対応している場合には文言上の部分違憲とし、そうでない場合には意味上の部分違憲の手法をとることになろう。

【参考文献】
宍戸常寿「司法審査──『部分無効の法理』をめぐって」辻村みよ子＝長谷部恭男（編）『憲法理論の再創造』（日本評論社、2011年）195頁。
駒村圭吾『憲法訴訟論の現代的転回』（日本評論社、2013年）第３講、第22講。
【演習】
木下智史ほか（編）『事例研究憲法〔第２版〕』（日本評論社、2013年）53頁〔植村勝慶〕。

（曽我部真裕　京都大学教授）

11 公共の福祉

❶「公共の福祉」は人権相互の矛盾・衝突の調整原理なのか？

❷違憲審査基準論との関係はどのようなものか？

❸公正な裁判原理や、「公務員関係の存在とその自律性」、さらには未成年者等に対するパターナリスティックな制約と「公共の福祉」との関係はどのようなものか？

1　「公共の福祉」は人権相互の矛盾・衝突の調整原理なのか？

(1)　基本権規制の諸場面

　日本国憲法には、「公共の福祉」という語が4回登場する（12条後段、13条後段、22条1項、29条2項）が、「公共の福祉」とは何だろうか。少し憲法を勉強した学生がこの点を問われると、「基本的人権も『公共の福祉』（13条）による制約を受ける。ここで公共の福祉とは、人権相互の矛盾・衝突を調整するための実質的公平の原理である」という解答を提出するであろう。たしかに、加持祈禱事件（最大判昭38・5・15刑集17巻4号302頁）のように、僧侶が治療と称して加持祈禱を行って病人を死亡させた場合に傷害致死罪（刑205条）に問うことは、生命という個人の人権を守るために信教の自由を制約していると言えるかもしれない。しかし、たとえば、景観を守るために屋外広告の規制や建築規制を行う場合に、個人の景観に対する権利の保護のために表現の自由や財産権を制約しているというとらえ方が妥当だろうか。また、公務員の政治活動の規制（国公102条、110条1項19号）は、誰の人権の保護のために公務員の表現の自由等を規制するものというのだろうか。さらには、青少年健全育成条例に基づく有害図書の青少年への販売等の禁止は、規制対象たる青少年自身を保護するために規制が行われるものであるが、こうしたものは人権相互の矛盾・衝突の調整ととらえることができるだろうか。

　こうしてみると、上記のような諸事例について違憲であるという立場をとらない限り、これらを人権相互の矛盾・衝突の調整原理としての公共の福祉という考え方によって説明することはできないことになる。では、このような公共の福祉のとらえ方は誤解に基づく俗流の「論証パターン」に過ぎないのだろうか。いや、そうではない。こうした公共の福祉の捉え方は、戦後の代表的な憲法学者である宮沢俊義教授が唱えたものである。

　宮沢教授は、人権に対して「なんらかの制約が要請されるとすれば、そ

れは、つねに他人の人権との関係においてでなくてはならない」[1] という前提の下、日本国憲法にいう公共の福祉とは、「人権相互のあいだの矛盾・衝突を調整する原理としての実質的公平の原理を意味する」[2] と述べる。

このような表現は、その後、芦部信喜教授を始めとする通説に、少なくとも一般論的には受容されたため[3]、今日でも流布しているのである。しかし、今日では、公共の福祉を「人権相互の矛盾・衝突」の調整原理としてのみ狭く捉える見解はむしろ少数派であって、何らかの意味で公共の利益も「公共の福祉」の内容として認める見解が一般的であり[4]、それは妥当なことであると思われる。ただ、今日の議論を説明する前に、伝統的な通説の考え方やその背景を振り返ってみるのが有益だろう。

(2) 通説の狙い

教科書的な説明では、「公共の福祉」に関する学説は、一元的外在的制約説、外在・内在二元的制約説、一元的内在的制約説に大別され、宮沢説である最後者の一元的内在的制約説が通説化したとされる[5]。

この説は、冒頭に述べたように問題点もあるのであるが、その狙いとして、ここでは2点を挙げたい。第1は、「公共の福祉」という語からは、個人の権利・利益を超えた全体の利益を想起しがちであるが、宮沢説が「公共の福祉」を人権相互のあいだの矛盾・衝突を調整する原理であると強調したのは、戦前の反省を踏まえて、このような理解を強く否定する意図があったことである[6]。全体の利益が個人の権利・利益を凌駕するとい

[1] 宮沢俊義『憲法II〔新版〕』(有斐閣、1971年)229頁。
[2] 宮沢・前掲注[1]235頁。
[3] それぞれの説の内容については各自の教科書や、特に芦部・憲法学II 198頁以下を参照のこと。
[4] 長谷部・リーディングズ39頁〔内野正幸〕、大石・憲法II 33頁、佐藤・憲法論134頁、高橋・憲法122頁、長谷部・憲法104頁、松井・憲法350-351頁など。なお初宿・憲法2 49頁は、人権相互の衝突の調整を根拠とする人権制約を「公共の福祉」とは別の問題であるとしており、公共の利益こそが「公共の福祉」の本体をなすとしているかのように読める。
[5] 芦部・憲法学II 188頁以下。
[6] 宮沢・前掲注[1]234-235頁。

う理解は、13条前段に明文化された日本国憲法の根本的価値である個人の尊重原理を正面から否定するものであり、明治憲法下の価値観への回帰であるから、冒頭に述べたような問題点はあるにしても、宮沢説の問題意識の重要性は確認しておく必要がある。

　第2は、外在・内在二元的制約説もすでにそうであったが、宮沢説の「公共の福祉」論も、人権制約の限界を——大まかにではあるが——画することをも目的としていたことである。宮沢説は、自由国家的公共の福祉に基づく制約においては、「各人に対して基本的人権を公平に保障するために必要な最小限度においてのみ国家権力による規正が許され」、社会国家的公共の福祉に基づく制約においては、「社会権を実質的に保障するために必要な限度において、国家権力による経済的な基本的人権に対する介入ないし干渉が是認される」(傍点筆者)とする[7]。こうした区別は二重の基準論を想起させるが、発想の源において両者は異なる。なぜなら、宮沢説は社会権の存在を理由にして経済的自由のより広い制約を認めるが、二重の基準論の母国であるアメリカの憲法には社会権規定はなく、その影響を受けて展開されている日本の二重の基準論も、社会権の存在を根拠としてはいないからである(二重の基準論の根拠論については、各自の教科書を確認のこと)。

　それはさておき、上述のような「必要最小限度の規正」とか「必要な限度の介入」といった基準は抽象的に過ぎて具体的事件において制約の合憲性を判断する道具となりえないことはもちろん宮沢説も認めているが、こうした具体化については、判例の蓄積に期待がかけられている[8]。宮沢説には、芦部教授らによってアメリカ流の憲法訴訟論が導入され、違憲審査基準論が日本で議論され始める1960年代以降の展開が反映されていない点に留意する必要がある。

(3)　今日の議論

　従来の通説では、外在的制約・内在的制約という二分論も重要な役割を果たしてきたが、冒頭にも見たように、これでは「公共の福祉」の多様な内容を把握しきれないことも確かである。そこで、近年、もう少しきめ細

[7] 宮沢俊義〔芦部信喜補訂〕『全訂日本国憲法』(日本評論社、1978年)201-202頁。

[8] 宮沢・前掲注[1]237-238頁。

かい類型論が展開されている。

　代表的な議論としては、内野正幸教授によるものがある。内野教授は、
「公共の福祉」の内容として、①他者の権利・利益の確保、②本人の客観
的利益の確保、③公共道徳の確保、④経済取引秩序の確保、⑤自然的・文
化的環境の保護、⑥国家の正当な統治・行政機能の確保、⑦社会政策的・
経済政策的目的の実現を挙げる[9]。渋谷秀樹教授は内野教授の7類型を整
理して、㋑他者加害の禁止（上記の①）、㋺自己加害の禁止（同②）、㋩社会
的法益の保護（③④⑤）、㋥国家的利益の保護（⑥）、㋭政策的制約の5類型
とする[10]。

　さらに、高橋和之教授は、「公共の福祉」とは、13条前段の「個人の尊
重」原理を受けた、「すべての個人を等しく尊重するために必要な」措置
であるとして、その主要な内容として、(a)人権と人権の衝突を調整する措
置、(b)他人の人権を侵害する行為を禁止する措置、(c)他人の利益（個人と
は限らず、街の美観維持のような多数の個人の利益も含まれる）のために人権
を制限する措置、(d)本人の利益のために本人の人権を制限する措置の4つ
を挙げる[11]。

2　違憲審査基準論との関係はどのようなものか？

(1)　「公共の福祉」論の役割の地盤沈下

　さて、話は前後するが、学説史上、宮沢説が通説化していった時代は、
アメリカ流の違憲審査基準論が導入されていく時代でもあった。その結果、
公共の福祉論の役割は地盤沈下した。すなわち、それまで公共の福祉論の
任務の1つとされていた人権制約の限界の検討が違憲審査基準論において
行われるようになり、公共の福祉論の意義はその分低下することになった。
佐藤幸治教授の有名な表現によれば、「13条の『公共の福祉』は基本的人
権の一般的制約根拠となるものであるが、（……）それ自体として基本的人
権制約の正当化事由となる、というものではない（……）。正当化事由は、
各基本的人権の性質に応じて具体的に引き出さなければならない」（傍点原
文）[12] のである。ここでは、「制約根拠」と「制約の正当化事由」が区別さ

　［9］長谷部・リーディングズ47頁〔内野正幸〕。
　［10］渋谷・憲法167頁。
　［11］高橋・憲法123頁。

れているが、ここではむしろ、戸波江二教授の「公共の福祉をめぐる論争には、①人権には限界があるかという人権一般の基本的問題と、②人権を制限する法律はどのような場合に違憲となるかという具体的な違憲審査の問題という、若干レベルの異なる問題が混在していた」[13] という説明の方が分かりやすいであろう。佐藤教授のいう「制約根拠」が①に関わり、「正当化事由」が②に関わる。人権制約は「公共の福祉」に基づくものでなければならない（私的な利益に基づくものであってはならない。なお、他者の人権保障という規制目的は、私的な利益を図るものではない）が、「公共の福祉」に基づく制約がすべて合憲であるわけではない、というわけである。

(2)　宮沢説と芦部説との違い

　要するに、芦部説は、人権相互のあいだの矛盾・衝突を調整する原理としての「公共の福祉」という宮沢説を引き継いだとは言いながら、これはあくまで一般的・抽象的な話であり、「各個の人権について具体的に行われる一定の制約が内在的制約ないし外在的制約として正当化されるものか否かは、『公共の福祉』の原理そのものとは別に、各個の権利・自由の性質なり規制の目的・態様の相違を考慮して構成される、人権規制の限界を画定する基準によって判定することが要請される」(傍点原文)[14] とする。そして、アメリカ憲法判例・理論の影響下で展開された日本の違憲審査基準論においては、「公共の福祉」の「人権相互の間の矛盾・衝突」の調整原理としての理解は後景に退き、規制目的の必要不可欠性、実質性、正当性等の議論の中に解消されていった。ここに、冒頭に述べたような学生を困惑させる原因がある。

(3)　ではどう考えればよいだろうか？

　芦部説では、公共の福祉論のウェイトは小さくなっている一方で、「人権相互間の矛盾・衝突の調整」という考え方は維持しているので、中心となる違憲審査基準論との整合性が問われてしまう。そこで、たとえば高橋説のように、「公共の福祉」とは、「すべての個人を等しく尊重するために

[12] 佐藤・憲法133頁。
[13] 戸波・憲法156頁。
[14] 芦部・憲法学Ⅱ198頁。

必要な」措置であるとしたうえで、必要に応じて上述のような類型論(あまり詳しいものを挙げるのは難しいので、高橋説の4類型くらいが適当だろう)を展開し、違憲審査基準の議論に移るという立論がベターではないか。

3　公正な裁判原理や、「公務員関係の存在とその自律性」、さらには未成年者等に対するパターナリスティックな制約と「公共の福祉」との関係はどのようなものか?

ところで、**1**(3)で紹介した類型化の試みには、内在的制約や外在的制約として整理できるような類型のほかに、本人の保護のための制約という類型がある(内野教授の分類でいう②、渋谷教授の(い)、高橋教授の(d))。この類型自体は、いわゆる「未成年者の人権」の論点で扱われるパターナリスティックな制約としておなじみのものである。しかし、この制約が「公共の福祉」との関係でどのように位置づけられるのかは従来必ずしも明らかではなかった。これは、「公共の福祉」の内容が従来、内在的制約・外在的制約の二分論で語られていたことと関係があり、いずれにも該当しないパターナリスティックな制約の位置づけが不明確になってしまったのである。

しかし、**1**(3)のような今日の「公共の福祉」類型論では、パターナリスティックな制約が「公共の福祉」の一内容となることは明確である。ただし、このように位置づけが明確化されたからと言って、パターナリスティックな制約が一般的に許されると考えるべきではないことは勿論である。一般に説かれる通り、こうした制約は、未成年者のほか、障害や老齢により判断力が十分ではない人々に対してのみ認められるべきである。

このほか、公務員や在監者(刑事施設被収容者)など、国家と特別の法律関係にある者の人権制約のために援用される根拠論(芦部説の表現を借りれば憲法秩序の構成要素としての「公務員関係の存在と自律性」「在監関係とその自律性」[15])と「公共の福祉」との関係も問題となる。これらがその内容上「公共の福祉」に含まれないとは言えないだろうが、憲法に特段の関係条文(公務員につき憲15条、73条4号等、在監関係につき18条、31条等)がある限り、直接的にはそちらを援用すべきであるということになろうか。また、公正な裁判、選挙の公正などといった諸原理も同様である。

[15]芦部・憲法109頁。

【参考文献】

青柳幸一「人権と公共の福祉」大石眞＝石川健治(編)『憲法の争点』(有斐閣、2008年)68頁。

市川正人＝井上典之「公共の福祉と違憲審査基準」井上典之ほか(編)『憲法学説に聞く』(日本評論社、2004年)41頁。

内野正幸「国益は人権の制約を正当化する」長谷部恭男(編)『リーディングズ現代の憲法』(日本評論社、1995年)39頁。

玉蟲由樹「人権と国家権力：「公共の福祉」の多元的機能」法律時報86巻5号(2014年)29頁。

【演習】

宍戸常寿『憲法　解釈論の応用と展開〔第2版〕』(日本評論社、2014年)2頁。

（曽我部真裕　京都大学教授）

12 人権の享有主体性

❶法人（団体）の人権享有主体性はどのような場合に主張すべきなのか？
❷法人（団体）の人権享有主体性を認める場合、その享有する人権の範囲はどのように論じられるのか？
❸法人（団体）と構成員との関係が問題になる場面で法人（団体）人権享有主体性はどのように論じられるのか？

1 法人（団体）の人権享有主体性はどのような場合に主張すべきなのか？

(1) 問題の所在

　法人（団体）に人権享有主体性が認められるか。この問いに対して、肯定的に答えるのが、判例・通説であるといってよい。最高裁が、八幡製鉄事件（最大判昭45・6・24民集24巻6号625頁）で、「憲法第三章に定める国民の権利および義務の各条項は、性質上可能なかぎり、内国の法人にも適用されるものと解すべきである」[1] という基本的な立場を示したこと、「法人に対しても一定の人権の保障が及ぶと解するのが妥当」（芦部・憲法90頁）とするのが通説的見解であることは、憲法の学習を一通り終えた学生ならば知っているだろう。

　しかし、それでは、具体的にどのような場合に、この法人（団体）の人権享有主体性の議論が意味をもってくるのか、と問うならば、たちまち答えは難しくなるだろう。この問いを考えるのが、ここでの課題である。

(2) 法人（団体）に人権享有主体性が認められる根拠

　そこで、まず、法人（団体）に人権享有主体性が認められる根拠を確認したい。根拠に遡ることで、この議論の意味と射程を考える手がかりが得られるからである。法人（団体）の人権享有主体性が認められる根拠としては、しばしば、芦部信喜教授による、①法人（団体）の活動は自然人を通じて行われその効果は自然人に帰属すること、②法人（団体）は社会において自然人と同じく活動する実体で重要な役割を果たしていること、という整理が

[1] 民集24巻6号630頁。サンケイ新聞事件（最二小判昭62・4・24民集41巻3号490頁）も、名誉の保護と表現の自由の調整について、「個人である場合と法人ないし権利能力のない社団、財団である場合によって特に差異を設けるべきものではない」と述べる。

挙げられる[2]。もっとも、①を根拠に置くと、人権享有主体性が認められるのは法人（団体）の活動が構成員の人権に還元することができる場合に限られる。しかし、それでは構成員との関係が希薄で観念しづらい巨大な団体（大企業やマスコミなど）につき、法人（団体）の人権享有主体性を認めることが難しくなる。そこで、芦部説は、②に重点を置いてこの根拠を理解する（芦部・憲法学II 165頁）。この場合、法人（団体）の種類や性格にかかわらず、権利の内容や性質との関係においても広範に、人権享有主体性が認められることとなるだろう。今日、「法人の人権享有主体性」ではなく「団体の人権享有主体性」という用語が用いられるのも、人権享有主体性は法人格の有無にかかわらず認められるとの認識に基づく（初宿・憲法95頁、松井・憲法314頁など。本稿でも以下では「団体」の語を用いる）。

　もっとも、芦部説に対しては、現代社会においては巨大な団体こそが個人の自由や利益に対する脅威であるにもかかわらず、そのような社会的権力を有する団体に人権享有主体性を認めるのでは、かえって個人の自由や利益が損なわれる結果となるのではないか、との危惧が示される。フランス革命をはじめ近代立憲主義の背景には、ギルドや教会などの団体からの個人の解放という課題があった[3]のであり、団体は、本来の人権享有主体たる個人を虐げる恐れのある警戒すべき対象であるので、人権享有主体性を否定するべきであるとする見解（樋口・憲法182頁など）は、この現代社会における危惧と通じるものである。

(3)　法人（団体）に人権享有主体性が認められる程度と射程

　それでは、芦部説は、このような批判に対しどのように応えるのか。単純化をおそれずに言えば、団体の人権享有主体性を広く認めつつも、その保障の程度を自然人に比べて弱いものとみる――「特別の限界」（芦部・憲

---

[2] 芦部・憲法学II 164頁。なお、前者は宮沢俊義教授、後者は伊藤正己教授の説であり、芦部説は両者を融合させたものといえる。参照、宮沢・憲法II 245頁、伊藤・憲法201頁。

[3] ギルドとは職業別組合のことで、ドイツやイギリスにおける、大商人による商人ギルド、手工業者の親方で組織された手工業ギルドが知られる。市参事会への参加によって都市の政治に関与するとともに、製品の品質や価格などの決定、職人や徒弟の職業教育において独占的な権限を持っていた。教会も、フランスにおいては、領地を有し、税金（十分の一税）の徴収権や裁判権などの特権を持つとともに、教育を独占しており、上位聖職者は支配階層の一部とみられていた。

法学Ⅱ 172 頁)を認める——というのが、その答えだといえる。

　この見解によれば、政府が団体の自由や権利を規制する場面でも、団体と個人(団体の内であれ外であれ)との関係が問題となる場面でも、団体は人権享有主体性を認められるがその保障の程度は弱いということになる。それゆえ、前者の場面では、政府は団体に対して自然人の場合よりも強い制限を行うことが許されることになる。経済的自由のみならず精神的自由についても、「たとえば政治的活動の自由のような領域においては、自然人よりも制約を受ける程度は当然に強いとみるべき」(芦部・憲法学Ⅱ 172頁)こととなるのである。そして、後者の場面では——ここでは私人間効力につきどのような立場をとるかにより論じ方は変わるが、芦部説では間接効力説に立って——団体の権利と個人の権利との衡量を行う際に団体の権利の重みを割り引いて検討を行うという流れになると思われる[4]。上記の批判に応えつつ、両方の場面を整合的に説明できる議論だといえよう。

　とはいえ、この見解は、団体と個人の関係が問題となる場面でも団体の人権享有主体性を認めるので、団体の側の人権の重みを割り引くといっても、なお、社会的権力による個人の「人権」侵害という問題を適切に解決できないのではないか、との疑問を抱く方もいるかもしれない。この点、芦部説は、社会的権力が国家と類似する実体を備えるものであったり、国家と同視できるほど国家と密接な関係をもつものであったりする場合には、その団体に人権享有の主張を認めないとする(芦部・憲法学Ⅱ 172頁)。私人間効力の論点における「ステイト・アクション理論(国家同視説、私的統治説)」[5] を組み合わせることで対応しようとしたのである[6]。

⑷　法人(団体)の人権享有主体性否定説

　しかし、「ステイト・アクション理論」が妥当する場面は限られているので、なお上記の懸念は完全には解消しないのではないか。このような問

---

[4] 芦部教授は、八幡製鉄事件の最高裁判決を「法人の政党に対する政治資金の寄附(政治献金)という政治的行為の自由(表現の自由の一態様として、憲法 21 条で保障される)を自然人のそれと全く同列のものと解し、この政治献金をほとんど無限定に認めた」として批判する。芦部・憲法学Ⅱ 174 頁。

[5] この理論については、芦部・憲法学Ⅱ 314-327 頁などを参照。

[6] 強制加入団体について人権享有主体性を明確に否定するものとして、渋谷・憲法 153-155頁、松井・憲法 317、491-492 頁。

題意識から学説の一部で有力に説かれるのが団体の人権享有主体性否定説である。この説は、肯定説の根拠（(2)参照）に次のような疑問をぶつける。すなわち、根拠①については、団体の人権を構成員たる自然人の人権に還元できるのであれば、最初から構成員の人権を用いて議論すれば足りるのではないのか。根拠②についても、ここでの問いは、人権とは人格を有する自然人に認められるものであるのに人格を有しない法人（団体）になぜ認められるのかというものであるのに、社会的に実在するからとの説明では答えになっていないではないか、との疑問である（長谷部・憲法125頁）。

　それでは、否定説に立った場合、問題をどのように論じることになるのか。ここでは、高橋和之教授の議論を紹介しておきたい（高橋・憲法100-101頁）。高橋教授は、上記のような実際上、理論上の難点ゆえに、団体には固有の人権享有主体性はないと明言する。たしかに、政府が団体を規制する場面においては、団体は人権を主張しうるが、それはあくまで構成員の人権を代表（代位）してのものにすぎない[7]。団体と外部の個人との関係が問題となる場面でも、団体は構成員の人権を代表（代位）するかたちで外部の個人と向かい合う。団体と構成員との関係が問題となる場面では、団体が主張できるのは団体の紀律権である。この紀律権の性質について、高橋教授は「団体の権力」と述べるのみでそれ以上は明らかでないが、団体の人権でないことは確かであり、また構成員の人権を代表するものでもない[8]。この場面で、団体は、いかなる意味でも人権を持ち出す立場にはないのである[9]。

　このような法人（団体）の人権否定説も学説上無視しえない[10]。

(5)　結社の自由を通じて団体の人権享有主体性を認める説

　また、団体の人権享有主体性を認めつつも、その根拠を憲法21条が結

[7] 憲法訴訟において団体が構成員の人権を主張するにあたっては、憲法訴訟論上、第三者の憲法上の権利の主張適格が問題となるが、高橋説は、団体と構成員との関係ゆえに、特に問題なくこれを認める、と構成する。

[8] 団体の紀律権、統制権の根拠については、構成員の団体参加の意思に求める見解（橋本基弘『近代憲法における団体と個人』〔不磨書房、2004年〕300頁）や、憲法が団体に結社の自由に基づく運営や意思決定の自由を認めた結果、政府が団体の内部運営に干渉できないことに求める見解（木下智史『人権総論の再検討』〔日本評論社、2007年〕199-200頁）が示されている。

[9] それゆえ、高橋説によれば、八幡製鉄事件はもともと会社の人権が問題となる事案ではなく、そこでの人権享有主体性に関する判示は傍論だということになる。

社の自由を保障していることに求める見解も注目される[11]。この見解は、団体に人権享有主体性が認められるのは、団体の活動に——それが構成員に還元されるわけでない場合も含めて——人権保障を及ぼすことが、個人に結社の自由を保障する政治社会の在り方と整合的であるからだとの根拠を示していると解することができる。このように理解すると、この説は根拠②に対する否定説からの疑問にも一定の解答を示しているといえよう。

この説にも、人権享有主体性が認められる団体の種類に関して、政治的なものに限るとする説（松井・憲法316頁）[12]や広くこれを認める説（佐藤・憲法論152頁）がある。後者の場合、具体的な事案において人権享有主体性が認められる程度と射程は芦部説とそう違わないことになるだろう。ただし、結社の自由を通じて団体の人権享有主体性を認めるという構成をとることから、これらの問題を考える際に次の2つのポイントが導かれる点は重要であろう。1つは、「憲法論的には、法人（団体）の行動が自然人の基本的人権を不当に制限するものであってはならないという基本的限界が存する」（佐藤・憲法論154頁）との帰結である。この説は、もともと個人の結社の自由——と結社を通じた個人の諸権利・自由の行使——の保障を十全なものとするために団体そのものの活動に対し憲法上の保障を及ぼすという構成をとる以上、団体の活動によって個人の人権が損なわれることは本末転倒であるとの結論が導かれることになる[13]。もう1つは、団体の目的

---

[10] 浦部法穂教授の見解も、高橋教授の見解に近い発想を示している。浦部・教室68-69頁。また、長谷部恭男教授の見解も、法人には人格が認められないがゆえに「『切り札』としての人権」は享有し得ないとするものであり、この点を強調すれば法人の人権享有主体性否定説に位置づけることもできるであろう。長谷部・憲法126頁。もっとも、長谷部説は、人権を「『切り札』としての人権」と「公共の福祉にもとづく権利」とに区別する前提と併せて理解する必要がある。また、宍戸常寿教授も、「個別の基本権規定の解釈として構成員たる自然人から独立した団体固有の利益が保障されている場合に限り、団体が本来的意味での基本権の主体であることを認め、それ以外の場合には、団体の意義、団体と構成員の関係等から、団体が構成員の基本権を代表的に行使できる場合があるものと解すべき」とし、さらに団体固有の基本権は、「いわば『特権』ないし『公共の福祉に基づく憲法上の権利』としての性質を有する」ものだと述べる（渡辺ほか・41-42頁）。高橋説と長谷部説のハイブリッドといえる。

[11] 古典的には寿田竜輔「法人と人権」奥平康弘＝杉原泰雄（編）『憲法学1』（有斐閣、1976年）32頁、現在では、佐藤・憲法論152頁、松井・憲法316頁など。

[12] この見解は松井説のプロセス的基本的人権観と併せて理解する必要がある。

の重視である。結社は、「共同の目的をもってする集団的行為である点」（佐藤・憲法論 284 頁）に特徴をもつのであり、ここから、具体的問題を考察する際に、団体の本来の目的に目を向けるべきことがより強く求められることになる。これらのポイントは、社会的権力による個人の「人権」侵害の問題に対処する 1 つの方向性を示しているともいえよう。

　もっとも、⑷で紹介した団体の人権享有主体性否定説もここで触れた結社の自由を通じて団体の人権享有主体性を認める説も、かなり高度な議論である。この本の読者はこれらの説まで理解する必要はなく、芦部説をよりよく理解するための比較として読んでもらえれば十分である。

2　法人（団体）の人権享有主体性を認める場合、その享有する人権の範囲はどのように論じられるのか？

　また、ここまでの議論は原理的な話で、具体的な問題を考察する際には別の視点からの検討が必要となることに注意する必要がある。はじめに、団体の享有する人権の範囲について、判例は「性質上可能な限り」認められるとするが、どのような点を考慮すればよいのか、という問題について考えてみよう。

　この点、八幡製鉄事件最高裁判決じしんは、これ以上の説明を与えてくれておらず、結論として、「憲法上の選挙権その他のいわゆる参政権が自然人たる国民にのみ認められたものであること」、「会社は、自然人たる国民と同様、国や政党の特定の政策を支持、推進または反対するなどの政治的行為をなす自由を有する」ことを明らかにしているだけである。また、博多駅事件最高裁判決（最大判昭 44・11・26 刑集 23 巻 11 号 1490 頁）も、報道機関が表現の自由を有することを前提としているが、その理由づけは明らかでない。

　これに対して、学説を参照すればどのように考えられるだろうか。**1**⑵でみたように、人権享有主体性が認められる根拠として、しばしば、①

---

[13] もちろん、常に構成員の側が勝つわけではない点には留意が必要である。たとえば、任意的な政治団体における団体の主義・主張に対して、構成員が自らの主張と異なるとして争う場合を考えてみてほしい。このような構成員の主張を認めれば、政治団体が活動できなくなり、当該団体の主義・主張に共鳴している他の構成員の結社の自由を損ねることになる。このような帰結が妥当でないことは明らかであろう。参照、浦部・教室 69-70 頁。佐藤説も「不当に」という修飾語を置いている点に注意が必要である。

団体の活動は自然人を通じて行われその効果は自然人に帰属すること、②
団体は社会において自然人と同じく活動する実体で重要な役割を果たして
いることが挙げられる。しかし、この根拠から団体が享有する人権の範囲
に関する答えをストレートに導くことは困難である。

　そこで芦部説は具体的な基準を探るが、残念ながら明快な解答を得るこ
とには成功していないと思われる。その結論は、「自然人とだけ結合して
考えられる人権」(芦部・憲法89頁)は団体に保障されないというものであ
る。これは「個人的にのみ行使できるものか、それとも集団的にも行使で
きるものか」というドイツの学説を参照にしたものと思われるが、この学
説につき、芦部説じしん、生命や身体、あるいは婚姻といった、「自然人
にのみ保障されるものであることが権利の性質上自明である場合」を除け
ば「どちらの類型に属するのか一律に割り切れない場合も生じる」ことを
認めている(芦部・憲法学Ⅱ166-167頁)。

　それゆえ、結局、「それぞれの法人の目的・性質に照らし、かつ各人権
の趣旨を考慮に容れて、個別具体的に検討することが必要である」(芦部・
憲法学Ⅱ166頁。参照、奥平・憲法Ⅲ43頁)ということにならざるをえない。

　ただ、ここまでの議論からいくつかのヒントを得ることはできる。まず、
根拠①によれば構成員の人権保障に結びつくものに限り人権を認めるのに
対し(参照、芦部・憲法学Ⅱ168頁)、根拠②によればより広い範囲で人権を
認める傾向があるといえるだろう。根拠①は団体に人権を保障する効果が
自然人に帰属することを重視するのに対し、根拠②にはこのような限定が
ないからである。実際、芦部説は「自然人とだけ結合して考えられる人
権」(芦部・憲法89頁)は法人(団体)に保障されないと議論を構成し、団体
に人権が保障されることを原則としている。これに対し、「権利の性質を
まず考え、その上で当該権利の享有を法人に認めることによって、その構
成員たる自然人とその外部の自然人にどのような影響をもつか、個々具体
的な権利の性質および内容ごとに判定していくべき」(渋谷・憲法128頁)と
の基準を示す学説は、「法人制度のもつメリットはその活動の成果が最終
的には自然人に還元される点にこそある」(渋谷・憲法118-119頁)という、
根拠①と結び付いた主張である。ただし、この関係はあくまで傾向にすぎ
ず、他にも考慮すべき要素がある点には注意が必要である。

　この点、上で引用した芦部説も明示するように、少なくとも団体の目的
や性質に着目する必要があるとはいえる。これは人権享有主体性の根拠を

何に求めるかにはかかわらない[14]。たとえば、同じ政治的な表現の自由でも、学説の多くは、報道機関にこれを認めることに賛同するが、会社にこれを認めることには疑問を示す。ここには、2つの団体の本来の目的の違いが反映しているといえるだろう。

これ以外にも「性質上可能な限り」の判断要素はあるはずであるが、これを解き明かすことは難しい。それゆえ、この本の読者はこの点に拘る必要はない。収まりは悪いが、**1**でみた人権享有主体性の根拠に関する議論は、団体が享有する人権の範囲というここでの論点と関連してはいるが決定的に結論を与えるものではないことに留意して、各種の人権について自分なりの結論と簡単な理由づけが整理できれば十分である。

3 法人（団体）と構成員との関係が問題になる場面で法人（団体）人権享有主体性はどのように論じられるのか？

次に、具体的な事案についてどのように論じればよいのか、団体と構成員との関係が問題となる場面を例に考えてみよう。判例は、国労広島地本事件（最大判昭50・11・28民集29巻10号1698頁）でも南九州税理士会事件（最大判平8・3・19民集50巻3号615頁）でも、ここまで検討してきたような一般的・抽象的な団体の人権享有主体性（およびそれを前提とした私人間効力論）の議論に触れていない。それゆえ、具体的な事案で団体の人権享有主体性をどう論じるのかが悩ましい問題として現れることになる。

この点、団体に人権享有主体性を認める学説から理論的に突き詰めてみれば、ここでも人権享有主体性の根拠などの抽象的な議論が関係しないわけではない[15]。そして、具体的問題の結論に至る過程を芦部説の立場から最終的な文章の流れで表わせば、たとえば次のようなものになるだろう。はじめに、団体にも人権享有主体性を肯定しつつ、享有する人権の程度を割り引く（場合によってはステイト・アクション理論に基づき享有主体性を否定する）。そこでは、団体の種類や性格（強制加入か任意加入か、公的性格か

---

[14] 佐藤説によると、「抽象的には、法人（団体）の目的・性格と『侵害』の内容によるというほかはない」（佐藤・憲法論153頁）。佐藤説が団体の目的や性格を出すのは、人権享有主体性の根拠を結社の自由に求めることと整合的である。

[15] 芦部説によれば、三井美唄労組事件（最大判昭43・12・4刑集22巻13号1425頁）および中里鉱業所事件（最二小判昭44・5・2集民95号257頁）は間接効力説によって論じたものと理解することも可能であるとされる。芦部・憲法学Ⅱ291-292頁。

私的性格かなど)、当該行為の内容や性質(団体の目的との関連性など)が考慮
される。その上で、構成員の側の人権との調整を、構成員の人権の性質、
当該行為により構成員が受ける具体的な不利益の内容、程度、態様等を考
慮しこれと比較衡量するかたちで行う。そして、その結果から、――芦部
説は間接効力説に立つので――民法の一般条項(民90条など)を媒介させて、
団体の意思決定の効力の有無という結論を導くという筋道である。

　しかし、この団体と構成員との関係が問題となる場面において重要なの
は、なにより、具体的事案における団体と構成員との対立関係を把握して
適切な調整を図ることである。付随的違憲審査制のもとでは「具体的事実
に基づく経験的判断が重視される」[16] という点を、ここでも思い出してほ
しい。実際の思考過程としては、上記の文章の流れとは逆に、具体的事案
において、当該団体のどのような行為が問題とされているのか、その行為
により構成員が受ける不利益の内容、程度、態様はどのようなものである
か、そもそも当該団体の目的や性質はどのようなもので、問題とされる行
為は目的とどのように関連しているのか……といった事柄について、従来
の判例と比較しながら分析することがまず求められるのである。

　判例も、南九州税理士会事件(最三小判平8・3・19民集50巻3号615頁)
や国労広島地本事件(最三小判昭50・11・28民集29巻10号1698頁)におい
て、問題となっている団体の行為が当該団体の目的の範囲内であるか否か、
構成員に協力義務を負わせることが可能か否かを問題とし[17]、その判断の
中で、団体の種類や性格、構成員の人権の性質、具体的な団体の行為とそ
れにより構成員が受ける不利益の内容、程度、態様等といった諸要素を考

[16] 本書1「違憲審査基準論の意味と考え方」7頁参照。
[17] 判例は「目的の範囲」と「協力義務の限界」の二段階の審査を行っているのだとの理解
　　が示され(小島慎司・判例プラクティス79-84頁)、また「目的の範囲」に関する法律解
　　釈論が団体の人権享有主体性に関する憲法論に対応し、「協力義務の限界」に関する法律
　　解釈論が団体と構成員との関係に関する憲法論に対応するのだとの整理が示されている
　　(岡田信弘・法教269号51頁)。南九州税理士会事件では「目的の範囲」だけで事案が処
　　理されており、一段階で審査をしたとも分析されるが(西原博史・論ジュリ1号68-69頁)、
　　二段階の審査を前提としつつ、構成員の思想・良心の自由を考慮して一段階目で切ったと
　　みることもできる(小山ほか・論点探究75-76頁〔齊藤正彰〕)。いずれにせよ、この点は
　　細かい話になるので、みなさんの学習においては、二段階か一段階かに拘らず、本文の下
　　記で挙げる考慮要素を――諸判例と比較して――検討した上でその結論を(「目的の範囲」
　　であれ「協力義務の限界」であれ)法律解釈論のレベルで示すことができれば十分である。

慮している。このような判例の論じ方は、上記の憲法上の分析を法律解釈
論に読み込む形で示しているともいえ[18]、具体的事案の適切な解決にとっ
て何が重要であるかを示しているだろう[19]。

　それゆえ、最終的にたとえば芦部説に立って上記のような筋道で答案を
書くのだとしても——もちろん、一例にすぎず、この筋道である必要はな
い——最初の段階で団体の人権享有主体性（および私人間効力論）の一般
的・抽象的な議論を延々と書くことに意味はない。限られた解答時間や答
案枚数を考慮すれば、それによって一番重要である具体的な分析・利益衡
量を答案上で示すことが疎かになることこそを恐れるべきである[20]。

　最後に、それでは具体的な分析・利益衡量を行う際にどのような点に着
目すべきかであるが、「総合的判断が重要」（宍戸・憲法101頁）であって、
残念ながら決め手はない。それでも強いて挙げるとすれば、しばしば取り
上げられる①団体の性質（任意団体か強制加入団体か）以外に[21]、まず、②構
成員が受ける不利益の内容や程度に注目することが重要だと思われる。南
九州税理士会事件では、強制加入団体であることを前提としつつ、政治団
体への寄付は「個人的な政治的思想、見解、判断等に基づいて自主的に決
定すべき事柄」であることが判断の決め手となっている。国労広島地本事

---

[18] 参照、大石・憲法Ⅱ143頁。宍戸・憲法309頁は、「法令の解釈適用に際して人権が問
　　題になる場面」で「憲法論」を語りうると述べ、例として団体と構成員の紛争を挙げる。
[19] これらの判例が私人間効力について論じない理由として、「対立する諸利益の具体的調
　　整基準として、当該団体の性質が論証の焦点となり、私人間効力という一般的枠組みが決
　　め手となることはない」、「一般条項を通すまでもなく人権価値を斟酌できると考えられて
　　いるから」といわれる。小山・作法143頁、宍戸・憲法101頁。
[20] 団体に対する国の規制が問題になった事案についてであるが、「平成23年新司法試験の
　　採点実感等に関する意見」の中に「法人の人権享有主体性について長々と論じる答案が、
　　少なからずあった」とのコメントがみられる。このコメントは本文のような趣旨だと理解
　　することができる。判例ベースで考えるならば、団体の人権享有主体性について論じる必
　　要はないとすらいえる。
[21] 団体の性質について、南九州税理士会事件に即して厳密にいえば、強制加入団体性の他
　　に「目的の法定」「事後的な監督」という点も問題となる（小島慎司・判例プラクティス
　　83頁）。これらの検討の結果、団体と政府との結び付きを重視するならば、ステイト・ア
　　クション理論に基づき人権享有主体性を否定する立論を行うことも可能だろう（1(4)参照）。
　　他方、強制加入団体性の問題は、強制加入団体の場合にはその決定に承服できない構成員
　　が団体を脱退すれば業を行えなくなる等の重大な不利益が導かれるという点で、構成員の
　　受ける不利益の内容や程度という②の問題の1つとして理解することもできる。

件での「政治意識昂揚資金」(特定の候補者支援のための寄付資金)に関する判断も同様である[22]。

また、③問題とされる行為の団体の本来の目的との関連性にも注目できるだろう。たとえば、同じ強制加入団体の寄付の事案でありながら、南九州税理士会事件と群馬司法書士会事件(最一小判平 14・4・25 判時 1785 号 31 頁)とで結論が分かれた理由として、後者は阪神淡路大震災で被災した兵庫県司法書士会への寄附であり、他の司法書士会への援助は司法書士会の目的から近いとの評価があったと分析することも可能である[23]。国労広島地本事件においても、「炭労資金」(他組合に対する支援資金)と「安保資金」(不利益処分を受けた組合員に対する共済資金)に対する組合員の協力義務を肯定するにあたり、組合員の経済的地位の向上という労働組合の目的との関連性が検討されている(①〜③につき同旨、渡辺ほか・憲法Ⅰ 56 頁)。

ここで示した分析は一例にすぎないが、これらの判例の検討は法科大学院の授業でも行われているだろう。授業で行われる判例分析は、このようなかたちで具体的事案の検討に繋がっていることを意識してほしい。

【参考文献】

小泉良幸「法人と人権」大石眞＝石川健治(編)『憲法の争点』(有斐閣、2008 年)78 頁。

渡辺康行『「内心の自由」の法理』(岩波書店、2019 年)第 2 部第 5 章、第 6 章。

木下智史『人権総論の再検討』(日本評論社、2007 年)。

【演習】

齊藤正彰「法人および団体の人権」小山剛＝駒村圭吾(編)『論点探究憲法〔第 2 版〕』(弘文堂、2013 年)62 頁。

(上田健介 近畿大学教授)

[22]この点を強調すれば、八幡製鉄事件が会社の企業献金を肯定したこともおかしいのではないかという、多くの学説が示す疑問が導き出されることとなる。なお、ここで問題になるのは「思想良心一般」ではなく、「『選挙における投票の自由』と密接に関連する思想良心だけ」であると指摘するものとして、宍戸・憲法 101-2 頁。また、本文の両事件では、寄附のため特別の負担金、臨時組合費を構成員から徴収している点にも注目できるだろう。上級者向けの細かい話であるが、寄付を経常経費の範囲内で行うかその費用を特別に構成員から徴収するかも、金額の多寡と合わせて、協力義務の強弱に関わる論点である。

[23]もちろん、群馬司法書士会事件で、最高裁は、他の司法書士会への寄付は「会員の政治的又は宗教的立場や思想信条の自由を害するものではな〔い〕」とも述べており、ここでも構成員の権利との関係が決め手であったと分析することも可能である。

13 私人間効力

❶私人間問題についての憲法的論証は必要か？
❷間接適用的論証が必要な場合とそうでない場合の違いは？
❸間接適用的論証の場合に、あてはめはどのようにすべきか？（個別的な衡量でよいか？）

1　私人間問題についての憲法的論証は必要か？

　憲法学の主要論点のひとつである人権（基本権）の私人間効力論では、憲法の人権規定の趣旨をとり込んで私法の一般条項を解釈・適用する間接適用的論証が、論理構成の上で疑問視されることはこれまで少なかった感がある。しかし、実際の（裁）判例では、そうした論証が一般的に説かれてきたほど磐石ではないことに加え、近年の学説では、「直接適用説」と「間接適用説」の対立の中で長いこと注目されてこなかった「無適用説」（あるいは非適用説）を改めて採用する新たな有力説が唱えられており、間接適用説の典型とされてきた三菱樹脂事件最高裁判決[1]も、無適用説を前提に理解すべきだとする指摘がされている[2]。以上から、私人間の問題を「憲法上の主張」としていかに論じるかは、難しい局面に立たされる。

　ただし、現在の憲法学で、私人間関係について憲法に関連する議論が全く生じないのかといえば、そうではない。無適用説では「憲法上の（実定化された）権利」を私人間に適用しないとしても「超実定法的な（自然権としての）人権」を民法90条などに読み込み解釈するというが、そうした超実定法的人権論は憲法「論」自体からは放逐されていない。また新たな無適用説の一方で、間接適用説を従来の議論とは別の観点から正当化づける基本権保護義務論[3]からのアプローチも有力である。そこで、ここでの保

[1] 最大判昭48・12・12民集27巻11号1536頁。

[2] 憲法学における無適用説（非適用説）の主唱者による説明として、高橋和之「『憲法上の人権』の効力は私人間に及ばない」ジュリ1245号（2003年）137頁を参照。関連して、芦部・憲法113頁を参照。ここで芦部教授は間接適用説を唱えるが、三菱樹脂事件を「非適用説」で理解すべきと付記される同頁の「†」部分は、無適用説を唱える高橋教授により補訂されたことに注意したい。

[3] 憲法学における基本権保護義務論の主唱者による説明として、小山剛『基本権保護の法理』（成文堂、1998年）。また、芦部・憲法117頁の「国の人権保護義務の理論」の説明も参照。

護利益を、①憲法規定を直接・間接に根拠とする主観的権利、②基本権法益（あるいは客観的法としての憲法価値）、③超実定法的人権から生じる自然権的価値、といったいずれと見るのかは別として、私人間の訴訟で憲法に関連する価値を私法の解釈において考証することは、憲法学のコミュニティーではなお求められており、そうした私法の憲法的解釈を「憲法上の主張」の一部として扱うことは、十分可能といえよう。

2　間接適用的論証が必要な場合とそうでない場合の違いは？
⑴　間接適用的論証が生じる場合

　裁判例では、憲法的論証が示されるにあたり、いわゆる間接適用的論証が示される場合と、そうでない場合がある。ここにいう「間接適用的論証」の有無とは、三菱樹脂事件最高裁判決のような「私的自治に対する一般的制限規定である民法1条、90条や不法行為に関する諸規定等の適切な運用によって、一面で私的自治の原則を尊重しながら、他面で社会的許容性の限度を超える侵害に対し基本的な自由や平等の利益を保護し、その間の適切な調整を図る」といった説示が特に見られるか否かを指す。

① 形式的要因

　裁判例に間接適用的論証が見られる形式的要因には、原告が憲法上の権利の直接適用的な主張を当該事例で積極的に行うか否かが関連する[4]。つまり、こうした主張に対して裁判所は、直接適用説を採用しないことを示して次の議論に進む。そこでは——それに続く論証が、間接適用、無適用、どちらに読めるにせよ——必要な範囲で憲法（的価値）と私法の関係性が提示される。もとよりこれではあまりにも形式的であり、より実質的な理由が欲しいが、それを的確に示すことは難しい。その理由は、そうした説示を「ある場合には出すが、ある場合には出さない」という一般論が判例のなかで明示されるわけではなく、そもそも一貫した理論が、裁判所で常に明確に意識されているのかさえ不明だからである。

② 実質的要因

　他方、その実質的要因を推測すると、ひとつには、相手方のよってたつ

[4] たとえば、原告が私立高校における普通自動車運転免許の取得制限やパーマ禁止の校則について憲法13条、21条、22条、26条に違反すると主張したが認められなかった、最一小判平8・7・18判時1599号53頁などを参照。

利益は、従来の私法の世界で確立した原則として法的に保護されるのに対し、原告の主張する利益は、相手方の利益を超えるだけの強い法的保護が私法上確立したものとは認識されていないような場合に、原告が、（上位規範としての）憲法に関連する価値を私法の価値として読み込み、相手方を乗り越えようと試みるからであるように思われる[5]。例えば、三菱樹脂事件における相手方である会社側は、憲法上の権利にも関係する（雇用という）「契約締結の自由」を盾とするが、これは「私的自治」という磐石な私法価値に直結すると認識される[6]。そこで原告は、私的自治に比べ私法上の保護価値として一般的に認識されてこなかった「思想・良心の自由」を根拠づける淵源的な（高次の）憲法条項を示し、私的自治を上回れることを主張しようとする。ここに間接適用的論証が必要となり、これを受けた裁判所にもそれを説明する同様の作業が求められる。

　これは契約関係における民法90条（公序良俗に反する法律行為の無効）の事例だけでなく、民法709条（不法行為）事例でも同様である。人種を理由に民間浴場施設の入浴を拒否された白人男性が銭湯業者に損害賠償を求めた小樽銭湯入浴拒否事件[7]において、銭湯業者は営業（経営）の自由の観点から「嫌な人は入れなくてよい」という私的自治論を盾とするのに対し、原告は「人種による差別禁止」を私法関係でも強く主張するため、淵源的な（高次の）憲法条項（憲法14条1項）を持ち出す。これに対して裁判所は、銭湯の公共性などを理由に、憲法14条1項を「私法の諸規定の解釈にあたっての基準の一つとなりうる」として私的自治を縮減しつつ、人種を理由とする入浴の一律拒否は「私法上の価値」の観点から不合理なことであるとして違法だと認定する。

(2)　間接適用的論証が生じない場合

　これに対して、そうした間接適用的論証を前置せずに両者の（憲法に由来する）利益調整を始める例として、表現の自由と名誉・プライバシーが対抗する事例や、団体と構成員との対立が問題となる事例が挙げられる。

[5]　小山教授は、「先例のない新しい問題に限り、私人間効力という枠組みの確認から論証することに実践的意味が生じる」（小山・作法141頁）とする。

[6]　宍戸・憲法97頁。

[7]　地裁判決として、札幌地判平14・11・11判時1806号84頁。

① 表現の自由と名誉・プライバシーの調整事例

まず前者については、特に「民事の名誉毀損では…表現の自由の主張は被害者に対して行っているのではなく、裁判所に対して『私に名誉毀損の責任を課すならば、裁判所が私の表現の自由を侵害することになる』と主張しているものと理解すべき」であり、「直接適用の場面ということ」が「判例上も名誉毀損による不法行為が争われた事件において私人間効力が論じられていない」理由であるとの指摘がある[8]。こうした説明は、裁判所による出版差止めの仮処分については頷けよう[9]。ただ一方で、原告が相手方に賠償請求する私人間訴訟では、間接適用的論証がなされずにプライバシー（等）と表現の自由との調整がなされるかに思える[10]。そこで、その理由としては、被告の利益（表現の自由）が磐石な「私法上の利益」と考えられていない点を挙げることができるように思われる。

こうした訴訟では、原告は伝統的な民法上の名誉毀損侵害や（裁判でも認容される）私法上の人格権侵害としてのプライバシー侵害を主張すれば足りる（もちろん、それらが憲法上保護される利益であることもあわせて主張できる）のに対し、被告は自身の言論の保護の価値を他ならぬ憲法上の規定から演繹できることを主張する。以上の場面では、原告が「憲法上の表現の自由保障規定を私人間関係に適用することはできず、被告の主張は失当である」との主張を仮にすることを別段として、原告と被告双方は、自らの主張をより堅固にするため、関連する憲法上の規定を、主張する私法上の利益の淵源として示す。そこでは双方とも憲法規定の私人間への適用可能性自体を争いの対象にはしないであろう。そうなると裁判所もそこにコミットせず、間接適用的な定式を示すことなく両当事者の利益の調整に入ることが予測される。

② 団体とその構成員に関する事例

他方、団体とその構成員に関する事例では、（団体の行為を指弾する）原告からすれば、憲法上の権利を私人間にも適用して欲しいと考えよう。しかし、裁判所が私人間訴訟で示すのは、あくまで私法上の救済に必要な範

［8］高橋・憲法 233 頁。
［9］名誉毀損に基づく事前差止めをめぐる最大判昭 61・6・11 民集 40 巻 4 号 872 頁（北方ジャーナル事件）などに見られた国賠訴訟が、これに該当しよう。
［10］たとえば、最二小判平 15・3・14 民集 57 巻 3 号 229 頁。

囲での法律論であり、憲法上の権利論もその必要に応じて行う。そこで団体とその構成員との間の事例で裁判所が行うのは「当該団体が行った行為は、当該団体の目的の観点から見て無効であるか否か」の判定に必要な範囲での、(構成員の)「憲法上の権利」を淵源に持つ利益との調整である。

　たとえば南九州税理士会事件において最高裁[11]は、強制加入団体である税理士会は、「会社とはその法的性格を異にする法人であり、その目的の範囲についても、これを会社のように広範なものと解するならば、法の要請する公的な目的の達成を阻害して法の趣旨を没却する結果となる」とし、「その会員である税理士に実質的には脱退の自由が保障されていないことからすると、その目的の範囲を判断するに当たっては、会員の思想・信条の自由との関係で」考慮が必要とする。そして「会員に要請される協力義務にも、おのずから限界があ」り「特に、政党など規正法上の政治団体に対して金員の寄付をするかどうかは、選挙における投票の自由と表裏を成すものとして、会員各人が市民としての個人的な政治的思想、見解、判断等に基づいて自主的に決定すべき事柄」とする。

　こうした説示では、会の目的の範囲と許容される行為の限定化において(会員の)「思想・信条の自由」という利益が考慮されるにすぎない。ここで重要なのは、訴えたXの憲法上の主観的な権利としての「会員の思想・信条の自由」が団体により侵害されていて、その権利保障を私法上の権利に読むという論理——「憲法の人権規定の趣旨をとり込んで私法の一般条項を解釈・適用して」Xの私法上の権利が侵害されたという構成——ではなく、会員一般に保障される(憲法上の)利益を念頭において会の目的とその正当な行為の範囲が決定されるという論理が取られる点である。こうした事例の上記のような論証も「憲法上の主張」の一環と考えられる。

3　間接適用的論証の場合に、あてはめはどのようにすべきか？ （個別的な衡量でよいか？）

　間接適用的論証の場面では、対抗する利益の調整は(何らかの審査基準が構成されなくてよいのか、という意味において)個別的な衡量でよいのか。この点、芦部信喜教授は—必ずしも間接適用的論証が必要とされる事例ではないが—私人間での表現の自由と名誉・プライバシーの対立のような事例

[11]　最三小判平 8・3・19 民集 50 巻 3 号 615 頁。

では、当事者の憲法上の権利を論じ、衡量しなければならないとする[12]。これに対し、別の研究者からは、特にプライバシーについては、名誉の場合と違い、定義的衡量を規定した条文がないことから何らかの基準が必要であるとし、端的な比較衡量あるいは等価的な利益衡量を行うことに対して「事例ごとの衡量…では、両当事者には予測がつかず、表現者に対する萎縮効果をもつことから、名誉毀損に準じた要件をプライバシーの特性に照らして修正して設定する手法…を判例は模索している[13]」との指摘が見られる。このような指摘には、憲法上の表現の自由の価値を重視してその保障のぶれを防ぎつつ、人格権としての私法上の地位を築き、さらには憲法上の地位も確立しつつあるプライバシーに配慮して、両者の利益調整が、裁判所の胸三寸とならないようにする趣旨があろう。このように私人間問題でも個別的衡量ではない一定の基準が示されてよい。

　もっとも、そうした個別的、等価的でない基準を裁判所が示したとして、その基準を常に首肯できるかは別である。上述の三菱樹脂事件の最高裁判決は、「企業者は、一般的には個々の労働者に対して社会的に優越した地位にあるから、企業者のこの種の行為が労働者の思想、信条の自由に対して影響を与える可能性がないとはいえないが、法律に別段の定めがない限り、右(労働者の思想、信条の調査―筆者)は企業者の法的に許された行為と解すべき」として、労働者の思想・信条を理由とした企業の雇入れの拒否を正当化する。これについては「企業の契約の自由(雇用の自由)と労働者の思想信条の自由とを等価的に衡量しているのではなく、むしろ私的自治に直結する前者を後者に対して原則として優越させている[14]」との指摘がされるように、私的雇用関係での(個人の思想・良心の自由に対する)私的自治の優越を見て取れる。そこには、裁判所が私的自治における「社会秩序形成」にコミットすることを避け、それを形成する権限を一義的には(理論的には国民の意思がより反映されやすいとされる)法律(＝国会)に与えるという積極的意義を見出すこともできよう[15]。

　ただ、国家対個人の関係を規律する場面における違憲審査基準では、精

[12] 芦部・憲法117頁。
[13] 渋谷・憲法409頁。
[14] 判例プラクティス23頁〔宍戸常寿〕。
[15] 宍戸・憲法97頁。

神的自由の優越性を示す「二重の基準」論が学説や一部の裁判例で一定の支持を得ている。また信条による差別禁止も憲法14条1項の一内容を形成し、差異取扱いの合理化の論証には厳格審査を要請する説が多い。そうした中で同事件で最高裁が「個人の基本的な自由や平等を極めて重要な法益として尊重すべきことは当然であるが…統治行動の場合と同一の基準や観念によつてこれを律することができない」として、国家と私人との間の規律において展開されてきた価値秩序とは過度に乖離した世界観を私法秩序内に形成することについて、憲法（論）としてどこまで許容できるのかは再考の余地がある。

　そこで、業務遂行上の能力不足や雇用後の懈怠の可能性を強く観念できないにもかかわらず、雇用関係で優位に立つ会社が、（人々が何らかの職業に就くことで成立する社会の中において）人々の思想内容を理由に雇用上の差別取扱いをするならば、これを憲法価値の観点から（最高裁自らも示す）「一方の他方に対する侵害の態様、程度が社会的に許容しうる一定の限界を超える場合」にあたるとして「法がこれに介入しその間の調整をはかる」べき事態と認識することは可能なのではないか。それは、そこに立法措置を待つまでもないことであり、それほどまでに裁判所が危惧すべき社会秩序形成でもない。さらに付言すれば、「（他の憲法上の権利に比べても強い保障が確保されるべき）思想・良心の自由が、（憲法上の契約自由を根拠とする）私的自治に優先する」という、従来の最高裁とは逆の視点からの等価的でない基準を設定することも、私人間における利益調整の場面で許容される可能性は残されているように思われる。

【参考文献】

駒村圭吾『憲法訴訟の現代的転回——憲法的論証を求めて』（日本評論社、2013年）319頁。

大石眞＝石川健治（編）『憲法の争点』（有斐閣、2008年）66頁〔君塚正臣〕。

芹沢斉＝市川正人＝阪口正二郎（編）『新基本法コンメンタール憲法』（日本評論社、2011年）85頁〔小山剛〕。

【演習】

木下智史＝村田尚紀＝渡辺康行（編）『事例研究憲法〔第2版〕』（日本評論社、2013年）2頁〔愛敬浩二〕、16頁〔木下智史〕。

宍戸常寿『憲法　解釈論の応用と展開〔第2版〕』（日本評論社、2014年）94頁。

（新井　誠　広島大学教授）

14 間接的制約・付随的制約

❶ 間接的制約・付随的制約とは何か？　内容規制・内容中立規制とは異なるのか？
❷ 間接的・付随的制約の場合の違憲審査のあり方

1　はじめに

(1)　規制の制約を分析することの重要性

　審査密度ないし違憲審査基準の設定にあたって、問題となる規制の分析が重要であることは本書1「違憲審査基準論の意味と考え方」**2**(3頁)でも言及されているが、この点の理解を深めるため、本章では、これまであまり立ち入った検討がされてこなかった間接的制約、付随的制約(規制)に焦点を当てようとするものである[1]。

(2)　関連する具体例

　猿払事件判決(最大判昭49・11・6刑集28巻9号393頁)では、問題となる規制が間接的・付随的制約であると位置づけられたことが合憲判断のポイントの1つとなっていた。同様の位置づけは戸別訪問禁止合憲判決(最三小判昭56・7・21刑集35巻5号568頁)や寺西判事補事件(最大決平10・12・1民集52巻9号1761頁)にも見られる。その後、公立学校の教師に「君が代」の起立斉唱を強制することが思想・良心の自由に対する間接的制約であるとされた(最二小判平23・5・30民集65巻4号1780頁など)。

　これらの判決における間接的・付随的制約への言及については知識のある学生も多いだろうが、この他にも間接的・付随的制約との関連が語られる場合がある。神戸高専事件(最二小判平8・3・8民集50巻3号469頁)では、「エホバの証人」信者である学生が、剣道実技の受講を拒否して原級留置処分、次いで退学処分を受けた事案につき、これらの「処分は、(……)被上告人〔学生〕の信教の自由を直接的に制約するものとはいえないが、しかし、被上告人がそれらによる重大な不利益を避けるために剣道実技の履修という自己の信仰上の教義に反する行動を採ることを余儀なくさせられるという性質を有する」として、本件各処分が間接的制約ないし付随的制約であったことを示唆する[2]。

[1] 他の制約類型については、宍戸・憲法36頁以下も参照のこと。

2　間接的制約・付随的制約とは何か？

(1)　猿払事件判決以来の議論

　猿払事件判決を契機として 1970 年代後半に注目された間接的・付随的制約論は、同事件判決を担当した香城敏麿最高裁調査官によってリードされた[3]。香城理論のポイントの第 1 は、直接的制約と間接的・付随的制約との区別と、表現の自由に関する内容規制／内容中立規制の区別とは対応する（前者を表現の自由に関して述べたのが後者である）とした点である[4]。言い方を変えると、直接的制約／間接的・付随的制約という区別は、表現の自由に対する規制についてのみならず、自由権に対する規制一般に妥当するものとして理解されている（この点は次に紹介する現在の議論でも同様）。

　第 2 のポイントは、間接的制約と付随的制約とは同じ意味であると考えられていた点である[5]。すなわち、「間接的・付随的制約」と述べられる場合、間接的制約と付随的制約とが区別されることを前提に、両者の性格を兼ね備えているという意味ではないとされる。

　第 3 のポイントは、問題の規制が間接的・付随的制約であるという判断は、違憲審査の密度の決定というよりは、比較衡量の要素として用いられていたことである（この点は **3** で触れる）。

(2)　現在の議論

① 　判例による「直接的制約」と「間接的制約」との区別

　これに対して、**1**(2)で見たように、その後の判例は、90 年代までの限られた例外を除き、「間接的・付随的制約」という用語を用いなくなる。他方で、近年になって、「間接的制約」という用語を用いるようになってきている。そのもっとも顕著な例が「君が代」関連事件の一連の判決である。ただ、最高裁は間接的制約とは何かを語っていないので[6]、以下、一連の判決から読み取れることを整理してみよう[7]。

　まず、憲法上の権利に対する制約は、制約の「目的」と、制約の「対

---

　[2] 阪口正二郎「猿払事件判決と憲法上の権利の『制約』類型」論究ジュリスト 1 号（2012年）20 頁。

　[3] 芦部信喜、香城敏麿ほか「研究会・憲法判断の基準と方法」ジュリ 789 号（1983 年）14 頁。

　[4] 駒村・現代的転回 240 頁。

　[5] 駒村・現代的転回 239 頁、阪口・前掲注[2]21 頁、小山・作法 37 頁（「ほぼ同義語として互換的に用いられている。」）。

象」とによって分類でき、一方又は双方の観点から直接的だと言えれば[8]、判例は直接的な制約であるとしている。そして、判例は、直接的制約ではないものを広く間接的制約としているようである。

「目的」について、表現の自由に即して例示すれば、学説のいう表現内容規制、すなわち表現内容が不当であるとしてそれを排除するためになされる規制は、憲法上の権利それ自体を制約することを「目的」とするものと言えよう。猿払事件判決は、「意見表明そのものの制約をねらいとして」規制を行うものではないとされた事例であって、「目的」の観点から直接的制約該当性が否定されたものである。

また、「対象」については、まずは再婚禁止期間一部違憲判決と夫婦同氏制合憲判決とを対比するとわかりやすい。前者では、離婚後6ヶ月間、婚姻を禁止している当時の民法733条1項が、「婚姻をするについての自由」に対する直接的な制約であるとされている。禁止が「婚姻をするについての自由」自体に向けられているからである。これに対して後者では、「民法750条は、婚姻の効力の一つとして夫婦が夫又は妻の氏を称することを定めたものであり、婚姻をすることについての直接の制約を定めたものではない」とされた。ここでは、民法750条による夫婦同氏の要請が「婚姻をするについての自由」に対して向けられているわけではなく、夫婦同氏の要請があるがゆえに婚姻を躊躇するカップルが生じうるというだけ（というと語弊があるが）である。

また、宗教法人に対する解散命令の合憲性が争われたオウム真理教解散命令事件（最一小決平8・1・30民集50巻1号199頁）においては、解散命令に基づいて宗教法人が解散し、その清算手続が行われると、それまで「宗教法人に帰属する財産で礼拝施設その他の宗教上の行為の用に供していたものも処分されることになるから（〔宗教法人〕法50条参照）、これらの財産を用いて信者らが行っていた宗教上の行為を継続するのに何らかの支障

[6] したがって、かつての「間接的・付随的制約」と近年の「間接的制約」とが同じなのか違うのかも不明である。ただ、前者は学説から厳しく批判された香城理論の独自性が際立つ議論であったことから、近年の判例がこの言葉を使わなくなったことには、香城理論から距離を置いていることが示されているものと思われる。

[7] 以下の記述は横大道・後掲論文の分析を基礎としている。

[8] 一方「又は」双方の観点から、と述べたが、一方しか要求されないのか、双方が要求されるのかは、これまでの判例を見る限りははっきりしない。

を生ずることがあり得る」が、「その支障は、解散命令に伴う間接的で事実上のものであるにとどまる」とされた。これは、「対象」の観点からの判断である。

　間接的制約に関する議論が注目されるきっかけとなった「君が代」起立斉唱事件では、公立学校教員に起立斉唱を命じる職務命令は、当該教員の歴史観・世界観それ自体を否定するものではないとされ、「目的」の観点からは直接的制約とは言えないことになる。また、一連の最高裁判決に付された個別意見を見ると、間接的制約の意義について裁判官の理解が分かれていることがうかがわれるが、内心と外部的行為とを区別した上で、後者に対する制約は間接的制約であることを示唆するものや、外部的行為を内心と不可分一体のものとそうではないものとを区別し、後者に対する制約は間接的制約であることを示唆するものもある。これらは「対象」の観点の議論である。以上からすると、最高裁の理解では、本件は「目的」「対象」双方の観点からして、間接的制約の事案だということになる。

② 　関連する事例

　直接的制約か間接的制約かという議論が明示的には登場しない判決にあっても、ここでの議論と関連させておさえておくべきものがある。

　まず、ビラ貼り、配布などの事例において最高裁が用いる「たとえ思想を外部に発表するための手段であっても、その手段が他人の権利を不当に害するようなものは許されない」という定式である[9]。この定式が用いられる場面には多様なものがある。立川テント村事件は、そこでは、ビラ配布（投函）という表現行為そのものではなく、その前提となる立ち入り行為が罪（住居侵入罪）に問われており、この区別を前提とすれば、「対象」の観点からの間接的制約だとも言える。他方、高校の卒業式の会場において、着席していた保護者に対して大声で呼びかける行為が威力業務妨害罪に問われた板橋高校事件のような事案では、「対象」は表現行為そのものであり、直接的制約で内容中立規制、かつ（次に述べる）付随的制約である。

　また、取材の自由に対する制約が問題となる事例には、間接的制約とい

　　[9] こうした定式は判例上繰り返し用いられている。吉祥寺駅ビラ配布事件（最三小判昭59・12・18刑集38巻12号3026頁）、立川反戦ビラ投函事件（最二小判平成20・4・11刑集62巻5号1217頁）、葛飾ビラ配布事件（最二小判平21・11・30刑集63巻9号1765頁）、板橋高校事件（最一小判平成23・7・7刑集65巻5号619頁）。

いうるものが多い。裁判の証拠とする目的で取材物を押収する場合や、記者を証人として取材源を開示させる場合などは、主として将来の取材に対する支障が問題になるという意味で、間接的制約であると言える。

③　学説の議論と付随的制約論

制約類型に関する学説の議論は錯綜している[10]。学生としては、学説を詳細にフォローする必要はまったくなく、自己の依拠する基本書等の整理を理解しておけばよいだろう。文献を読み比べる場合には、同じ用語でも論者によって異なる意味が用いられている場合もあることに注意が必要である。ここでは、ここまでに登場していないものとして、付随的制約について触れる。

香城理論においては、上述のように、間接的制約と付随的制約とが区別されていなかったが、近年の学説では、付随的制約というカテゴリーを立てるものがある。

例えば小山剛教授は、ある特定の法益を保護するために、その法益を害するあらゆる行為を禁止する規制が、表現行為や職業活動に対しても及ぶ場合があり、その場合、表現の自由や職業の自由に対する付随的制約に当たるとする[11]。具体例としては、前項で挙げた板橋高校事件のようなものが挙げられるだろう。

ところで、上述の整理に従えば、こうした規制は、「目的」の観点からの間接的制約にも当たるようにも思われる。直接的制約・間接的制約の区別を「目的」の観点から行うとすれば、ここでいう付随的制約は、間接的制約の一種ということになるだろう。

3　間接的制約、付随的制約の場合の違憲審査のあり方

(1)　猿払事件判決以来の議論

猿払事件判決では、問題の規制が間接的・付随的制約であるという判断は、違憲審査の密度の決定というよりは、比較衡量の要素として用いられた。

[10] 詳細な整理として、伊藤・後掲文献を参照。ただし、そこで紹介されている本書初版における筆者による記述は、本改訂版においては大幅に書き換えられている（必ずしも見解を改める趣旨ではなく、学生の理解の便宜の観点からの改訂である）。

[11] 小山・作法 37-38 頁。

しかし、一般には、直接的制約と間接的・付随的制約の区別が、内容規制・内容中立規制の区別と同視されてきたことから、この区別は審査密度（審査基準）の決定について意義があるものとされてきた。

(2)　現在の議論

①　間接的制約

間接的制約の事例は多様であるから、個別の事案をよく吟味することが重要であり、この事案では侵害の論証が重要となる。その際、以下の点に注意すべきだろう。

まず、間接的制約の事例の多様性に鑑みると、間接的規制は常に基本権侵害の程度が低い、として機械的に審査密度を緩めるのは妥当ではなく[12]、事案をよく見て、直接的制約と比較して規制効果がどの程度のものかを論じることが必要である。規制効果が非常に高い場合、直接的制約と同等の審査密度を設定すべきだろう。

例えば、神戸高専事件では、**1**(2)で述べたように、退学等の処分はあ「その内容それ自体において被上告人〔原告の生徒〕に信仰上の教義に反する行動を命じたものではなく、その意味では被上告人の信教の自由を直接的に制約するものとはいえない」とされた。しかし、生徒は、退学という重大な不利益を避けようと思えば、教義に正面から反する行為を余儀なくさせられるのであり、間接的制約であるとしても制約の程度は高いと言わなければならない[13]。

②　付随的制約

付随的制約は、一般的には合憲性に疑いのない法律が、たまたま基本権行使行為の規制として機能するというものであるから、法令そのものの合憲性というよりは、適用の問題性を検討すべき場合が多いだろう。

この場合、すぐ思い浮かぶのは適用違憲の可能性であろうし、現に違憲

---

[12] 戸波江二・重判平成23年18頁(19頁)

[13] このほか、性同一性障害特例法3条1項4号が性別変更の要件として生殖腺除去手術を受けることを求めていることについて、最高裁(最二小決平成31・1・23裁判所ウェブサイト)は、「その意思に反して身体への侵襲を受けない自由を制約する面もある」とする。これも間接的制約の一変種といって良いと思われるが、制約の程度は高いと言わなければならない(なお、同じく手術を要求する同条5号や、既婚者に離婚を強いる結果となる2号についても類似の問題がある)。

審査基準を使ってその審査を行おうとする論考も多い[14]。しかし、適用違憲の判断をするまでもなく法令解釈レベルで解決でき、その方が実際的であるという場合も多いだろう[15]。

　外務省秘密漏えい事件決定（最一小決昭53・5・31刑集32巻3号457頁）を例に考えてみよう。同決定は、新聞記者が報道目的で国家公務員に対して秘密の漏えいを唆し、秘密漏示そそのかし罪（国公111条）の成否が問題となった事案についてのものである。やや微妙な点もあるが、秘密漏示そそのかし罪は一般的な法律であって取材の自由にとっては付随的制約と一応言えるだろう。そして、報道目的であろうが諜報目的であろうが、同罪の保護法益は侵害される[16]。このような場合、同罪の保護法益と表現行為の価値との衡量が求められるが、適用違憲と言い切るよりは、むしろ、違法性阻却等の法令解釈レベルで何らかの免責要件を定立し、それを充たす基本権行使行為は違法性阻却によって免責し救済するのが通常の判断であろう。

　実際、最高裁は、「それが真に報道の目的から出たものであり、その手段・方法が法秩序全体の精神に照らし相当なものとして社会観念上是認されるものである限りは、実質的に違法性を欠き正当な業務行為」であるとした。報道目的であっても同罪の保護法益は侵害されるものの、取材・報道の自由の観点からの当該行為の評価を踏まえつつ、目的の正当性と手段の相当性の両面から免責要件を設定したものということができる[17]。

　他方、前述のようにあくまで適用違憲を視野に入れた審査を行うことも可能ではあるが、いずれにしても、問題の行為の憲法的評価を踏まえた検

[14] 例えば、松井・Context 281頁。

[15] 参照、小山・作法 245頁。

[16] もっとも、立川反戦ビラ投函事件のように、起訴の真の動機は言論弾圧であり、住居等侵入罪は方便に過ぎないと非難されるような事案もあり、内容規制であるから厳格審査すべきだと主張されること（なお、佐々木弘通・争点118頁Ⅱも参照）もしばしばある。こうしたアプローチを首肯できないわけではないが、他方で、実際にはこうした主張が裁判所によって認められる可能性は大きくない点にも注意が必要だろう。

[17] 近年の例としては、葛飾ビラ配布事件一審判決（東京地判平18・8・28刑集64巻9号1846頁参照）が「正当な理由」（刑130条）の解釈によって、立川反戦ビラ投函事件一審判決（東京地八王子支判平16・12・16判時1892号150頁）が可罰的違法性の欠如によってそれぞれ無罪としたことも参考になる。

討という点で、具体的に考慮すべき要素には大差はないように思われ、し
たがって、上記のような法律解釈による対処であっても、「憲法上の問題
を論じた」ことになることは勿論である。

【参考文献】
伊藤建「『間接的』『付随的』とは何か」関西大学法科大学院ジャーナル10号（2015年）51頁。
駒村圭吾『憲法訴訟論の現代的転回』（日本評論社、2013年）第13講。
阪口正二郎「猿払事件判決と憲法上の権利の『制約』類型」論究ジュリスト1号（2012年）18
　　頁。
横大道聡「憲法上の権利に対する制約」法律時報91巻5号（2019年）32頁。
【演習】
嶋崎健太郎・受験新報728号（2011年）5頁。
松本和彦『事例問題から考える憲法』（有斐閣、2018年）2頁。

（曽我部真裕　京都大学教授）

15 包括的基本権

❶一般的自由説と人格的利益説の違いと、後者をとるべき理由
❷「人格的生存」とは何か
❸ある利益が幸福追求権の保護の対象に含まれることをどう論証するか
❹基本権とされない権利・利益は憲法上保護されないのか

1 一般的自由説と人格的利益説の違いと、後者をとるべき理由

　憲法13条の幸福追求権は、一定の権利・自由を一般的に保障するという意味で包括的基本権と位置付けられ、個別の人権条項では保障されない権利・自由を保障するという意味で補充的に適用されるものとされる。そして、幸福追求権の内容について人格的利益説と一般的自由説とがあるが、両者の間にはどのような違いがあるのだろうか。

　人格的利益説は、例えば、幸福追求権によって保障されるのは、「人格的自律の存在として自己を主張し、そのような存在であり続けるうえで重要な権利・自由を包括的に保障する権利」（佐藤・憲法論175頁。また、芦部・憲法120頁）であるとし、「のんべんだらりとあらゆる行為の自由を同じ強度で憲法が保障するものではない」[1]と説く。他方、一般的自由説のうち、ある見解は、殺人や窃盗などの純然たる加害行為も形式的に一応は幸福追求権の保護対象となるが、それらの行為は合憲的に規制されると説き（広義の一般的自由説）、また別の見解は、他人の権利を害しない人のあらゆる行為の自由が幸福追求権の保障の対象となると説く（狭義の一般的自由説）[2]。言うまでもなく、人格利益説と一般的自由説の間には、前者によれば、人権として保障されるのは「個人の人格的生存に不可欠な利益」に限られる反面で、後者によれば、前者では人権として保障されないような利益（例えば、飲酒の自由や服装・髪型の自由など）も人権として保障されるという違いがある。

　ただ、両説の違いは、実は、具体的な帰結という点では、一見したところほど大きなものではない。後で詳しくみるように、人格的利益説であっても、幸福追求権の内実とされない利益には一切憲法上の保護は及ばない

---

[1] 中山茂樹「生命・自由・自己決定権」争点94頁。
[2] 戸波江二「幸福追求権の構造」公法研究58号（1996年）18頁、赤坂・憲法270頁。

と考えているわけではないし、他方、一般的自由説の中にも、「人格に関わる自己決定の制限には厳格な審査を行い、それ以外の一般的自由の制限にはゆるやかな審査を行う」と説くものがあるからである[3]。

　さて、答案の作成上必ず人格的利益説をとらなければならないというわけではないが、仮に人格的利益説をとるとしたら、その理由は何であるかを考えてみよう。

　一般的自由説に対する批判として、従来、「人権のインフレ化」による人権保障の相対的弱化のおそれが挙げられてきた。この批判は、人格的利益説と一般的自由説それぞれの立場からしたときの幸福追求権の保障対象となる利益の範囲の違いに着目した批判ということができようが、両説の間に具体的な帰結という点では大きな違いがないのだとしたら、人格的利益説をとるべき根拠として「人権のインフレ化」というだけでは、やや心もとないところがある。

　人格的利益説と一般的自由説との違いは、人権として保障される利益の範囲が広いか狭いかといういわば量的な違いだけではない。両説の間には、「憲法上の権利」というものをどう捉えるのかという質的な違いがあることが指摘されており、むしろこの点を、人格的利益説をとるべき根拠として主張するという方法もありうるであろう。

　人格的利益説が重視するのは、憲法上の権利の根拠ないし核心はなにかである[4]。つまり、人格的利益説は、「個人の人格的生存に不可欠」であることをもって憲法上の権利の保障の根拠とし、これこそが権利の核心であると考えている。それゆえ、人格的利益説は、自由一般が憲法上の権利として保障されるという構成はとらず、人格価値と関連づけられる利益を「憲法上の権利」として類型化するのである。そして、こうした発想こそ、「日本国憲法が13条で国民の自由の尊重を宣言するにとどまらず、21条や22条のような個別の規定を置いたのは、自由一般から『表現』や『職業選択』を個別化して括りだし、それを『憲法上の権利』として保護するためだ」という「人権解釈論における普通の前提」(宍戸・憲法15頁)に沿ったものだと評される。

　こうした人格利益説の発想に対し、「そうした個別化・類型化をすっ飛

[3] 戸波・前掲注[2]17頁。
[4] 中山・前掲注[1]同頁。

ばして、人格価値と関連づけようのない『自由』一般に対する憲法上の権利を認めよう、というのが一般的自由説が現実に行っている戦略」(宍戸・憲法16頁)。である。ただ、この戦略が「人権解釈論における普通の前提」と合わないことは明らかで、その結果、一般的自由説に対しては、「そもそも法的議論として『自由そのものに対する権利』という考え方が成り立つのか」という批判がなされることになる[5]。

　以上のように、人格的利益説をとる理由としては、「人権のインフレ化」のおそれ以外にも、憲法が13条以外に個別の人権規定を置いたのは人格価値と関連づけられる利益を「憲法上の権利」として類型化して保障するためであり、それゆえ、「『幸福追求権』は、単純な反射的利益から区別されるところの、憲法上列挙された個別的基本権と少なくとも同等の内実をもつ人格的利益にかかわる権利と解すべき」[6]と説くという方法もありうるであろう。

2　「人格的生存」とは何か

　人格的利益説をとる場合、ある利益が憲法上の権利と認められるためには、それが「人格的生存に不可欠である」ことが必要である[7]。答案の中で「人格的生存」とは何かを正面から論じることは少ないであろうが、最低限、そのイメージはもっておきたい。

　佐藤幸治教授の見解に即して、誤解をおそれずに言えば、「人格的生存」とは、「各個人がそれぞれの考え方に従って懸命に生きるということ」[8]、つまり、各個人が何が"善き生"なのかを判断し、"善き生"を求める営みを続けることである[9]。佐藤教授自身の言葉を遣って「やや文学的に言い換えれば」、憲法は、「人間の一人ひとりが"自らの生の作者である"こと」(佐藤・憲法448頁)に価値を認め、それぞれの個人が自らの生を形づく

---

[5]　樋口ほか・注解 I 263頁〔佐藤幸治〕。

[6]　樋口ほか・前掲注[5]同頁〔佐藤幸治〕。

[7]　なお、芦部・憲法121頁は、人格的生存に不可欠かどうかのほか、「その行為を社会が伝統的に個人の自律的決定に委ねられたものと考えているか」、「その行為は多数の国民が行おうと思えば行うことができるか」、「行っても他人の基本権を侵害するおそれがないか」など、種々の要素を考慮して慎重に決定しなければならないと説く。

[8]　佐藤幸治『憲法とその"物語"性』(有斐閣、2003年)27頁。

[9]　佐藤幸治『現代国家と人権』(有斐閣、2008年)93頁。

るために不可欠な権利を基本的人権として保障しているのである。

3　ある利益が幸福追求権の保護の対象に含まれることをどう論証するか

　一般的自由説をとる場合は別にして、ある利益が幸福追求権の保護の対象に含まれることを論証しようとするとき、人格的利益説を前提に、上記の「人格的生存」のイメージに照らして具体的な事案で問題となっている利益がそのために不可欠かどうかを判断するという方法が、多くの答案が採る「定石」であろう。

　ただ、問題は、この方法には、主観的な価値判断が入り込まざるをえないという点である。結局、「『人格的生存に必要な権利』という要件から演繹的に自己の望む権利を引き出そうとすると、異なる意見の間で水掛け論になってしまう」し[10]、やや薄っぺらい議論になってしまいがちである。

　そこで、これを回避するための別の論証方法として考えられるのが、「判例をよく分析して帰納的に考えるという筋道」である[11]。つまり、ある利益が幸福追求権の保護領域に含まれるかどうかが問題になる場合、類似の利益が問題となった過去の判例を分析して、その判例の射程が本件にも及ぶのかどうかを検討するという方法である。

　例えば、幸福追求権の具体的権利性を承認した判例として知られる京都府学連事件（最大判昭44・12・24刑集23巻12号1625頁）では、警察官によって「みだりにその容ぼう・姿態を撮影されない自由」が幸福追求権の保護の対象となることが認められている。この考え方を進めれば、「その容ぼう・姿態」以外の情報——例えば、指紋——であっても、国家機関によって収集されない自由が憲法13条の保護の対象になると考えることはできないだろうか。実際、最高裁はその後、外国人指紋押捺拒否事件（最三小判平7・12・15刑集49巻10号842頁）において、京都府学連事件を引用して、「個人の私生活上の自由の一つとして、何人もみだりに指紋の押なつを強制されない自由を有する」と、「指紋の押なつを強制されない自由」が同13条の保護の対象になることを認めている。

　そして、容貌・姿態や指紋といった情報を「個人の識別に用いられる情報」と一般化すれば、氏名や住所、生年月日、性別といった情報も保護の

[10]　高井裕之「幸福追求権」法教357号（2010年）35頁。
[11]　高井・前掲注[10]同頁。

対象になると考えることができるのかもしれず、さらに、前科照会事件（最三小判昭56・4・14民集35巻3号620頁）で、「犯罪の前科等のある者もこれをみだりに公開されないという法律上の保護に値する利益を有」し、「漫然と弁護士会の照会に応じ、……前科等のすべてを報告することは、公権力の違法な行使にあたる」とされたことをあわせて考えると、いわゆる個人情報を公開されないという利益もまた、幸福追求権の保護の対象となると考えることができよう。実際、住基ネット訴訟（最一小判平20・3・6民集62巻3号665頁）で最高裁は、「個人に関する情報をみだりに第三者に開示又は公表されない自由」が同13条によって保障されることを認めている。

　このように、ある利益が「人格的生存に不可欠」であるかどうかを大上段に振りかぶって説くのではなく、判例上すでに保護の対象として認められた利益からの類推によって議論を進めるという方法もありうる。もちろん、判例自身は人格的生存に不可欠か否かを前面に押し出した議論をしているわけではないので、こうした方法は上記の「定石」的な論証方法にそのまま単純に取って代わるものではないが、それを補完して議論に厚みを増す理由付けとして用いることができよう。

　いずれにせよ、ある利益が幸福追求権の保護領域に含まれると主張する場合には、その利益がすでに承認された利益とどのような意味で類似しているのかを力説することになろうし、反対に、保護領域に含まれないと主張する場合には、両者がどのような点で区別されるのかを説くことになろう。

4　基本権とされない権利・利益は憲法上保護されないのか

　ところで、人格的利益説による場合、「個人の人格的生存に不可欠な利益」に含まれない利益は、基本的人権としては保障されないということになるが、そうすると、それらの利益は憲法上まったく保護されないのだろうか。

　この問題につき、人格的利益説の代表的な学説は、次のように説いている。すなわち、「人格的利益説をとっても、これらの行為〔バイクに乗る、長髪にするなどの行為〕を行う自由が保護されなくなるわけではない。それを一部の人について制限ないし剥奪するには、もとより十分に実質的な合理的理由がなければならない」（芦部・憲法121頁）、と。

　つまり、人格的利益説も、人格的利益に含まれない行為であってもその自由を制約する国家の行為は合理的なものでなければならないという客観法上の要請が働くことを否定するわけではない。その結果、基本権とされない利益は、主観的権利としては保護されないとしても、憲法上一定の保護を受けうることになるのである。

　この点で注目されるのが、憲法13条は「違憲の強制を受けないことの保障」を客観法としても保障していると説く見解である。この見解によれば、「憲法による明文の保障がある権利と同等の重要性を持ち、輪郭が比較的明瞭なものについては、1個の独立した基本権として観念し、定義したほうが合理的」であるが、「そこからこぼれ落ちた行為であっても、国家が恣意的な動機・合理性のない手段で規制を加えることができると考えるべきではない」とされる[12]。

　そして、この客観法上の要請に係る裁判所の審査としては、自由の制約には形式上法律の根拠が必要であるとする「法律の留保」原則による審査がありうることは言うまでもない。そして、さらに、規制目的の正当性の要請を含む比例原則を用いた法律の内容的な合理性の審査もありうるのであり[13]、それだからこそ、基本権とされない利益についても憲法論として論じる意味があるのである。

【参考文献】

高井裕之「幸福追求権」大石眞＝石川健治（編）『憲法の争点（ジュリスト増刊　新・法律学の争点シリーズ3）』92頁。

中山茂樹「生命・自由・自己決定権」同上94頁。

【演習】

西原博史・法教319号（2007年）172頁。

（田近　肇　近畿大学教授）

　[12]　小山・作法95頁以下。

　[13]　中山・前掲注[1]同頁、宍戸・憲法16頁以下。

16 平等

❶平等の場合の目的・手段審査での注意点は何か（審査の力点はどこに置かれるべきか）？

❷「不合理な差別として違憲」という結論が出た場合に、実際の事例の解決についてはどのような後始末をつけるのか？

❸権利の問題と異なり、平等原則そのものを持ち出すべき場面はいかなる場合なのか？

1 平等の場合の目的・手段審査での注意点は何か（審査の力点はどこに置かれるべきか）？

(1) 「目的」と「手段」の設定をめぐる2つの手法

法令による何らかの差異取扱いが平等原則の観点から正当化されるか否かを考える場合には、通常、法令の目的・手段審査が求められる[1]。しかし、「平等違反における目的審査・手段審査とは具体的にどういう作業なのか」[2] との指摘があるように、平等に関する審査では、審査されるべき目的と手段の「対象」の設定に注意する必要がある。

例として、非嫡出子の相続分差別に関する民法900条4号の合憲性審査を考える。この場合、学説提唱の社会的身分に関する「厳格な合理性」審査をするか否かは別として、まず、どのレベルでの目的を審査対象とすべきか。つまり、①民法900条4号規定をおいた理由としての婚姻尊重という目的なのか、それとも②民法900条4号規定に嫡出子と非嫡出子とを区別する内容を置いた目的なのか。以上の目的設定により、目的・手段との関連性審査の対象もそれぞれ変化する。①の場合、民法（親族法）規定における婚姻尊重という法目的と「民法900条4号で嫡出子と非嫡出子との間に遺産相続における区別を設ける」という手段との関連性、②の場合、民法900条4号の「嫡出子と非嫡出子との間に遺産相続における区別を設ける」という法目的と、その区別としての「二分の一」（相続の割合）という手段との関連性、といった具合にである。

(2) 非嫡出子相続分差別をめぐる判断枠組み

では、①と②のどちらが違憲判断の手法として取られているのか。この

[1] 芦部・憲法133頁。
[2] 宍戸・憲法111頁。

点、平成7年の最高裁決定[3]の反対意見は、「婚姻を尊重するという立法目的」に異論はないとし、立法目的と手段の関連性について「その立法目的からみて嫡出子と非嫡出子とが法定相続分において区別される」こと、すなわち「出生について何の責任も負わない非嫡出子をそのことを理由に法律上差別することは、婚姻の尊重・保護という立法目的の枠を超えるものであり、立法目的と手段との実質的関連性は認められず合理的であるということはできない」として違憲であるとの見解を示す。これは①のような目的を前提とする手法に近い。

　他方、同決定の多数意見は、法律婚（を理由とした嫡出子の立場）の尊重とともに、嫡出子と区別して「非嫡出子にも一定の法定相続分を認めてその保護を図った」ことをも目的として捉えているようである。それを踏まえて、「本件規定が非嫡出子の法定相続分を嫡出子の二分の一としたことが、右立法理由との関連において著しく不合理…ということはできない」としていることから、「二分の一」という数の設定の合理性について目的との関連性を審査しているように見える。つまり①と②の両者ともに立法目的として審査される。

　これに対して、嫡出子と非嫡出子の相続分の差異を違憲と判断した平成25年決定（最大判平25・9・4民集67巻6号1320頁）では、「嫡出子と嫡出でない子の法定相続分をどのように定めるかということ」が、時代と共に変遷するなどとし、国際的、国内的状況をふまえたうえで「平成13年7月当時においては、立法府の裁量権を考慮しても、嫡出子と嫡出でない子の法定相続分を区別する合理的な根拠は失われていた」と判断する。この方法は、①の目的の正当性を維持しながら、②の目的については時間の経過のなかで維持できなくなっているとすることで、区別を置くこと自体を総合的視点から不合理なこととしている。

(3)　尊属殺をめぐる昭和48年判決

　こうしたことは、その他の判例でどのように観察できるのだろうか。ここでは有名な尊属殺規定（刑法旧200条）違憲判決[4]を見ておきたい。

　この判決の多数意見は、①「尊属の尊重」という目的とともに、②「通

---

[3] 最大決平7・7・5民集49巻7号1789頁。

[4] 最大判昭48・4・4刑集27巻3号265頁。

常の殺人の場合よりも厳重に処罰」するためであるという目的について、その正当化を行っている。その後、加重の「程度」が尊属殺において極端な刑罰規定の手段となっているかどうかの合理性審査を行い、これが不合理であるとする。

　よく知られるようにこの判決には、違憲の結論に賛成しながらも、その論理には賛同しかねるという「意見」が存在する。その「意見」では、①の「尊属の尊重」を「基本的道徳」であることを否定しないとしても、それは②のように「通常の殺人の場合よりも厳重に処罰」することで守られることではないとしてその問題性を指摘している（こうした審査は、①の目的との関連において②の問題点を指摘している点で、目的との関連における手段審査のようにも見える）。

(4)　技術的視点からの効用と問題点

　では、なぜこうした審査対象をめぐる差が生じるのか。これについて、特に②の段階を目的審査として行う背景には、裁判所が──違憲判断を行うとしても──「法の廃止」に関する自身の過度の加担を回避するため、法令制定者が考えた差異取扱いの意図（目的）そのものへの厳しい判断を避け、他権力への抑制的な姿勢を示すことで現状の法令改正を迫るという効果を狙う、という事情があろう[5]。②の段階の目的を正当だとしても、手段は不合理だとする点で、その落としどころが見出しやすく、「訴訟に勝つため」の観点から見た実践的意義も少なくない。

　しかし、平等原則の審査としては本質的でない刑罰の軽重の議論に落としどころを求めるばかりに、本来的に真正面に取り組むべき「区別」自体の審査が薄くなる可能性が懸念される。以上を解消すべく宍戸常寿教授は、上記の非嫡出子の相続分差別をめぐる平成7年決定も「云々された立法目的は、区別の延長線上の抽象的次元で正当になるように設定されたものであり、結局は嫡出子と非嫡出子の区別の合理性こそが問題の核心」であるとし、平等をめぐる問題に登場する主たる論点を見失わないためには、「目的・手段を人為的に分解するのではなく、端的に区別の合理性を憲法

[5] もちろん、裁判所による法目的の容認で、法制定者が法改正による当該規定の温存を図るという副次的効果が生じることは、尊属殺の刑法(旧)200条の例から容易に推測できる。これにつき、小林武・百選Ⅰ〔第5版〕63頁、渡邉康行・百選Ⅰ〔第6版〕61頁参照。

上の価値判断や立法事実に照らして正面から問うべき」[6]であると指南される。そこでは、平等審査で目的・手段を無理矢理に分化させることに力を注ぐよりも、平等問題の「本丸」を見失うべきでないことが強調される。

　このように平等をめぐる目的・手段審査では、〔1〕核心部分としての「区別そのものの合理性」の評価に真正面に取り組む必要があること、〔2〕審査内容を「目的」に入れるか「手段」に入れるかは本来的には二次的なことで、そればかりに目を奪われてはいけないこと、にそれぞれ気をつけたい。

⑸　立法目的・手段のそれぞれの合理性等の有無を審査すべきケースはどのような場合か？

　それでも、「手段」の合理性審査を明示的に行うべき場合としては、どのようなことが観念されるのか。これについて有意義な示唆となる例として、女性の再婚禁止期間を6か月と決めていた民法(旧)733条の規定につき、100日程度でよいはずが長すぎるとして違憲であるとした最高裁大法廷判決[7]における千葉勝美補足意見などが挙げられる。

　千葉補足意見は、次のように言う(下線は新井が追加)。

　　民法(旧)733条における女性の再婚禁止規定の「立法目的・手段の合理性等を審査する際に、採用した手段自体の実質的な相当性の有無の判断をも行う必要があるのであれば、合憲性審査においては、平成25年の嫡出でない子の相続分に関する最高裁大法廷の違憲決定(最高裁平成24年(ク)第984号、第985号同25年9月4日大法廷決定・民集67巻6号1320頁)が説示したように、最初から、女性に対してのみ再婚を禁止するという差別的取扱いを端的に問題にして、それに関連する諸事情すべてを総合考慮した上で合理的な根拠を有するものといえるか否かを判断するという説示の仕方をすべきであるとする見解もあり得よう。しかしながら、上記の平成25年大法廷決定が対象とした民法900条4号ただし書前段については、その立法理由について法律婚の尊重と嫡出でない子の保護の調整を図ったものとする平成7年の大法廷決定(最高裁平成3

[6] 宍戸・憲法113頁
[7] 最大判平27・12・16民集69巻8号2427頁。

年 (ク) 第 143 号同 7 年 7 月 5 日大法廷決定・民集 49 巻 7 号 1789 頁) の判示があり、その趣旨をどのように理解するかということも検討した上での平成 25 年大法廷決定の説示があるのである。ところが、本件規定については、多数意見は、前記のとおり、その立法目的を、直接的には「父性の推定の重複を回避する」と明示しており、立法目的が単一で明確になっているため、本件については、正に、立法目的・手段の合理性等の有無を明示的に審査するのにふさわしいケースであるから、全体的な諸事情の総合判断という説示ではなく、そのような明示的な審査を行っており、「手段として不相当でないかどうか」(手段の相当性の有無)の点も、その際に、事柄の性質を十分考慮に入れた上で、合理的な立法裁量権の行使といえるか否かという観点から検討しているものといえる」。

つまり、民法(旧)733 条の審査の場合、「父性推定の重複回避」という法目的自体が正しいのかどうかという点をおいたとしても、単独の法目的と評価される以上、それはそれとして審査が可能であり、それが正当化される以上、それとは区別して手段審査が可能であることになろう。

2 「不合理な差別として違憲」という結論が出た場合に、実際の事例の解決についてはどのような後始末をつけるのか?

(1) 実質的救済ができる場合とできない場合

例えば、属性 A と属性 B の間に給付の差異を設け、属性 A の場合により高い給付を与える法令を制定したとする。これに基づき給付処分を受けた属性 B の X が、これを不平等であると主張し、裁判所がその法令の平等違反を認定したとする。この場合、ひとつに裁判所は、違憲な法令に基づく X への給付処分を取り消すことが考えられる。しかし、それでは X には何も給付されず、実質的救済が達成されない。では、属性 A と同じ給付を X にする判断を裁判所ができるのかというと、それも難しい。というのも、裁判所が属性 B の基準を属性 A の基準に引き上げる選択をした場合、それが新たな「立法」作用となる可能性が生じるからである。では、裁判所はいかなる事例でどこまでの救済を図れるのか。

このことを考える場合、まず、①問題となる法令との関連で憲法で保障される最低限の権利の下限等を具体的に観念できれば、少なくともその最低限保障を裁判所が認定できる。そこでは立法者の基本権内容の形成義務

を観念する方法[8]や、ベースライン論を展開する方法[9]が考えられる。ただ、憲法で保障される最低限の権利の下限を観念できるのは、往々にして平等以外の実体的権利侵害の場面であり、そこでは平等審査が不要になる可能性が高い。

　他方、②平等原則が侵されつつも他の具体的な権利侵害が観念されない、あるいは①のようなラインを見出すことが困難な場合も多い。例えば、労働者災害補償で男女の顔の傷に補償額の差を設けた行政規則の違憲性をめぐる京都地裁判決[10]の事例では、裁判所は、男性よりも女性の顔への補償額を多く設定することの「程度」の差異を違憲としつつも、従来の基準の下で行われた原告(男性)に対する災害補償の処分取消しを宣言したに過ぎず、女性の基準に基づく給付を男性にも行うようにと行政庁に強制したわけでない。仮にそれを強制するには、女性の場合の保障額が「憲法上の権利」保障の最低額であること等を論証しなければならない。ひとつには、かつて男性の顔の保障額は女性に比べ不当に低い算定にあったが、男性の顔の価値も女性と同様重要となり、かつ女性の顔の重要性も従来と同様に重要なことを丁寧に主張し、女性の額が憲法上の最低限であることを論証する手法が考えられる。しかし、男女問わず憲法上いかなる金額が保障されれば最低限の保障になるのか、憲法の中に答えを見つけるのは難しい。本件が、社会保障に関する数値設定であるということを考えればなおさらである。その場合、裁判所としては基準を平等違反と宣言して処分取消しの判断をするものの、その具体的な額の基準の設定は立法者等に委ねることになる。

(2)　実質的救済を行った事例──国籍法判決

　以上のような議論があるなかで、国籍法判決[11]では、それまでの国籍法に基づき国籍が保障されなかった人々(日本国籍の父とそうでない母との間に出生し、出生後、父から認知を受けた者)について、同法旧3条の「婚姻により」「嫡出子たる身分を取得」という部分を除いた同規定の要件を満

---

[8] 例えば、小山剛『基本権の内容形成』(尚学社、2004年)111頁以下。
[9] 例えば、長谷部・憲法189、439頁以下。
[10] 京都地判平22・5・27判時2093号72頁。
[11] 最大判平20・6・4民集62巻6号1367頁。

たせば、届出により日本国籍を取得できる、という実質的救済を行った（部分違憲については本書10「部分違憲」〔72頁〕を参照）。こうした手法はいかに評価できるか。この点、当判決の背景には、裁判所自身において、①「国籍」認定自体が憲法上の権利付与に重大な意味をもつこと、②嫡出子か非嫡出子かという「区別の合理性」を肯定できない要素が国籍という身分の取得での要件とされることが「合理的な憲法理解」とならないこと、③「区別の合理性」を肯定できない要素を含む法文の適用を留保した場合、その人のわが国との結び付きからすれば国籍認定を受けることが、(i)憲法秩序の基底を形成するものと観念でき、(ii)そうした解釈を積極的に示して実質的救済を行うとしても、それが憲法上の司法府の職務の範囲内になお留まっていること、との考えがあることが読みとれる。このように具体的な権利侵害がなくても、平等原則理解を通じて憲法規範から一定の秩序形成の下限を設定し、その実施を司法府自身が行うことが権限逸脱にならないとする論証が可能な場合、以上のような実質的救済が実現する。

　もっとも、これとは異なる判断もありうる。例えば国籍法判決の甲斐中・堀籠両裁判官による反対意見は、原告の国籍取得を本判決で認めることはせず、「非準正子に届出により国籍を付与するという規定が存在しないという立法不作為の状態」が違憲との結論を示す。ここには、上記の(i)の判断を裁判所ができても、(ii)については司法府の権限に収まらないとの思考が見て取れる。

3　権利の問題と異なり、平等原則そのものを持ち出すべき場面はいかなる場合なのか？

(1)　場面ごとの違い

　これについては、①憲法上の他の権利のみでいく場合、②平等のみでいく場合、さらには、③憲法上の他の権利とともに平等でいく場合、などがありうる[12]。このうち②には、一定の他の憲法上の権利侵害が観念できるとしても、それが平等審査に取り込まれる形で前者の審査をしない場合[13]と、他の憲法上の権利侵害が観念されることなく平等審査のみが要求される場合とがありうる。後者としては先の京都地裁の事例が挙げられる。国籍法の事例も、具体的な憲法上の権利が登場せず、嫡出子と非嫡出子とい

う身分による国籍取得の差異が生じることを憲法14条1項違反であると
しており、ここに入るであろう。

　他方、①②③どれで行くか迷うこともある。例えば選挙をめぐっては、
在外国民の選挙権訴訟[14] のように選挙権行使が出来ない状態にある場合
と、1票の価値の較差を問題にする場合とがある。これについて前者では、
本来であれば普通選挙原則で保障されるべき選挙権の行使制限がされてい
る点を重視した場合、選挙権論を中心とすべきで、①でいくことになろ
う[15]。他方で後者では、選挙権行使が制限されてはおらず、他の選挙区の
有権者と比べて平等な投票価値を奪われている点を重視すれば、平等を主
軸とする審査（つまり②）となる[16]。

　また③は、特に社会権事例などで有用である。社会権は、それ自体制度
準拠の憲法上の権利として、その下限統制が難しい。そこで事例によって
は平等審査のほうが違憲主張をより強く行える場合がある。もっとも社会
権審査の手法と平等審査の手法とは全く別物でありながら、実際の判例で
はこれらが必ずしも分離して審査されていないことが指摘される[17]。また、
憲法上の生存権を具体化した法律である生活保護法に定める「居住地」・
「現在地」概念を保護担当の市が非常に狭く捉えることで、生活保護の支
出を一切拒否するような事例の場合、生存権侵害を直に構成できる可能性
もあり、平等原則侵害の論証の意味が没却するかもしれない。

(2)　関連する権利の性質と平等審査の厳格性

　平等審査を行う場合、対象となる権利の性質に応じて、平等の審査基準

---

[13] 小山・作法105頁は、「尊属殺重罰規定違憲判決では、実刑という人身の自由に対する
　　強度の侵害が比例原則（罪刑の均衡）に反するかどうかではなく、刑法（旧）200条が刑法
　　199条との比較において法の下の平等に反するかどうかの問題として構成された」とし、
　　「法の下の平等が選択されたのは、刑法199条というはっきりとした比較の対象が存在し
　　たため」という。

[14] 最大判平17・9・14民集59巻7号2087頁。

[15] 普通選挙原則と平等選挙原則の関連については、「選挙権に関しては15条3項が普通選
　　挙制を定めているため、選挙人の資格の平等に関する本条の要請のかなりの部分はこれに
　　吸収されて」いる、との指摘がある（新基本法コメ〔林知更〕319頁）。

[16] ただし、1票未満の行使しかできないという意味での選挙権侵害と観念することもある。

[17] 例えば堀木訴訟最高裁判決（最大判昭57・7・7民集36巻7号1235頁）の論証に対する
　　ものとして、小山・作法127-128頁。

の厳格性を変えていく対応が見られることがある[18]。これについては平等以外の実体的権利の侵害が観念できれば、そちらの権利侵害に関する審査を行えばよいと考える。ただし、①対象となる実体的権利そのものの侵害が観念しづらく、あくまでその権利と「関連する」だけであるものの、その実体的権利が重要である場合で、②憲法14条後段列挙事由以外のことを理由とする取扱いの差異であることから、（基準論の観点からすれば）通常の平等審査だけでは厳しい審査が望めないような場合、平等違反を主張する側からのそうした主張にも一定の意義があろう。

【参考文献】

駒村圭吾『憲法訴訟の現代的転回――憲法的論証を求めて』（日本評論社、2013年）158頁。

「特集2・国籍法違憲訴訟最高裁大法廷判決」ジュリ1366号（2008年）44頁〔鼎談（高橋和之・岩沢雄司・早川眞一郎）、長谷部恭男、佐野寛、森英明〕

【演習】

宍戸常寿『憲法　解釈論の応用と展開〔第2版〕』（日本評論社、2014年）105頁。

（新井　誠　広島大学教授）

---

[18] 芦部・憲法133頁、高橋・憲法166頁。

17 政教分離

❶人権説、制度的保障説、客観法説の違いは？
❷目的効果基準を使う場合とそうでない場合との使い分けは？
❸判例の目的効果基準の真のポイントは？

1　人権説、制度的保障説、客観法説の違いは？

(1)　制度的保障説

　　日本国憲法 20 条 1 項後段、20 条 3 項および 89 条前段の政教分離規定について、その法的性格が論じられることがあるのは、周知の通りである。これが論じられるのは、その性格付けの違いによって異なる帰結がもたらされるからである。

　　かつて通説の地位を占めたのが制度的保障説である。最高裁は、津地鎮祭事件（最大判昭 52・7・13 民集 31 巻 4 号 533 頁）以来、「政教分離規定は、いわゆる制度的保障の規定であって、信教の自由そのものを直接保障するものではなく、国家と宗教との分離を制度として保障することにより、間接的に信教の自由の保障を確保しようとするものである」と述べてきた。

　　制度的保障という考え方は、憲法の規定の中には、「個人的権利、とくに自由権そのものとは異なる一定の制度に対して、立法によってもその核心ないし本質的内容を侵害することができない特別の保護を与え、当該制度それ自体を客観的に保障している」と解される規定があるとするものである（芦部・憲法 86 頁）。そのポイントは 2 つある。第 1 に、制度的保障が保障するのは、「制度」そのものであって人権ではないという点であり、ここから、公権力の行為が政教分離規定に違反するとしても、直ちに国民の権利を侵害するということにはならないという帰結がもたらされる[1]。

　　第 2 のポイントは、特別な保護が与えられるのは制度の核心であるから、それを侵さない限り制度の周辺部分を立法で変更しても違憲ではないとされる点であり、このことは政教分離の分脈では、政教分離という制度の核心を侵さない限り違憲にはならないとして、いわゆる限定分離論の論拠とされてきた（それゆえ、答案作成上厳格分離を主張するなかで制度的保障論を説くことはおかしいということに注意されたい）。

[1] 自衛官合祀拒否事件（最大判昭 63・6・1 民集 42 巻 5 号 277 頁）参照。

(2) 人権説

　これに対し、人権説は、信教の自由の保障は「間接的な圧迫をも排除することによって、はじめて完全なものになる」から、「政教分離は信教の自由の一つの内容をなすものとしてとらえられるべき」で、政教分離条項は国民に対し「信仰に関し間接的にも圧迫を受けない権利を保障」したものと解すべきと説く（浦部・教室149頁）。この説によれば、政教分離規定の違反は直ちに権利侵害と構成できるから、住民訴訟（地自242条の2第1項4号）のような制度がない場合でも、その違反を訴訟で争いうることになる。

　反面で、人権説に対しては、①人権としての政教分離の具体的内容が明らかでない（したがって、どのような場合に権利侵害が認定されるのかも、出訴権者の範囲も明らかでない）、②政教分離を人権と解する根拠が明らかでない、③人権としての政教分離と信教の自由との関係が明らかでないという批判がなされている[2]。

(3) 客観法説

　客観法説は、要するに、政教分離規定は客観的な制度（客観法）を定めた規定であると説くことで、制度的保障の理論を用いることなく、政教分離規定が人権規定であることを否定する見解である。例えば、「分離原則は、根本的には個人の信教の自由の保障を確実にすることに向けられた制度であり、その内容は憲法上明示されており、その明示されたところに従って公権力を厳格に拘束するもの」（佐藤・憲法論233頁）であると説かれる。

　この見解によれば、制度的保障論を持ち出さなくても、政教分離規定が人権保障規定でないと言うには、客観的な制度であると言えばよく、しかも、制度的保障論によって分離の厳格さが徒に緩和されるとすれば、制度的保障論が有益かどうかも疑わしいとされる[3]。

　こうした批判のほか、空知太神社事件（最大判平22・1・20民集64巻1号1頁）では制度的保障論への言及がなく、判例もこの理論から距離を置き

　[2]　戸波江二「政教分離原則の法的性格」『憲法訴訟と人権の理論』（有斐閣、1985年）525頁。
　[3]　さらに、理論的な問題として、日本の最高裁が説く制度的保障論は、そもそもドイツ公法学におけるそれとはまったく異質なものであるという指摘がある。石川健治『自由と特権の距離〔増補版〕』（日本評論社、2007年）224頁。

始めているようにみえることを考えると、今日何も考えずに政教分離規定は制度的保障の規定であると説くのは適切ではない。制度的保障論によらずとも、例えば、剣道実技拒否事件（最三小判平8・3・8民集50巻3号469頁）のような場合であれば信教の自由との調整の必要を掲げ、社寺等が所蔵する文化財に関する保存修繕費の支出のような場合であれば文化財保護という一般的政策によるものであることを指摘するなど、事案の性質に合わせて政教分離が「緩和」される根拠を示せばよいであろう。

2　目的効果基準を使う場合とそうでない場合との使い分けは？

　政教分離規定の違反の有無を判断する枠組みとして、判例は、津地鎮祭事件以来、憲法20条3項で禁止される「宗教的活動」とは「行為の目的が宗教的意義をもち、その効果が宗教に対する援助、助長、促進又は圧迫、干渉等になるような行為」をいうとする目的効果基準を用いてきたし、89条前段違反の有無についても、愛媛玉串料事件（最大判平9・4・2民集51巻4号1673頁）は、「前記と同様の基準によって判断しなければならない」と説いてきた。

　しかし、その後、最高裁は、空知太神社事件において目的効果基準を用いずに政教分離規定の違反の有無を判断する手法を打ち出した。ただし、目的効果基準が完全に放棄されたわけではなく、白山比咩神社事件（最一小判平22・7・22判時2087号26頁）では、依然として公権力の行為の目的と効果とに着目した判断が行われている。

　結局、政教分離に関する現在の判例理論は、まず、①政教分離規定は公権力の行為の「宗教とのかかわり合いの程度が、我が国の社会的、文化的諸条件に照らし、信教の自由の保障の確保という制度の根本目的との関係で相当とされる限度を超えるものと認められる場合にこれを許さないものとするもの」という大きな枠組みがあり、そのうえで、その行為が具体的に「相当とされる限度を超える」かどうかの判断については、②-a 行為の目的と効果とに着目して判断するという手法によることもあるし、②-b 諸事情を考慮しつつ「社会通念に照らして総合的に判断する」という手法によることもあるという形になっているとみることができよう（宍戸・憲法128頁）。

　では、目的効果基準を用いて判断すべき場合と、これによらずに判断すべき場合とがあるとすれば、どのように使い分けたらよいだろうか。

なぜ空知太神社事件では目的効果基準が用いられなかったのかについては、学説上もさまざまな説明が試みられているが[4]、今のところ決定的な答えはなく、今後の判例の集積を待つほかない[5]。ただ、例えば、藤田裁判官の補足意見は、本件で問題となったような、専ら特定の純粋な宗教施設及び行事の便宜のために公有地を提供する行為は憲法89条前段がまさに禁止しようとする中核部分に該当するがゆえに「目的効果基準の適用の可否が問われる以前の問題である」という説明をし、また、本件の調査官解説は、目的効果基準が用いられなかった理由として、当該事案の特殊性（本件であれば、問題とされているのが、従来のような1回限りの作為的行為ではなく、極めて長期間にわたる不作為的側面も有する継続的行為であること）を挙げる[6]。

従来は政教分離にかかわる事例であれば直ちに、目的効果基準によって違反の有無を判断すべきと論じることができた。しかし、今日では、そもそも目的効果基準を使うべきなのかどうかから検討することが必要である。現時点で答案の作成上は、藤田裁判官と調査官解説のいずれかの説明に従ってこれを決定し、次のステップに進むのが現実的であろう。もっとも、多くの場合には、公権力の行為の目的と効果とに着目して合憲性を判断することになるのではないかと推測される。

3　判例の目的効果基準の真のポイントは？
(1)　目的効果基準は何を判定する基準か

そもそも目的効果基準[7]は、何を判定しようとする基準なのだろうか。これを考えるためには、政教分離が問題となる場面を類型化して考えることが有用である。目的効果基準を用いて何を論証しようとするのかに着目して考えると、①公権力による宗教的活動の禁止(20条3項)が問題となる場面、②方法を問わず宗教団体への支援の禁止または非宗教団体の宗教活動への援助の禁止が問題となる場面とを区別することができる[8]。

[4] 例えば、安西文雄ほか「〔座談会〕政教分離」ジュリ1399号(2010年)65頁参照。
[5] 参考まで、筆者自身の見解については、田近肇「判例における政教分離原則」宗務時報120号(2015年)1頁を参照されたい。
[6] 清野正彦「判解」曹時63巻8号(2011年)171頁参照。
[7] ここでは、判例の目的効果基準を念頭に置いて考える。判例の目的効果基準と学説の目的効果基準との間には違いがあることについて、宍戸・憲法124頁を参照。

⑵　公権力による宗教的活動の禁止が問題となる場面

　この場面の典型例として、津地鎮祭事件が挙げられる。この事件では、地鎮祭を主催するという行為が「宗教的活動」に当たるのか、それとも社会的儀礼にすぎないのかが問題とされていた。ここでは、目的効果基準は、公権力の行為が宗教的活動と社会的儀礼とのいずれに当たるのかを判定する基準として、換言すれば、公権力の行為の宗教性の有無又は程度を判定する基準として用いられているということができる。

　しかし、この場面では、判例を詳細に分析すると、実は目的・効果の判断それ自体はあまり重要ではないという指摘がある[9]。この指摘によれば、この場面では、目的・効果の判断それ自体よりも、最高裁が目的効果基準を適用する際に考慮すべきとする諸要素、すなわち、行為の外形的側面のほか、①行為が行われる場所、②一般人の宗教的評価、③行為者の意図や宗教的意識、④行為の一般人に与える影響を考慮に入れた、「社会通念に従っ」た判断の方が重要になっているといわれる。つまり、「公権力の行為を『一般人』『社会通念』から見て『慣習化した社会的儀礼』と評価すべきかの判断が先行し、目的・効果の判断はただそれにしたがっているだけだ」、と。

　そうすると、この場面では、公権力の行為が宗教的活動と社会的儀礼とのいずれに当たるのかを判定することが問題になっているということを念頭に置きつつ、最高裁の挙げる諸要素を1つ1つ検討していくというのが起案の定石ということになろう。そのうえで、それらの諸事情を総合的に考慮して、「行為の目的の宗教的意義」と「宗教を援助、助長、促進又は圧迫、干渉する効果」の有無の議論に結びつけるというのが、判例の当てはめの方法に即した答案作成方法だということになろう。

⑶　方法を問わず宗教団体への支援の禁止等が問題となる場面

　ここには、⒜宗教団体への財政的支援や特権付与の禁止(20条1項後段および89条)が問題となる場面、⒝宗教団体へのそれ以外の援助の禁止お

---

[8]　林知更「政教分離原則の構造」高見勝利ほか『日本国憲法解釈の再検討』(有斐閣、2004年)114頁を参照。

[9]　宍戸・憲法125頁。また、安念潤司「信教の自由」樋口陽一(編)『講座憲法学3』(日本評論社、1994年)208頁、林・前掲注[8]130頁も参照。

よび非宗教団体の宗教活動への援助の禁止(20条3項)が問題となる場面が含まれる。

　この場面の例としては、箕面忠魂碑事件(最三小判平5・2・16民集47巻3号1687頁)や剣道実技拒否事件などが挙げられよう。これらの事件では、忠魂碑の敷地を貸与する行為や剣道実技を免除して代替措置を講ずるという行為が形式的に政教分離規定に抵触するかどうか(例えば、「宗教的活動」に該当するか否か)ではなく、それらの行為が政教分離規定との関係で違法なのかどうかが問題となっていたのであり、ここでは、目的効果基準は、端的に公権力の行為の違法性を判定する基準として用いられているとみることができる。

　それゆえ、この場面では、目的効果基準の適用における上記の考慮要素を使って、かかわり合いの態様や対象の宗教性の程度などを考えつつも、行為の目的が正当な世俗的目的であるかどうか、その効果が「宗教を援助、助長、促進又は圧迫、干渉等」になるかどうかの判断に力点を置いて、公権力の行為の違法性の有無を認定するという形で答案を作成することになるのではないだろうか。

【参考文献】
赤坂正浩『憲法講義(人権)』(信山社、2011年)121頁以下。
大石眞=大沢秀介『判例憲法〔第3版〕』(有斐閣、2016年)140頁以下および365頁以下〔田近肇〕。
【演習】
宍戸常寿『憲法　解釈論の応用と展開〔第2版〕』(日本評論社、2014年)118頁以下。

(田近　肇　近畿大学教授)

18 パブリック・フォーラム論

❶「葬儀」(合同葬)が「表現の自由」の文脈で取り上げられるのはなぜか？
❷日本において、パブリック・フォーラム論をどのように捉えるべきか？
❸日本において、パブリック・フォーラム論の射程をどのように理解したらよいか？

1 「葬儀」(合同葬)が「表現の自由」の文脈で取り上げられるのはなぜか？

(1) 集会の自由

　20世紀のマス・メディアの発達は、言論市場における情報の送り手と受け手の分化・固定化という状況をもたらした。このような状況に対し、憲法学は、一方で、報道の自由、取材の自由、あるいは放送の自由の検討を通じて、主たる情報の送り手であるマス・メディアの位置づけを探り、他方で、知る権利やアクセス権の検討を通じて、情報の受け手である一般私人の位置づけを探ってきた。その過程で、マス・メディアには採り上げてもらえない見解の持ち主にとっての〝表現の自由の一形態〟として、集会の自由が重視されるようになり、いわゆる「二重の基準論」と結びつけられながら、それに対する規制の合憲性は厳格に審査されるべきであるという見解が形成されてきた[1]。判例においても、泉佐野市民会館事件最高裁判決[2]が、二重の基準論的な考え方も示唆しつつ、市民会館のような集会の用に供する「公の施設」(地自244条)の利用に関し、集会の自由の保障に配慮した基準を提示した。

　ところで、泉佐野市民会館事件最高裁判決とともに取り上げられることが多い判決として、上尾市福祉会館事件最高裁判決[3]がある。政治的集会が問題となった泉佐野市民会館事件だけでなく、葬儀(合同葬)が問題となった上尾市福祉会館事件も「表現の自由」の文脈で取り上げられていることに違和感を覚える学生もいるであろう。この点は、憲法が集会の自由を保障していることの意味をどのように理解するのか、という問題と結びつけて考える必要がある。

[1] 芦部・憲法学Ⅲ 480-482頁。
[2] 最三小判平7・3・7民集49巻3号687頁。
[3] 最二小判平8・3・15民集50巻3号549頁。

(2) 集会の自由の保障の中心とその周辺

　憲法21条1項が保障している集会の自由と結社の自由は、①共同の目的のために集まり、討論などを行ったり、あるいは団体を結成したりすることそれ自体が自己の精神活動の所産の具体化であるという点や、②集団としての意思を形成し、さらにそれを外部に表明するという点において、表現の自由と関連づけられうることになる[4]。しかしながら、集会の自由と結社の自由に、「『表現の自由』には代替せしめられない独自の価値(情感上の相互作用、連帯感、信奉心の醸成など)[5]」があることもまた、確かである。したがって、集会の自由の保障について考える際には、表現の自由とは区別される集会の自由独自の価値をも視野に入れる[6]のか否かが問題となることになる。この問題は、集会の自由にいう「集会」の中心に「何らかのテーマに関する意見の表明・形成・交換を目的とする複数の人の集まり」を位置づけた上で、集会の自由の保障を、葬儀のような「参加者による意見の表明・形成・交換を目的としない共同行為」や、映画鑑賞のような「共通の目的はあるが、参加者が共同行為を意図しているわけではない複数人の集まり」にまで及ぼしていくのか否か、という問題として捉えなおすことができる[7]。そして、もし、集会の自由によって保障される集会を広く捉えた上で、そのことと二重の基準論との整合性を図ろうとするのであれば、集会を、「意見の表明・形成・交換を目的とする集会」と「それ以外の目的をもつ集会」とに分けた上で、「前者の規制の合憲性審査は表現の自由なみに厳格化し、後者の合憲性審査は合理性審査で足りる」と解することも可能である[8]。

　ところで、上尾市福祉会館事件において、最高裁は、「葬儀」が集会の自由によって保障される集会か否かを検討していたわけではない。そこに、判例の「実用主義的な態度[9]」を見て取ることができる。したがって、判例の枠組みを採る場合には、少なくとも「葬儀」のような集まりに関しては、判例のような態度を採りうることになる(なお、判例は、学説の主張する二重の基準論をそのままの形で採用してはいない)。

---

[4] 浦部・教室188-189頁。
[5] 佐藤・憲法論285頁。
[6] 初宿・憲法301頁。
[7] 赤坂・憲法84頁。
[8] 赤坂・憲法84頁。

2 日本において、パブリック・フォーラム論をどのように捉えるべきか？

(1) パブリック・フォーラム論

　泉佐野市民会館事件最高裁判決の調査官解説は、同判決へのパブリック・フォーラム論の影響を指摘している[10]。通常、テキストなどがパブリック・フォーラム論に言及する場合、そこでは、アメリカ合衆国の判例を基にしたパブリック・フォーラム論と、伊藤正己裁判官のパブリック・フォーラム論とが念頭に置かれている。

　アメリカのパブリック・フォーラム論は、まず、公的な財産を、公園や道路などの「伝統的パブリック・フォーラム」、公会堂などの「指定的パブリック・フォーラム」、それら以外の「非パブリック・フォーラム」に分類する。その上で、パブリック・フォーラムにおいてなされる表現活動についてはすべての表現活動を禁止することは許されず、また、重要な政府の目的と精密に適合するように定められ、かつ、他の十分な代替的情報伝達手段が設けられていれば時・場所・方法の規制は許されるが、表現内容にもとづく規制は厳格に審査されると説き、非パブリック・フォーラムにおいてなされる表現活動については、時・場所・方法の規制だけでなく、その他の規制もそれが合理的である限り許容されると説く（ただし、非パブリック・フォーラムにおいても、観点（viewpoint）に基づく規制は許されない）。

　私鉄の駅構内でのビラ配布や演説が問題となった事件[11]において、伊藤裁判官の補足意見は、道路、公園、広場などのような「一般公衆が自由に出入りできる場所は、それぞれその本来の利用目的を備えているが、それは同時に、表現のための場として役立つことが少なくな」く、それを

[9] 赤坂・憲法85頁。なお、観劇のような複数人による集まりについても判例がそのような態度を採るかは必ずしも明らかではない。歌劇団による公演が問題となった裁判例（仙台高決平19・8・7判タ1256号107頁）が「憲法の保障する集会の自由、表現の自由」を問題としていたように、公演の主催者が当事者である場合には、「表現の自由」からアプローチすることも可能であろう。実際、自作の映画の上映会が問題となった事案において、集会の自由ではなく専ら表現の自由を問題とした裁判例（東京地決平20・10・17判自338号10頁）もある。また、自動車の改造のための部品等の展示・販売会が問題となった事案において、その「集会」該当性を問題にし、当該イベントは「基本的には営業活動の自由等の経済的自由に関する催事に過ぎ」ないとした裁判例（名古屋地判平13・1・31判タ1085号199頁）もある。

[10] 近藤崇晴・最判解民平成7年度(上)295頁（注1）。

[11] 最三小判昭59・12・18刑集38巻12号3026頁。

「『パブリック・フォーラム』と呼ぶことができ」るとした上で、「このパブリック・フオーラムが表現の場所として用いられるときには、所有権や、本来の利用目的のための管理権に基づく制約を受けざるをえないとしても、その機能にかんがみ、表現の自由の保障を可能な限り配慮する必要があると考えられる」とした[12]。

伊藤裁判官のパブリック・フォーラム論が、アメリカのパブリック・フォーラム論の影響を受けていることは確かであるが、両者には相違点も存在している。まず、アメリカのパブリック・フォーラム論が、公的な財産がパブリック・フォーラムであるか否かによって、違憲審査基準を使い分けているのに対し、伊藤裁判官のパブリック・フォーラム論は、当該場所がパブリック・フォーラムであるか否かを利益衡量の際の考慮要素の一つとしているという点に両者の違いを認めることができる[13]。また、アメリカのパブリック・フォーラム論が公的な財産（政府の財産）に関するものであったのに対し、伊藤裁判官のパブリック・フォーラム論は、私鉄の駅前広場などについてもパブリック・フォーラム的性格を認めようとしているが、この点にも、両者の違いを認めることができる[14]。

(2) 日本におけるパブリック・フォーラム論？

「パブリック・フォーラム」という語を用いた判例がまだ存在しない日本において、パブリック・フォーラム論はどのように捉えられるべきなのだろうか。この疑問に答える前に、まず、パブリック・フォーラム論の位置づけを確認しておこう。

憲法21条1項の保障する表現の自由や集会の自由の保障内容の中心は、表現活動や集会に対する公権力からの妨害を排除するという点にある。したがって、表現の自由や集会の自由を根拠にして、表現活動や集会に必要な「場所」の提供を公権力に対して当然に請求しうるわけではないし、また、表現活動や集会に適した「場所」の所有者の同意も得ずにその「場

---

[12] さらに、大分県屋外広告物条例に基づく規制が問題となった事件（最三小判昭62・3・3刑集41巻2号15頁）における伊藤補足意見も参照。

[13] 市川正人『表現の自由の法理』（日本評論社、2003年）305頁。

[14] ここから、「政府に関わる」という意味での「パブリック」ではなく、「公共／公開」という意味での「パブリック」に関わるものとして、パブリック・フォーラム論を再考する余地が出てくる。この点については平地秀哉・百選Ⅰ126頁を参照。

所」における表現活動や集会を行いうるわけでもないことになる。アメリカでは、このような理解から出発しつつも、公園や公道を所有している政府（所有者としての政府）を私有地の所有者と同様に捉えるという考え方を判例が克服していくようになり、その過程で、パブリック・フォーラム論は形成されてきたのである。

　このことを踏まえて泉佐野市民会館事件最高裁判決や道路交通法に基づくデモ規制が問題となった最高裁判決[15]を見てみると、それらのなかに、集会に適した「場所」の確保に配慮するという考え方——すなわちパブリック・フォーラム論的な考え方——を見て取ることができる。したがって、このようなパブリック・フォーラム論に親和的な判例の枠組みをそのまま用いることのできる事案の場合であれば、特にパブリック・フォーラム論に言及することなく判例の枠組みを用い、具体的な検討の際に、集会の自由等に十分に配慮した議論（「敵意ある聴衆の法理[16]」など）を展開すればよいといえる[17]。これに対し、判例の枠組みをそのままには用いることができない事案の場合には、集会の自由等に配慮した議論を構築したり[18]、あるいは、判例の射程を拡大したり[19]するためにパブリック・フォーラム論に言及する余地がある。そして、そのためには、パブリック・フォーラ

[15] 最三小判昭57・11・16刑集36巻11号908頁。前掲注[11]の最三小判昭59・12・18刑集38巻12号3026頁における伊藤補足意見もこの判決に触れている。

[16] 「反対勢力や集会に対する敵意をもつ観衆の存在によって治安妨害が発生するおそれがあるという場合については、『正当な権利の行使者を法律上弾圧すべきでない』というイギリスの判例上確立された法理」（佐藤・憲法論287頁）。泉佐野市民会館事件最高裁判決と上尾市福祉会館事件最高裁判決はいずれも、この法理と同趣旨のことを述べている。

[17] ただし、たとえば泉佐野市民会館事件の場合には——後述のように——地自法244条の規定「を介することによって、正当な理由のない利用不許可が集会の自由に対する制限として再構成され」た点（小山・作法23頁）——すなわち、パブリック・フォーラム論的な考え方の部分——をきちんと押さえておくことが重要である。

[18] 前掲注[15]の最三小判昭57・11・16刑集36巻11号908頁は、道路交通法の規定について「一種の限定解釈」（木谷明「判解」最判解刑昭和57年度335頁）を施したのであるが、それは、「道路のもつパブリック・フォーラムたる性質を重視」したものと考えられている（前掲注[11]の最三小判昭59・12・18刑集38巻12号3026頁における伊藤補足意見）。したがって、道路や公園などが問題となる事案で、表現の自由・集会の自由の保障の観点から限定解釈を施すなど表現の自由等の保障に配慮した議論を構築する場合には、その道路や公園がパブリック・フォーラム（伝統的パブリック・フォーラム）であることに触れることで論旨が明快になるといえるであろう。

ム論に親和的な前述の判例の上位に位置するようなパブリック・フォーラム論を想定しておく必要がある[20]。従来であれば、そのようなパブリック・フォーラム論としては、伊藤裁判官のパブリック・フォーラム論で十分であったといえるが、最近では、パブリック・フォーラム論の射程[21]をも視野に入れておくことが必要になりつつある。

3 日本において、パブリック・フォーラム論の射程をどのように理解したらよいか？

(1) 規則と給付の二分論

　2004年に公表された新司法試験のサンプル問題において〝表現活動への助成〟が出題されたこともあり、近年では、規制と給付の二分論が注目されるようになってきている。規制と給付の二分論とは、公権力の作用の代表的な基本的な型を「規制(不利益を課すこと)」と「給付(利益を与える

---

[19] 地方自治法244条の「公の施設」である児童公園(当時)における集会が問題となった事件において、当該公園を「集会の用に供し得る施設」としつつ、泉佐野市民会館事件最高裁判決と同様の基準を用いた裁判例(那覇地判平8・3・28判時1603号106頁)がある。この判決自体はパブリック・フォーラム論に言及していないが、同判決は公園のパブリック・フォーラム的性格に着目したのだろうとの指摘もある(角松生史「公園使用不許可処分の違法性」法教192号〔1996年〕103頁)。この事件の原告らは、その準備書面において、泉佐野市民会館事件最高裁判決と前掲注[11]の最三小判昭59・12・18刑集38巻12号3026頁における伊藤裁判官のパブリック・フォーラム論を引いていた。この点については、中林暁生「憲法判例を読みなおす余地はあるか──最高裁と下級審」辻村みよ子＝長谷部恭男(編)『憲法理論の再創造』(日本評論社、2011年)83-85頁を参照。

[20] 小山・作法196-197頁も参照。

[21] 私的な場所にもパブリック・フォーラム論の射程を及ぼしうるか否かについては、まず、伊藤裁判官のパブリック・フォーラム論が参考になる。また、岩本一郎「日教組の教研集会会場使用拒否事件」法教350号(2009年)32-34頁も参照。

　公立図書館の司書につ蔵書の廃棄が問題となった船橋市西図書館事件(最一小判平17・7・14民集59巻6号1569頁)は公立図書館に「公的な場」としての地位を与えたが、この「公的な場」を「パブリック・フォーラム」と捉えようとする見解もある(泉徳治ほか『一歩前へ出る司法──泉徳治元最高裁判事に聞く』〔日本評論社、2017年〕222-223頁など)。ただし、蔵書の選択が不可避の公立図書館をパブリック・フォーラムと捉えうるか否かは慎重に検討する必要がある(中川律「判批」季刊教育法149号81頁など)。なお、公民館を「公的な場」と捉える裁判例(東京高判平30・5・18判時2395号47頁)も出てきており、「公的な場」は、今後、道路や公園などの典型的なパブリック・フォーラムとは異なる性格のものとして展開していく可能性がある。

こと）」とに分けた上で、「言論に対する政府の規制が、憲法21条による統制を受けるのは当然であるが、言論に対する政府の給付の撤回は、不利益を課すことではなく、利益を与えないことにすぎないから、政府には広い裁量が認められ、原則として憲法21条の問題を構成しない」という考え方のことをいう[22]。そもそも、財源の有限性等の理由から、政府の行う給付は選択的なものとならざるをえない。そこで、一方で、政府は「優れていない」という理由のみで学術・芸術活動を規制することは許されないと解しつつ、他方で、政府は優れた学術・芸術活動には助成するが、そうではない学術・芸術活動には助成しない、という選択的な給付を——優れているか否かを誰が、どのように、判断するのか、という問題はあるにせよ——行いうると解する場合等に、規制と給付の二分論は有用である。

　より重要なことは、給付作用においても憲法21条の問題を構成する余地があるという点であろう。たとえば、合衆国最高裁は、私的言論主体の見解の多様性を奨励するために政府が助成を行う場合には、「観点」にもとづく助成決定を行うことは許されないとしたが、その際に念頭に置かれていたのが、パブリック・フォーラム論であった。確かに、一定の政府の財産（パブリック・フォーラム）について、所有者としての政府を統制することが企図されていたパブリック・フォーラム論を、公権力による給付作用（「場所」の提供）に係る議論として捉えなおすことにより、その考え方を〝表現活動への助成〟の問題にも及ぼしていくことが可能になるといえる。そのような可能性も念頭に置いて、パブリック・フォーラム論（およびその射程）を理解しておくことが重要である[23]。

　以上から、〝表現活動への助成〟には、「給付の文脈であるが故に、表現内容中立性の厳格な要請が妥当せず、一定程度の内容審査が許容される助成類型（学術・芸術助成）」だけでなく、「給付の文脈であるにも拘らず、表現内容中立性の厳格な要請が妥当し、原則として内容審査が許容されない助成類型（パブリック・フォーラム）」もあることになる[24]。したがって、実

［22］蟻川恒正「法令を読む(1)」法セミ665号（2010年）68頁。

［23］この点では、蟻川恒正「国家と文化」岩村正彦ほか（編）『岩波講座現代の法1　現代国家と法』（岩波書店、1997年）191頁、蟻川恒正「政府と言論」ジュリ1244号（2003年）91頁、駒村圭吾「国家助成と自由」小山ほか・論点探究168頁、駒村圭吾「国家と文化」ジュリ1405号（2010年）134頁等が参考になる。

際に答案を書く際には、そこで問題となっている助成の性格についての検討を行うことが必要になる。まず、そこで問題となっている事案が、規制作用に係る事案なのか、それとも給付作用に係る事案なのかを分析し、もし給付作用に係る事案であれば——泉佐野市民会館事件最高裁判決が、「公の施設」（地自244条）として「集会の用に供する施設が設けられている場合、住民は、その施設の設置目的に反しない限りその利用を原則的に認められることになるので、管理者が正当な理由なくその利用を拒否するときは、憲法の保障する集会の自由の不当な制限につながるおそれが生ずることになる」と述べて、地方自治法244条の規定を梃子にしながら市民会館の利用と集会の自由との関係を説明していたように——そこで問題となっている関係法令等を丁寧に読み解きながら、当該助成の性格についての検討を行っていくことになろう[25]。

(2) パブリック・フォーラム論の射程？

　パブリック・フォーラム論が重要な示唆に富んでいることは確かである。しかしながら、表現の自由の実質的保障と関わるパブリック・フォーラム論が、公権力からの自由を核とする表現の自由論の中にどのように位置づけられうるのかは、必ずしも明らかではない[26]。また、日本において、パブリック・フォーラム論的な考え方がある程度共有されているとはいえるものの、〝パブリック・フォーラム論〟なるものが確固たる地位を占めているわけでもない。そのような状況においては、パブリック・フォーラム論の射程をも視野に入れておくことは重要であるが、実際に答案を書く際には、「パブリック・フォーラム」という語に安易に頼ることなく事案に即した実質的な議論を丁寧に行うことが大事である。

【参考文献】

市川正人『表現の自由の法理』（日本評論社、2003年）110-133頁。
松田浩「『パブリック』『フォーラム』——ケネディー裁判官の2つの闘争」長谷部恭男編『講座　人権論の再定位3　人権の射程』（法律文化社、2010年）181頁。

［24］蟻川・前掲注［19］69頁。アメリカでは、政府のメッセージの伝達を目的とした助成類型の場合には、観点に基づく助成決定も許されると解されている。
［25］この点で、新司法試験サンプル問題を検討した蟻川・前掲注［19］が参考になる。
［26］平地・前掲注［14］126頁。

蟻川恒正「政府と言論」ジュリ 1244 号(2003 年)91 頁。

駒村圭吾「国家と文化」ジュリ 1405 号(2010 年)134 頁。

【演習】

駒村圭吾「自由と文化——その国家的給付と憲法的統制のあり方」法教 328 号(2008 年)34 頁。

亘理格「公立学校施設とパブリック・フォーラム論——憲法・行政法の共振回路としての公共
施設法」法教 329 号(2008 年)40 頁。

石川健治「文化・制度・自律——"l' art pour l' art" と表現の自由」法教 330 号(2008 年)56 頁。

蟻川恒正「法令を読む(1)」法セミ 665 号(2010 年)68 頁 。

(中林暁生　東北大学教授)

19 財産権

❶結局、財産権について目的二分論は妥当するのか？
❷森林法判決を基本と考えて良いのか？
❸29条2項と3項の関係は？
❹ベースライン論とは何か？後知恵的な説明以外に答案で使ってよいのか？

1 結局、財産権について目的二分論は妥当するのか？

結論的には、財産権については妥当しないと考えるべきであろう。

目的二分論というのは、職業選択の自由の分野について、判例上妥当していると説かれているものである（本書20「職業選択の自由」〔150頁〕参照）。これに対して、森林法事件判決・最大判昭62・4・22民集41巻3号408頁は、森林法186条の規定の目的を、「森林の細分化を防止することによつて森林経営の安定を図り、ひいては森林の保続培養と森林の生産力の増進を図り、もつて国民経済の発展に資することにある」と解し、これを「公共の福祉に合致しないことが明らかであるとはいえない」とし、「森林法186条が共有森林につき持分価額2分の1以下の共有者に民法256条1項所定の分割請求権を否定しているのは、森林法186条の立法目的との関係において、合理性と必要性のいずれをも肯定することのできないことが明らかであつて、この点に関する立法府の判断は、その合理的裁量の範囲を超えるものであるといわなければならない。したがつて、同条は、憲法29条2項に違反し、無効」であると判示した。

これについて、「消極目的規制の要素が強いと判断した」もので、「『厳格な合理性』の基準〔ここで薬事法判決についての記述の参照が指示される〕を採用」したものであり、「この判決だけでは、判例が、職業選択の自由と財産権とでは制限の審査のあり方が異なる、という立場をとったと断定することはできない」との理解[1]が存在する。このことが、❶の質問の生じてくる最大の原因であろう。

しかし、森林経営の安定をいうのであれば、それは積極目的であろう[2]。森林法判決が認定する目的を消極的というのは「無理のある読み方」[3]と

[1] 芦部・憲法244頁。
[2] 長谷部・憲法248頁。

言わざるをえない[4]。

　さらに、その後、証券取引法判決・最大判平 14・2・13 民集 56 巻 2 号 331 頁が、「財産権は、それ自体に内在する制約がある外、その性質上社会全体の利益を図るために立法府によって加えられる規制により制約を受けるものである。財産権の種類、性質等は多種多様であり、また、財産権に対する規制を必要とする社会的理由ないし目的も、社会公共の便宜の促進、経済的弱者の保護等の社会政策及び経済政策に基づくものから、社会生活における安全の保障や秩序の維持等を図るものまで多岐にわたるため、財産権に対する規制は、種々の態様のものがあり得る。このことからすれば、財産権に対する規制が憲法 29 条 2 項にいう公共の福祉に適合するものとして是認されるべきものであるかどうかは、規制の目的、必要性、内容、その規制によって制限される財産権の種類、性質及び制限の程度等を比較考量して判断すべきものである」と判示した。この表現は、森林法判決の同旨の部分から、「積極」「消極」の語を抜いただけであり、些末なことのようであるが、文脈を考えれば、29 条の分野での目的二分論に対する判例の拒絶メッセージを読み取るのが穏当であろう。

　ただし、以上には若干の留保が必要である。それは目的二分論の理論的根拠をどう考えるかに関わる。目的二分論については、社会権の価値的優位というような実体論的な正当化を試みる立場もありえようが、この正当化は適切ではなかろう。社会権はそこまで重要ではないし、また、この考え方だと積極目的規制の歯止めが無くなってしまうからである。むしろ、二分論は、裁判所の事実把握能力・判断能力を考慮した機能論的・権限分配論的正当化によって支えられると考えるべきであろう[5]。そうすると、職業選択の自由についていえることが、なぜ財産権についていえないのか、という疑問が残ることは確かである。この点、「財産権と目すべき個別的権利があることを前提に、それに対する具体的規制が憲法上許されるかど

---

[3] 宍戸・憲法 158-159 頁。

[4] 森林法判決と薬事法判決を「厳格な合理性」と一括し、さらにはこれを中間審査基準とも等置する芦部・前掲書 124 頁、131 頁の議論が我が国の憲法訴訟論にもたらしている混乱については、市川正人「『厳格な合理性の基準』についての一考察」立命館法学 5・6 号（2010 年）91 頁参照。

[5] 佐藤・憲法論 303 頁。なお、これとは異なる長谷部教授の立場については、長谷部・憲法 253-257 頁参照。

うか」[6] の問題は、22条とは異なるのだという風に説けば、一応の納得が得られようか。得られれば(無理強いするつもりはない。納得できない人は、22-29条で判例上審査基準が異なって見えているのはたまたまだと考えるしかない)、判例法理の立場は22条についてのみ目的二分論を説くもので、29条については別論であるということで、問題なく理解できよう。

2 森林法判決を基本と考えて良いのか？

以上のように考えるとすれば、証券取引法判決に受けつがれた森林法判決が基本であるということになる。近時の29条の判例は、農地法に関する最二小判平14・4・5刑集56巻4号95頁、損失補塡についての証券取引法の規定に関する最二小判平15・4・18民集57巻4号336頁、旧会社更生法に関する最三小判平17・11・8民集59巻9号2333頁、消費者契約法に関する最二小判平18・11・27判時1958号61頁、建物区分所有法に関する最一小判平21・4・23判時2045号116頁、オウム真理教弁護士一家殺人等事件・最二小判平21・7・17集刑297号209頁、消費者契約法に関する最二小判平23・7・15民集65巻5号2269頁、府中市議会政治倫理条例事件・最三小判平26・5・27集民247号1頁と、皆、平成14年の証券取引法大法廷判決を先例とする。

ただ、森林法判決で問題になっていたのが制度保障の問題であって、これと現状保障の問題は区別されるべきであるということになると、少し注意が必要である[7]。

森林法事件では、共有林は当事者の兄弟が所有した時点ですでに分割できない物であって、分割請求できる持ち分権に後から制限が加えられた訳ではないのに違憲判決が可能であったのは、近代市民社会における原則的所有形態である単独所有が憲法の保障するところであって、分割請求権の制限は、この憲法上の財産権に対する制約として正当化が必要であると考えられたからである。これは制度保障の論理である。

これに対して、現状保障の問題は、現に個別的具体的権利として個々の国民に保障されている権利を、法律によって切り下げる場合を問題にする

---

[6] 佐藤・憲法論312頁。

[7] (法)制度保障、現状保障については、小山ほか・論点探求224頁以下〔石川健治〕参照。教科書的説明としては、渡辺ほか〔宍戸〕342-344頁が分かりやすい。

ものである。

　現状保障が問題になったとみることができる最近の事例として、最一小判平23・9・22民集65巻6号2756頁および最二小判平23・9・30判時2132号39頁がある。これらは長期譲渡所得に係る損益通算を認めないこととした平成16年法律第14号による改正後の租税特別措置法31条の規定をその施行日より前に個人が行う土地等又は建物等の譲渡について適用するものとしている平成16年法律第14号附則27条1項の憲法84条適合性が問題になったものである。判決は、憲法84条が、「課税関係における法的安定性が保たれるべき趣旨を含む」とした上で、問題を、法律によって一旦定められた財産権の内容が事後の法律によって変更される場合に関する最大判昭53・7・12民集32巻5号946頁を先例として、すなわち「財産権の性質、その内容を変更する程度、及びこれを変更することによつて保護される公益の性質などを総合的に勘案し、その変更が当該財産権に対する合理的な制約として容認されるべきものであるかどうかによつて、判断すべきである」とした。判例は、現状保障の問題は、この枠組みで考えようとしているということであろう。

　関連して2点ほど指摘しておく。

　まず、平成23年の両最判は、さすがに租税法であっても、「著しく不合理」でない限り違憲ではないとした酒税法事件判決・最三小判平4・12・15民集46巻6号2829頁や、同判決も先例とする、平等との関係で「著しく不合理であることが明らか」でない限り違憲としないとしたサラリーマン税金訴訟・最大判昭60・3・27民集39巻2号247頁のようなことは言っていない。したがって、租税立法については常に緩やかに審査すればいいという訳ではないことが明らかにされた訳である。これは、そもそも租税法規について遡及適用を認めないという主張を退けてのものであるので、学界で歓迎されるとは思えないが、確認に値する判断である。

　もう1点、上にみた最二小判平15・4・18民集57巻4号366頁は、証券取引法42条の2第1項3号が、平成3年法律第96号による同法の改正前に締結された損失補償や特別の利益の提供を内容とする契約に基づいてその履行を請求する場合を含め、顧客等に対する損失補てんや利益追加のための財産上の利益の提供を禁止していることを、憲法29条に違反しないとしたものであった。平成14年大法廷判決を先例としているが、実質的には昭和53年大法廷判決の系統に属する要素をもつ事案であったとも

みることができる。

3　29条2項と3項の関係は？

　古典的な収用は、例えば、新幹線敷設のために土地の所有権を強制的に国に移転させるというようなものである（現在では新幹線は国営ではないが）。この古典的な収用が正当な補償の下に行われる以外には、財産権を剥奪し、または剥奪するような結果になる制限は、2項によってもできないのだと考えれば、2項と3項の関係について思い悩むことはない。2項による規制だとすれば、どんな強度な規制であっても3項の問題にはならないと考えても同じことである。

　しかし、そのように考えることはあまりにも財産権の保障を高めすぎる（あるいは低めすぎる）と考えるのであれば、結局、2項による制約としては許されるが、3項の補償をしなければならない（「用ひる」に該当すると考えるか、それを準用すると考えるかいずれによるにせよ）という場合が出てくる[8]。

　以上の状況については、「このように拡大された『収用』規定は、当然のことながら、アイデンティティー・クライシスに陥る。29条2項との区別が判然とせず、自分が何者であるのかがわからない規定になってしまったのである」[9]と嘆かれるくらいであるから、❸のような質問が出てくることは当然である。さしあたり、以上の限度で頭の中を整理しておいていただくしかない。あとは、形式的・実質的考慮によりつつ、なにが「特別の犠牲」かを考えるしか、実際のところ対処のしようがなかろう。

　なお、上に見たように、2項による制約としては許されるが、3項の補償をしなければならないという場合が出てくると考え、請求権直接発生説をとると[10]、そのような場合、制約としては許されるが補償をしなければならないことになる。しかし、法律が明らかに補償請求権を排除している場合など、請求権直接発生説を採用できなければ、補償をしないのであれば制約も違憲無効である。

---

[8] 以上について、佐藤・憲法 571 頁の説明がわかりやすい。

[9] 小山ほか・論点探求 251 頁〔石川健治〕。

[10] 河川附近地制限令判決・最大判昭 43・11・27 刑集 22 巻 12 号 1402 頁。

4 ベースライン論とは何か？
後知恵的な説明以外に答案で使ってよいのか？

ベースライン論のご本尊は、長谷部恭男教授で、その展開の端緒となったのは「最高裁が共有に関する民法上の規定のベースラインとしての政治的中立性を信頼しえた」[11] とされる森林法判決である。ベースラインとされるのは、「その社会の法律家集団の共通了解として、これは当然だろうという制度」で、「そこから乖離した個別の制度について、必要性や合理性をきちんと求めるという話」[12] がベースライン論である。

これに対しては、なぜそれを尊重しなければならないのかという説明が不十分だとし、内容形成義務を考えるべきだとする小山剛教授の批判[13] がある（おそらく❹の質問者は小山教授に共感を覚えているのではないだろうか）が、長谷部教授は、「内容形成義務があるからといってベースライン論を議論する必要がなくなるという関係にはない」[14] と意に介さない。

長谷部教授が教科書でベースライン論を用いて説明されるのは、（非嫡出子相続分合憲決定の反対意見の立場は当然として）夫婦同氏や再婚禁止期間の問題、社会権の自由権的効果、平等原則をはじめとする実体的な権利保護の要請だけではなく、不利益処分について適切な事前の告知と聴聞を要求する適正手続の要請、勤労条件（契約の自由）、争議権、郵便法違憲判決、国籍法違憲判決に及んでおり[15]、勤労条件の箇所では、「法律によって決められる勤労条件についても、それがベースラインとして想定される以上は……国会といえども全く自由にこのベースラインから外れた条件を規定することは許されないという『自由権的効果』が問題となり……この『自由権的効果』がありえないとすると、財産権の憲法上の保護もありえない」[16] とまで断じられている。

長谷部教授によれば、私法秩序の基本原則の正当性の獲得は、「結局は、世の中で広く受け入れられた convention（自生的秩序）としてどこまで確立

---

[11] 長谷部・憲法 255 頁。

[12] 長谷部・続 Interactive 43 頁。

[13] 山野目章夫＝小山剛「民法学からの問題提起と憲法学からの応答」法時 81 巻 5 号（2009年）12-13 頁〔小山剛執筆部分〕。

[14] 長谷部・続 Interactive 40 頁。

[15] それぞれ長谷部・憲法 189、287、288、293、301、313、439 頁。

[16] 長谷部・憲法 293 頁。

しているかにかかっている。これは頼りがいのないあやふやな根拠のように見えるかも知れないが、これ以上に確かな根拠がどこかにあるわけではない。逆に言うと、ベースライン論の1つの狙いは、ベースラインの具体的なありようが、論理必然的ではない（contingent である）ことを摘示する点にある」[17]。

　ベースライン論は、以上の引用に現れているように、かなり広い領域に波及しうるものであるとともに、長谷部教授の憲法学の1つの特質を濃厚に反映している。

　質問者のためにいくつかの点を確認しておくとすれば、まず、ベースライン論は「論」としては新しいものかも知れないが、実際には少なくとも部分的には判例法として存在している論理の説明であって、その論理が、実定憲法解釈として展開されることが珍奇なものである訳ではない。したがって、現に判例が存在している以外の場合についても、社会の法律家集団の共通了解であることを説得的に示すことに意味のある文脈においてであれば、有効に活用しうる場合があろう。しかしながら、それは、ベースライン論という言葉遣いでなければならないというようなものではない。

　また、非嫡出子相続分合憲決定の反対意見が、一種のベースライン論であるということからすると、その点を踏まえた方が、多数意見の側からの批判の意味が理解しやすくなるとともに、国籍法違憲判決ではこの点での立場が逆転しているといいうるのであるから、関連の論点について論じる際に、考察を深める上で、有益であろうと思われる。

【参考文献】

石川健治「財産権①」小山　剛＝駒村圭吾（編）『論点探究憲法〔第2版〕』（弘文堂、2005年）224頁以下。

石川健治「財産権②」小山　剛＝駒村圭吾（編）『論点探究憲法〔第2版〕』（弘文堂、2005年）241頁以下。

長谷部恭男『憲法〔第7版〕』（新世社、2018年）189、255、257、287、288、293、301、313、347、439頁。

渡辺康行ほか『憲法Ⅰ基本権』（日本評論社、2016年）339-367頁〔宍戸常寿執筆〕。

松本哲治「財産権」ジュリスト1400号（2010年）103頁以下。

同「森林法事件判決」論究ジュリスト1号（2012年）59頁以下。

（松本哲治　同志社大学教授）

［17］長谷部・続 Interactive 43頁注11。

20 職業選択の自由

❶目的二分論とは何だったのか？
❷図式的な目的二分論が不十分だとすれば、どのような考慮要素で審査の厳格度を決めるべきか？

1　目的二分論とは何だったのか？

(1)　伝統的な判例の理解

　目的二分論とは、経済的自由に対する制約について、その目的を、他者の生命や健康に対する侵害の防止を目的とする消極目的と、経済的弱者の保護などを目的とする積極目的とに区別し、前者の場合には比較的厳格な審査（厳格な合理性の基準）、後者の場合には緩やかな審査（明白性の原則）が妥当するという考えである。この考えは、経済的自由に対する制約の審査には精神的自由の場合ほど厳格な審査基準を用いないとする二重の基準論を基礎としつつ、公共の福祉に関する一元的内在制約説の趣旨を取り込んで[1]、経済的自由に対しては、福祉国家（社会国家）の理念に基づく制約をとくに認め、このような外在的制約（すなわち積極目的規制）と内在的制約（すなわち消極目的規制）とで、さらに審査基準を細かく区別しようとするものである（芦部・憲法104-6、235-6頁など）。目的二分論は、二重の基準論と、関連してはいるが別のものである点に注意が必要である。

　通説は、判例もこの考えに立つと理解してきた。すなわち、小売市場事件判決（最大判昭47・11・22刑集26巻9号586頁）では、小売商業調整特別措置法に基づく小売市場の距離制限について、中小小売商を過当競争による共倒れから保護する目的であると解した上で、「積極的に、国民経済の健全な発達と国民生活の安定を期し、もって社会経済全体の均衡のとれた調和的発展を図るため」の規制については「立法府の政策的技術的な裁量」に委ねられ、裁判所は、「立法府がその裁量権を逸脱し、当該法的規制措置が著しく不合理であることの明白である場合」に限り違憲とするべきである[2]、との基準を示し、本件はこの場合に当たらないとした。

　これに対し、薬事法事件判決（最大判昭50・4・30民集29巻4号572頁）で

　[1] この点については、本書11「公共の福祉」（79頁）を参照。
　[2] 民集26巻9号591頁。

は、薬事法に基づく薬局開設の距離制限について、不良医薬品の供給の危険を防止する目的であると解した上で、「許可制〔……〕の合憲性を肯定しうるためには、原則として、重要な公共の利益のために必要かつ合理的な措置であることを要し、また、それが社会政策ないしは経済政策上の積極的な目的のための措置ではなく、自由な職業活動が社会公共に対してもたらす弊害を防止するための消極的、警察的措置である場合には、許可制に比べて職業の自由に対するよりゆるやかな制限である職業活動の内容及び態様に対する規制によっては右の目的を十分に達成することができないと認められることを要する」[3]との基準を示し、本件は目的達成のため距離制限を伴う許可制以外のよりゆるやかな規制手段をとりうるので、本件規制は必要かつ合理的な規制とはいえないとした。

両判決では、「積極的」「消極的、警察的」という語が用いられ、目的により審査の厳格度（審査密度）が異なることが明らかとされている。ここから、判例も目的二分論に立つものと理解されてきたのである。

(2) 目的二分論に対する従来の批判と応答

しかし、目的二分論に対しては、いくつかの批判がある。

まず、この議論が目的をきれいに２つに分けることが可能なのか、との疑問がある。小売市場事件の控訴審（大阪高判昭44・11・28刑集26巻9号610頁）では立法目的として野菜や生鮮魚介類の衛生安全基準の維持も認定されたが、最高裁はこれを認めなかった。薬事法事件では、最高裁は、不良医薬品の供給防止とともに薬局の過疎解消を立法目的と認定したが、後者は副次的なものにすぎず、前者が主たる目的であると評価した。しかし、これらの理由は定かでない。また、公衆浴場の距離制限規制について、最高裁は、かつて消極目的規制であるとの理解を示していたが（最大判昭30・1・26刑集9巻1号89頁）、薬事法事件判決以後、平成に入ってからは積極目的規制であると示したり（最二小判平元・1・20刑集43巻1号1頁）、両方の目的を併用すると匂わせたり（最三小判平元・3・7判時1308号111頁）と、態度が一貫していない。さらに、酒類販売業の免許制について、最高裁は、きわめて緩やかな審査を行い合憲としている（最三小判平4・12・15民集46巻9号2829頁）。この事件の園部逸夫裁判官補足意見が明言

するとおり、租税目的が第三の目的であるといえるのであれば、二分論は
この時点で崩壊しているともいえそうである（参照、松井・憲法 576 頁）[4]。

　また、目的二分論が実体的な価値の優劣を前提としているならば、社会
的経済的弱者（実際には既存業者）の保護のほうが国民全体の生命・健康の
保護よりも価値が高いことになるが、これは逆なのではないのか、あるい
は、積極目的規制に関して、新規参入を認め競争を促す方が消費者の利益
になるにもかかわらずその制限を容易に認めることは、既存業者の保護を
消費者の利益より重視しており不適切ではないか、との批判もある[5]。

　もっとも、第 1 の批判に対しては、当てはめの際の線引きが困難である
ことは民事法であれ刑事法であれ法律適用の際に一般に見られる現象であ
るし、また同種の法律でも文言の変更や社会事情の変化に伴い立法目的が
変わると考えることはできるのであり、そのことから直ちに二分論自体の
否定を導くのは早計ではないか、との反論が可能である（参照、佐藤・憲法
論 302-303 頁）。また、酒類販売業事件の最高裁判決については、租税法の
定立は国会の政策的・技術的判断に委ねなければならない事項なのだとし
ても、酒税の納税義務者ではない販売業者に対する規制は課税要件や賦課
徴収手続そのものとはいえず、サラリーマン税金訴訟（最大判昭 60・3・27
民集 39 巻 2 号 247 頁）を引用して緩やかな審査基準を用いたこと自体が不
適切であったのだとの議論もできる。

　第 2 の批判に対しても、審査基準が異なるのは、実体的な価値の優劣を
前提としているからではなく、裁判所の審査能力や国会との役割分担を考
慮した結果なのだとの説明がなされる（佐藤・憲法論 303 頁）。つまり、積
極目的規制に関しては、社会・経済政策の是非について裁判所が判断する
ことは困難で国会の判断（立法裁量）に委ねるべきであるから審査基準は緩
やかになるのに対して、消極目的規制に関しては、生命・健康に対する侵
害の有無は裁判所の判断になじむ事項であるので、審査基準を厳格にして

---

[4] 酒類販売業事件の判例理解として、規制目的というよりも立法事実の把握可能性に着目し
　て審査基準が決定されたのだとの分析を示すものとして、綿引万里子・最判解民平成 4 年
　度 583 頁、尾形健・判例プラクティス 207 頁など。

[5] 棟居快行『人権論の新構成』（信山社、1992 年）215-220 頁。なお、積極目的規制は福祉国
　家実現のための規制とされるので、そこに福祉国家の理念とは関係なさそうな競争制限
　的・保護主義的規制を含めるのは適切ではないともいえる。参照、松井・憲法 576 頁。

立ち入った判断を行う、というのである[6]。

(3) 目的二分論の近時の捉え直し──薬事法判決の再構成

このような状況の中、石川健治教授による薬事法判決の捉え直しが──ドイツ流の「三段階審査論」と合わせて──注目を集めた。石川教授によれば、薬事法判決は、「人格権を第一位におく」点で、そもそも「アメリカ流『二重の基準』論を奉ずる学説の立場とは大きく異なっている」[7]。なぜなら、薬事法判決は、職業の自由は個人の人格的価値と不可分の関連を有するものとするところ、この位置づけは精神的自由と変わらず、職業の自由が精神的自由に比べて規制の必要性が高くなるのは、それが「本質的に社会的な、しかも主として経済的活動であって、性質上、社会的相互関連性が大きい」からだと述べる点で、学説が主張してきた二重の基準論とは理由づけを異にしているからである。

その上で、石川教授は、薬事法判決を、その三段階審査論に合わせて、次のように読み解く[8]。第1に、距離制限規制は、職業の自由に対する直接の、しかも事前の規制である（「権利侵害」）。第2に、職業の自由の保護範囲は「人が自己の生計を維持するためにする継続的活動」であり、「『職業選択』と『職業活動』とを一体として22条1項の保護範囲に収めようとしている」（「保護範囲」）[9]。それゆえ、薬事法の距離制限規制も、憲法違

---

[6] また、立法過程とは様々な個別利害をもつ者たちの競争と妥協の場であり、裁判所はその過程が公正であることを維持する役割を負うとの認識に基づく説明もなされる（長谷部・憲法 253-257 頁）。この説明は、国会の審議で立法目的が個別利害であることを明らかにした上で成立している法律（すなわち積極目的規制の法律）については、公正な競争の結果であるので、裁判所は国会の判断を尊重して緩やかな審査を行い、他方、立法目的が国民一般の利益であると謳われる法律（すなわち消極目的規制の法律）については、公正な競争の結果であるか疑いがあるため、その裏に個別利害が潜んでいないか、国会での審議の際に反対の立場の人々の目をくらますための「ごまかし」がなかったか、裁判所が厳格な審査を行うと整理するものである。

[7] 石川健治・百選 I 199 頁。

[8] 以下は、石川・前掲注[7]と同「営業の自由とその規制」争点 148-151 頁とを合わせ、石川教授流の三段階審査の順番に従って再構成したものである。論者によっては、ドイツにおける三段階審査論を参照して、「保護領域」を第1に、「権利侵害」を第2に論じる者もいる。参照、小山・作法 12-17 頁、宍戸・憲法第3章〜第5章。

[9] 石川・前掲注[7]199 頁。

反の国家行為の構成要件に該当する。そこで、第3に、「正当化事由」が
検討される。もっとも、職業の自由の保護範囲は広範であって、それに対
する侵害も目的や態様において多様なものとなるため、正当化事由として、
目的が公共の福祉に合致するものと認められれば、規制手段の「必要性と
合理性」については、立法裁量が尊重される。

　しかし、「立法府の裁量の幅には『事の性質上おのずから広狭』があり、
ここに裁判所による裁量統制の余地が生ずる」[10]。この点、最高裁判決は
2で述べるとおり、許可制について、狭義における職業選択の自由その
ものに制約を課する強力な制限であることを理由に審査基準を高めるが、
石川教授によれば、それは、「『職業の自由』の審査に際しては、『職業活
動』の内容・態様に対する事後規制((A))に比べて、『職業選択』に対す
る事前規制((B))に対する審査密度を厳格にし、さらに(B)内部において
も、資格制など主観的な許可要件による事前規制(B1)よりも、距離制限
のような客観的な許可条件による事前規制(B2)に対する審査密度を厳格
にすべきだ」というドイツの「段階理論」を下敷きにしている。

　要するに、薬事法判決は、「権利侵害—保護範囲—正当化事由」という
ドイツ的な(あるいは、石川教授流の)判断枠組みで説明可能であり、目的
二分論が前提としてきたアメリカ流の違憲審査論とは異なるとの指摘であ
る。ここでは、小売市場判決で出された積極目的という論理は、許可制に
対し一律に上記のような厳しい審査をすれば日本の許認可行政が軒並み違
憲とされる結果となるので、それを緩和するために案出されたものとの説
明がなされる[11]。

　薬事法判決が(西)ドイツの憲法判例を参照していることは間違いないだ
ろう[12]。「三段階審査論」を主張する論者がこの判決を引き合いに出すの
も理解できる。しかし、人権に関わる既存の日本の判例がすべて三段階審
査論で説明できるわけでないこともまた確かである点には留意が必要であ
る。ただ、三段階審査論に乗るかどうかにかかわらず、石川教授の指摘は
図式的な目的二分論が薬事法判決の理解としても不十分であることを抉り

[10] 石川・前掲注[7]200頁。同「30年越しの問い——判例に整合的なドグマーティクとは」
　　法教332号58頁以下の61頁も参照。

[11] 石川・前掲注[10]62頁も参照。

[12] 参照、富澤達・最判解民昭和50年度208-209頁。

出したものと理解することができるだろう。

2 図式的な目的二分論が不十分だとすれば、どのような考慮要素で審査の厳格度を決めるべきか？

　それでは、結局、どのように論じればよいのか。この点、薬事法判決じしんが、**1**(1)で引用した審査基準を導く前に、一般的に、憲法22条1項に違反するか否かは「具体的な規制措置について、規制の目的、必要性、内容、これによって制限される職業の自由の性質、内容及び制限の程度を検討し、これらを比較考量したうえで慎重に決定されなければならない」とした上で、まず、規制目的ではなく許可制という規制方法に着目して、許可制が職業活動の内容や態様に対する規制ではなく職業選択の自由に対する規制である点で職業の自由に対する重大な制約であるとの評価を行うところから具体的な判断枠組みを導き始めている[13]ことが参考になると思われる。

　これに従うならば、まず、規制の方法について、職業「選択」に対する制限か職業「遂行」に対する制限か（これは営業に対する事前抑制か事後規制か、という問いにいいかえることができる。たとえば、許可制は職業「選択」に対する制限であるが、開業前に許可が必要となるわけであるから事前抑制、開業後の事業活動に対する監督や是正措置、刑罰といった規律は職業「遂行」に対する制限であるが事後規制だと性質づけられることになるだろう）、さらに職業「選択」に対する制限の中でも、距離制限規制など本人の能力に関係しない要件か、資格制など本人の能力や努力に関わる要件かといった観点から、規制によって権利・自由が受けている制約の重大性を評価するべきだと考えられる[14]。目的の認定とその評価は、これらの検討に続けて行い、最終的に、自分が適切だと考える審査の厳格度[15]を決定する、という流れで論じてみればよいのではないだろうか（参照、高橋・憲法271-272頁、

---

[13] 民集29巻4号576-577頁。

[14] 参照、芦部・憲法237頁。なお、薬事法事件判決では、許可制そのものの合憲性がまず判断された上で、個別の許可条件＝距離制限規制につき別に合憲性が判断されている。

[15] ここで「審査の厳格度」というときに、従来の違憲審査基準論を用いるか、近時の三段階審査の論者が説く比例原則の強弱を論じるかも学習が進んだ者には悩ましい点かもしれないが、これは決着のついていない問題なので、どちらで論じても良いと思われる。この点については、本書3「審査基準論と三段階審査」(17頁)を参照。

佐藤・憲法論303-304頁)。なお、目的の分類においては、**1**(2)でみたように、判例じしんも積極目的、消極目的の2種類いずれかに割り切って考えているわけではないようにみえる点に注意が必要である(参照、芦部・憲法237頁)[16]。少なくとも租税目的という項目を立てることは判例と整合的であるし、積極目的の中にも様々なものがあるので[17]、事案によってはもう少し踏み込んで自分なりの分類を試みてみるのもよいだろう[18]。

　なお、審査の厳格度の決定は、(違憲審査基準を用いる場合にはもちろん、三段階審査の比例原則を使うときでも総論段階で類型を立てる場合には)最終的な合憲性の判断に至るまでの議論を客観化するための途中時点での「ふるい」の設定といえるので、その決定の際に挙げる考慮要素は——当該事案を念頭に置きながらも——一般的、類型的なものに留めておかなければな

[16] 近時の判例をみると、消極目的規制とみることができそうな法令の合憲性が問題となった場合でも、積極目的の要素が入っているとみることもできるとき、また規制の強度が許可制ほど強くないときは、薬事法事件ではなく小売市場事件を先例として引用する傾向がみられる。たとえば、府中市議会議員政治倫理条例事件(最三小判平26・5・27集民247号1頁)、旅行業法事件(最一小判平27・12・7集刑318号163頁)、京都府風俗案内所規制条例事件(最一小判平28・12・15集民254号81頁)などである。ここからは、判例は、職業選択の自由に対する制約の合憲性の判断枠組みの基本形は小売市場事件の判断枠組みであって、薬事法事件は規制が強度で消極目的である特別なケースであったとみているとの整理が可能である。もっとも、ここで「小売市場事件の判断枠組み」というのは、**1**(1)でみた明白性の原則そのものではない。この基準を導く前段階で示された、《具体的な規制措置については規制の目的、必要性、内容、これによって制限される職業の自由の性質、内容及び制限の程度を検討し、これらを比較考量して決定するべきこと、その判断は第一次的には立法府の権限であり、裁判所は立法府の判断が合理的裁量の範囲内にある限りその判断を尊重すること》という一般的な判断枠組みのことである。この一般的な判断枠組みは薬事法事件でも共通しており、まさに**2**の冒頭で引用した箇所でこのことを述べている。

[17] 前掲注[5]を参照。

[18] 注[4]でみたような判例の理解に基づいて、目的そのものというよりも立法事実の把握可能性に着目して規制立法の性質を分類していくのもひとつのやり方である。

　さらに、他の考慮要素として「対象」に着目するならば、たとえば公企業か否かという点からの分類もできるだろう。ただし、公企業について規制を認めやすくする(=審査の厳格度を下げる)理由が事業の公共性、公益性であると考えれば、これは一種の積極目的規制ともいえるので、目的による分類と重なるところがあるようにも思われる(ただし単純に経済的社会的弱者の保護とはいいきれない点には注意してもよいだろう)。いずれにせよ上級者向けの議論になる。

らない。薬事法判決にならうならば、当該法律の立法事実に踏み込む目的の検討や他の規制手段との比較は当てはめに回すべきことになるだろう。

【参考文献】

野中俊彦「営業の自由と距離制限」佐藤幸治ほか『ファンダメンタル憲法』(有斐閣、1994年)102頁。

棟居快行＝小山剛「経済的自由権と規制二分論」井上典之(編)『憲法学説に聞く』(日本評論社、2004年)113頁。

小山剛「職業の自由と規制目的」LS憲法研究会編『プロセス演習憲法〔第4版〕』(信山社、2011年)256頁。

【演習】

松本哲治「逢ってみないとわからない」宍戸常寿編『憲法演習ノート21』(弘文堂、2015年)264頁。

（上田健介　近畿大学教授）

21 生存権保障

❶生存権の権利としての性質は、どのように考えるべきか？
❷生存権保障が問題となる場面と憲法判断の枠組みについて、どのように考えればよいか？

1　生存権の権利としての性質は、どのように考えるべきか？

　生存権に関する論述式問題などでは、「憲法 25 条 1 項は『権利』と規定しており、生存権は法的権利と解すべきである。しかし、その内容は抽象的であり、具体的な実現の方法も特定されていないから、生存権は、具体化立法によって裁判規範性が認められる抽象的権利と解する」、と述べて、審査基準等を検討する論証の筋道がみられる（受験新報 2012 年 2 月号 62 頁参照）。しかし、抽象的権利であるということから、どのように憲法判断の枠組みを定立していくか、迷うことも多いのではないだろうか。また、生存権論は社会保障立法との関係でも問題となるが、その際、どのように憲法論を組み込んでいくかについても、戸惑いを覚えるように見受けられる。ここでは、生存権の法的性質をめぐる議論を再考し、今日の通説とされる抽象的権利説の意義を確認した上で、これらの点について考えてみたい。

(1)　生存権の法的性質をめぐる議論
① 　学説の展開

　憲法制定当初、学説は、早くから、生存権を、国家による積極的措置を伴う性格のものと解していた。美濃部達吉教授は、「国家から積極的な或る特定の利益を受くることを内容とする国民の公権」を「国民の受益権」と位置付け、請願権（憲 16 条）や損失補償請求権（同 29 条 3 項）などと並んで生存権を把握していた[1]。また、我妻栄教授は、社会権的規定を「国家権力の積極的な配慮・関与」を要請する「生存権的基本権」と位置付け、信教の自由や財産権といった古典的な自由権（「自由権的基本権」）とは対照的なものと考えた[2]。我妻教授は、国会・内閣が「社会権的基本権」実現のための施策を講じない場合、裁判所によってそれを是正することはできないとしたが、ここにみられるプログラム規定説的立場は、食糧管理法違反

[1] 美濃部達吉（宮沢俊義補訂）『日本国憲法原論』（有斐閣、1952 年）158-159 頁、161-162 頁。

事件（最大判昭23・9・29刑集2巻10号1235頁）の影響も手伝い、戦後しばらく通説的地位を占めていく[3]。その状況を大きく変えたのは、朝日訴訟第1審判決（東京地判昭35・10・19行集11巻10号2921頁）であった。同判決は、生活保護法にいう「健康で文化的な生活水準」（同法3条）が憲法25条1項に由来するとしたうえで、同条の保障内容を論じうることを示唆したが、これを契機に、学説は、生存権を法的権利として解すべきことを積極的に論じるようになり、抽象的権利説や具体的権利説が説かれたのであった。

② 生存権の法的権利性

　これらの経緯から、次のことが指摘できる。第1に、生存権とは、古典的な自由権とは異なり、国家の積極的な関与を伴うという点は、早い時期から承認されていた。生存権が立法等の国家的措置にまつ部分があるということは、憲法上保障された自由が公権力によって外側から制約されるという自由権保障の場面とは、異なる性質の論点が問われていることを意味する。つまり、〈憲法上保障された自由〉－〈その制約〉という論理を前提に構築された違憲審査基準がストレートには妥当しない性質を、生存権は本来的に抱えている、ということである[4]。生存権の違憲審査基準をどのように立てればよいのか、といった疑問は、ここにその原因があるとも

[2] 我妻栄『新憲法と基本的人権』（初出1948年）、同『民法研究Ⅷ』（有斐閣、1970年）所収89頁、112頁、188頁。学説展開については、樋口ほか・注解Ⅱ142-146頁〔中村睦男〕、新基本法コメ216-220頁〔尾形健〕、岩間昭道『合法性と正当性』（尚学社、2019年）第Ⅹ章など参照。

[3] もっとも、食糧管理法違反事件判決は、憲法25条から具体的な権利が導出されないと述べたにとどまり、25条が政策目標を定めた規定に過ぎない、とまでいっているわけではない、ともいわれる（小山ほか・論点探究259頁〔松本和彦〕）。なお、同判決含め最高裁判例は、憲法25条について、主観的権利を与えるものとは解さないが、客観法として裁判規範性を認めたものと整理する立場がある（高橋和之「生存権の法的性格論を読み直す」明治大学法科大学院論集12号〔2013年〕1頁および渋谷秀樹「生存権と違憲審査」立教法務研究7号〔2014年〕25頁参照）。関連して参照、西村枝美「ドイツにおける社会権の法的性質と審査基準」関西大学法学論集62巻4・5号（2013年）1323頁、石塚壮太郎「『生存権』の法的性質」法学政治学論究110号（2016年）101頁。

[4] 宍戸・憲法167-168頁、小山・作法115-116頁参照。国家の積極的措置を伴う憲法上の権利について、渡辺康行「立法者による制度形成とその限界」法政研究76巻3号（2009年）249頁参照。

いえそうである。

　第2に、こうした創設的権利という性格を踏まえてもなお、生存権の権利性を追究しようとしたのが、法的権利説の展開であった。その際、(a)創設的性格にもかかわらず、生存権にあってもなお自由権保障の論理で検討しようとする方向があった。具体的権利説は、憲法25条1項にいう「健康で文化的な最低限度の生活」は憲法上立法権を拘束する規範内容があり、これを下回る部分（不作為）については違憲性を確認しうる、と考えたが、それはまさに、生存権でも、〈憲法上保障された自由・権利〔憲法上の最低生活保障〕〉-〈その制約〔それを下回ること〕〉という枠組みが妥当する、とみたのであった[5]。しかし、憲法25条は規範内容としてなお抽象的であることに加え、権利の実現方法も考えると[6]、自由権保障の論理を一般的に貫徹することも難しい。そこで、(b)生存権が創設的性格を伴うことを承認しつつ、しかし憲法25条が裁判規範性を有することを前提としたうえで、具体的な立法・行政裁量を統制しよう、という方向が登場する。

(2)　生存権が抽象的権利であることの意義

　(b)の方向でいくと、生存権を抽象的権利と解することになる。抽象的権利説には今日でも批判があるが[7]、生存権が抽象的権利とされることには、相応の意義がある。

　まず、抽象的権利説には2種類ありうることに注意する必要がある[8]。

[5] この点は、「健康で文化的な最低限度の生活」を下回る特定の水準については、金銭給付を裁判上求めることができるとする「ことばどおりの意味における具体的権利説」も同様であった。長谷部・リーディングズ155頁（棟居快行）。この立場に近いものとして、西原博史『自律と保護』（成文堂、2009年）61-63頁参照。ただし、これらの学説は、最低限度の生活を下回る場合に端的に違憲とするものであり、下回ったことについての正当化を考慮しないと考えられるので、厳密な意味では自由権保障の論理とは異なる面がある。生存権について「憲法上の権利の制約」という捉え方を理論的に試みるものとして、柴田憲司「生存権の『制約』可能性」戸波江二先生古稀記念『憲法学の創造的展開　上巻』（信山社、2017年）677頁参照。

[6] 芦部信喜『憲法訴訟の理論』（有斐閣、1973年）419頁参照。

[7] 具体的権利説の観点から、「立法による実現を通じて実質化される権利と把握されれば生存権は憲法上の権利としての内実を失」う、との批判がある。西原博史「潜在能力の欠如・剥奪と生存権保障」ジュリ1422号〔2011年〕51頁、55頁注[19]。

[8] 大石・憲法Ⅱ273頁。

つまり、㋐生存権は具体化立法によってはじめて実現される、とのみ解する考え方と、㋑生存権は具体化立法によって実現されるが、憲法25条はその具体化に一定の枠をはめることができる、と解する考え方である。抽象的権利説を㋐と解する答案などを見かけるが、通説が抽象的権利説を採りつつ、一定の場合には違憲・違法となると論じたのは、㋑の立場に立っていることを示すものであろう。次に、抽象的権利とは、憲法上その権利が一定の内実を持ちつつも、なお裁判において直ちに実現しうるほど明確な法的基準を持つには至っておらず、それが立法等によって具体化されるに従い、法的な執行可能性が確保されていく性格を持つ[9]。この構成は、憲法上保障された「核」を前提に、立法・行政がそれを具体的に実現した過程を、いわば多段階的に検討することを可能にする。先にみた(b)の手法は、まさにその途を採ろうとするものである。

2 生存権保障が問題となる場面と憲法判断の枠組みについて、どのように考えればよいか？

　以上要するに、「生存権の法的性格を論ずるにあたって必要なことは、生存権が裁判規範として効力を有することを前提にして、いかなる訴訟類型において、いかなる違憲審査基準によって、生存権に裁判規範性を認めるか、ということである」[10]。憲法25条をめぐる問題とは、同条が保障する実体的価値に照らし、問題となる立法や行政活動の場面に応じて個別に考えなければならない。生存権が自由権保障と同じ論理を採りにくい以上、審査基準等の憲法判断の枠組みは、問題となる具体化措置・状況ごとに検討することが求められる。最近では、立法・行政裁量統制について、首尾一貫性の要請や判断過程統制等の手法を手がかりに、生存権保障のあり方を考察する方向性も示されつつあるが（詳細につき、【参考文献】の笠木・後掲48頁以下。制度創設的権利に関する首尾一貫性の要請や判断過程統制などに基づく司法審査一般については、渡辺康行ほか『憲法Ⅰ　基本権』〔日本評論社、2016年〕第4章第2・3節〔渡辺執筆〕、小山・作法第6章第1・2節など参照）、ここではこれまで論じられてきた議論や裁判例等をもとに、基本的視点をまず確認しよう。

---

[9] 佐藤幸治『現代国家と司法権』(有斐閣、1988年)516頁、518頁。
[10] 樋口ほか・注解Ⅱ 152頁〔中村睦男〕。

(1)　基本的視点

①　最低生活保障の要請

　憲法 25 条 1 項・2 項二分論は、1 項が国民の緊急的生存権を、2 項がそれを上回る「生活権」を保障したものと解したが[11]、それは、生活保障にかかる国の関与・責任の度合いは、問題となる生活状況の緊急性・深刻さの度合いに応じて異なるため、より緊急度が高い場合には憲法上の要請が強く作用することを論じたものでもあった[12]。この考えからすると、最低生活保障に深くかかわる施策については、より踏み込んだ司法審査が求められる[13]。これには、生活保護法の各扶助(同法 11 条参照)のほか、国民年金法の老齢基礎年金(国年 26 条以下)など、基礎的生活保障として機能しうる給付などが想定しうる。

　これと関連して、当事者の具体的状況や属性も問題となろう。つまり、当事者が、生活保障の緊急性が高いか、そのような状況におかれる蓋然性が高い場合、司法審査の厳格度を高める要因としてこれらが作用する場合がある。例えば、老齢福祉年金の夫婦受給制限規定の合憲性が争われた牧野訴訟(東京地判昭 43・7・15 行集 19 巻 7 号 1196 頁)は、当時の「老齢者の生活の実態」を重くみて違憲判断(憲法 14 条 1 項違反)を導いている。また、24 時間介護が必要な身体障害者に対するサービス支給量削減なども、緊急度が高いと考えられる(旧身体障害者福祉法上の居宅生活支援費の支給量減額を争った鈴木訴訟〔東京地判平 18・11・29 賃金と社会保障 1439 号 55 頁〕など参照)。

②　制度後退禁止原則

　学説では、憲法 25 条 2 項から、合理的理由なく生存権保障の後退をもたらす措置をしてはならない、という要請を導く立場がある(「制度後退禁止原則」)[14]。学説上争いはあるが[15]、こうした場合には厳密な司法審査を

---

[11] 籾井常喜『社会保障法』(総合労働研究所、1972 年)86-88 頁。

[12] 籾井常喜「生存権保障の二重構造的把握について」有泉亨先生古稀記念『労働法の解釈理論』(有斐閣、1976 年)所収 523 頁、528-532 頁。

[13] ここに「より踏み込んだ」審査というのは、「堀木訴訟判決にいうような『明白性の原則』によるのではなく、少なくとも裁判所に通常期待される審査機能」をさす(佐藤・憲法論 365-366 頁)。生存権が抽象的権利とされる以上、一定の立法裁量等は前提とせざるを得ず、精神的自由権同様の厳格審査が憲法上要請されるとまではいえないが、そうであっても可能な限り司法審査を行う途を確保することが重要であろう。

行うことがありうる。その理由として、㋐法令が基準額を最低限度の生活として設定した以上、その減額は最低生活水準を下回る蓋然性が高い[16]、㋑憲法25条は、同条に基づく施策を絶えず充実拡充することも要求しており、合理的理由なく権利実現を阻害する立法は同条の趣旨に反する（宮訴訟第1審判決・東京地判昭49・4・24行集25巻4号274頁）、といった点が挙げられる。また、㋒憲法25条に基づく社会保障給付で長く存続してきたものの場合、それに依拠して生活関係を築いてきた受給者の信頼は、憲法25条の生活保障の観点からも特に保護する必要があると考えられ、その廃止等には同条との関係で一定の制約があるといえよう（老齢加算廃止違憲訴訟福岡事件・最二小判平24・4・2民集66巻6号2367頁の須藤正彦裁判官意見参照）。いずれにしても、給付の縮減が問題となる場合、(a)給付を縮減する判断に合理的理由・根拠があるか、(b)給付縮減による当事者の不利益はどれほど深刻か、といった観点から、より立ち入った審査が求められよう[17]。

③　平等原則による統制

　生存権論では、平等原則（憲14条1項）を援用すべきことも指摘されてきた。具体的には、福祉立法における区別につき、立法目的の重要性、区別（手段）と目的の実質的関連性を検討するものである[18]。事案の処理を25条か、平等原則か、あるいは25条を軸としつつ「補助線」として平等原則によるかは、個別に考える必要があるが[19]、平等原則は統制枠組みの一つといえる。もっとも、最高裁は平等原則についてはなお緩やかな審査を維持している（地公災法遺族補償年金訴訟・最三小判平29・3・21判時2341号

[14] 内野正幸『憲法解釈の論理と体系』（日本評論社、1991年）377頁。

[15] 議論状況を含め、棟居快行『憲法学の可能性』（信山社、2012年）第26章、葛西まゆこ「司法による生存権保障と憲法訴訟」ジュリ1400号（2010年）110頁、113-115頁参照。ただし、最高裁判例は制度後退禁止原則を採用していない。岡田幸人・最判解民平成24年度（上）288頁参照。

[16] 宍戸・憲法169頁。

[17] 給付縮減の例である老齢加算廃止違憲訴訟（最三小判平24・2・28民集66巻3号1240頁、前掲最二小判平24・4・2）は、①老齢加算廃止の判断過程にかかる合理性の審査と、②廃止による不利益等の観点からの実体的審査を行っている（石井昇「判批」法セミ689号125頁）。

[18] 代表的主張として、芦部信喜「生存権の憲法訴訟と立法裁量」法教24号（1982年）95頁、99-100頁、戸松秀典『立法裁量論』（有斐閣、1993年）111-113頁参照。

65頁)。

(2)　具体的問題

　以上をふまえ、具体的場面ごとに考えてみよう。

① 　憲法25条を具体化する立法の合憲性が問題となる場合

　まず、憲法25条具体化立法の合憲性を問題とする場面がある。憲法25条は、「国権の作用に対し、一定の目的を設定しその実現のための積極的な発動を期待するという性質のもの」、という性格があるが(堀木訴訟・最大判昭57・7・7民集36巻7号1235頁)、立法の合憲性審査については、(i)「目的〔の〕設定」と(ii)「その実現」の双方に着目して検討する方法がありうる[20]。堀木訴訟でいえば、児童扶養手当と障害福祉年金は、ともに最低生活保障給付と位置づけられ、憲法25条の要請に応える目的を有するところ((i))、双方の受給を認めない併給制限規定は、その「目的」実現に対して不十分な措置を講じている疑いがある((ii))[21]。さらに、各給付の額は低額で(堀木訴訟提訴時で月額各2,100～2,900円程度)、かつ障害者母子家庭の困窮度等も考慮すると、より踏み込んだ司法審査を行うべきともいえる(上記(1)①の最低生活保障の要請)[22]。また、社会保障立法は支給要件で区別を設けることも多く、平等原則による統制が有効となろう(上記(1)③の平等原則。堀木訴訟1審〔神戸地判昭47・9・20行集23巻8・9号711頁〕は、併給制限部分を憲法14条1項違反とした)。

② 　憲法25条具体化立法を前提とする行政活動の合憲性

　次に、25条具体化立法に基づく行政活動が問題となる場面がある。朝

---

[19] 例えば、2010年度新司法試験公法系科目論文式試験第1問では、ホームレス状態にある者にも生活保護を認めるY市以外の自治体について言及があり、平等原則も問題となるようにみえる。しかし問題文からは具体的運用が不明確であることや、生活保護法は当該要保護者の困窮度に応じて個別に保護を決定するため(9条参照)、他自治体の運用を比較対象としうるかは微妙な部分がある。むしろ端的に25条の問題と構成した方が有効であろう。『別冊法学セミナー　新司法試験の問題と解説2010』(日本評論社、2010年)27-28頁〔中林暁生〕も参照。

[20] 宍戸・憲法172頁。尾形健『福祉国家と憲法構造』(有斐閣、2011年)155-156頁も参照。

[21] この点につき、園部逸夫・最判解民昭和57年度503頁、541-542頁参照。

[22] 立法の合憲性に関する判断枠組みとしては、(a)憲法25条が要請する作為義務の内容の確認と、(b)国による作為義務履行の程度が憲法の要請する最低限度を下回っていないかの確認、という二段階審査も主張されている(小山・作法121頁)。

日訴訟(最大判昭42・5・24民集21巻5号1043頁)や老齢加算廃止違憲訴訟(最三小判平24・2・28民集66巻3号1240頁等)のように、厚生労働大臣の保護基準設定にかかる行政裁量については、憲法25条の観点から判断過程統制審査を行う方法がある。具体的には、生活保護法の各規定(生活保護1条、8条2項、9条等)に憲法25条の価値を読み込み、これらの規定を憲法上の要請として考慮事項等のチェックを重点的に行うことが考えられる[23]。保護基準の引下げ等については、制度後退禁止原則的アプローチ(上記(1)②)も有効であろう。また、福祉事務所長が生活保護の必要性があったにもかかわらず保護を打ち切った場合のように、個別の処分で直截に25条違反を問うこともありうる(栄養失調男性の退院直後に生活保護が打ち切られた事例として、京都地判平17・4・28判時1897号88頁参照)。

なお、行政活動が問題となる場合、「違法」だけでなく「違憲」という必要があるのか、という問題がある(2010年新司法試験公法系科目論文式試験第1問でも、生活保護法違反を主張すれば足りるともいえる)。しかし、当該行為への非難度を高め、法令の適正な適用範囲を明確にする必要性から、あえて「違憲」という意義はあろう[24]。生存権についていえば、憲法25条と生活保護法が密接に関連するため(同法1条参照)、同法に関する争いでは憲法違反を主張することが求められる場合が多いであろう。また、当該行政活動が適法でも、なお「違憲」を問うべき場合がある。混合診療訴訟(最三小判平23・10・25民集65巻7号2923頁)では、健康保険法上「混合診療」を制限する行政解釈が争われたが、仮にこの解釈が適法だとしても、同じ保険診療を受ける者の間でこの解釈により区別が生じているとすれば、それは憲法14条1項の問題とすべきである(同判決の寺田逸郎意見参照)。

③ 立法不作為の違憲性

最後に、立法不作為が問題となる場面がある。生存権については、国家賠償請求によって立法不作為を救済しうることが指摘されてきた[25]。在外邦人選挙権制限違憲訴訟(最大判平17・9・14民集59巻7号2087頁)や再婚

---

[23] 駒村圭吾『憲法訴訟の現代的転回』(日本評論社、2013年)183頁。生活保護法上の保護基準設定行為(生活保護8条1項)には、「憲法的価値や人権保障等の観点からの制約は当然にある」、といわれる(判時2145号4頁解説)。

[24] 佐藤・憲法368頁は、適用違憲につきこの点を指摘する(佐藤・憲法論658-659頁も参照)。中林・前掲注[19]28頁も参照。

[25] 佐藤・憲法論366頁、樋口ほか・注解Ⅱ153-154頁〔中村睦男〕。

禁止期間違憲訴訟(最大判平27・12・16民集69巻8号2427頁)などを直ちに生存権に援用しうるかは慎重な検討が必要であるが、例えば、(a)立法不作為によって最低生活保障が危殆化されていることが明白で、具体化措置の実施が憲法上必要不可欠かつ明白であるにもかかわらず、(b)国会が正当な理由なく長期にわたり立法行為を怠る場合には、生存権についても同様に解すべき場合がありえよう[26]。立法事実の厳密な検討で違憲判断を導き、これを国家賠償請求に繋げた、学生無年金障害者訴訟東京地裁判決(東京地判平16・3・24判時1852号3頁)の手法も注目される[27]。

【参考文献】
葛西まゆこ「司法による生存権保障と憲法訴訟」ジュリ1400号(2010年)110頁。
笠木映里「日本における社会保障法と憲法・司法審査」社会保障法研究9号(2019年)39頁。
遠藤美奈「生存権論の現況と展開」尾形健編『福祉権保障の現代的展開』(日本評論社、2018年)所収15頁。

(尾形　健　学習院大学教授)

[26] 遠藤比呂通『市民と憲法訴訟』(信山社、2007年)153-157頁は、在日コリアン高齢者無年金訴訟についてこの点を論じる。
[27] さしあたり、尾形健・判例プラクティス297頁参照。

22 法律と条例の関係

❶徳島市公安条例事件判決における違法性判断基準の内実は？
❷地方分権改革は学説にどのような影響を与えたか？
❸判例実務における判断枠組はどのように変容したか？

1 徳島市公安条例事件判決における違法性判断基準の内実は？

(1) 条例制定権をめぐる解釈問題

　条例制定権の限界・範囲をめぐっては、大別して、①条例が「法律の範囲内」(憲94条)か否かという問題と、②憲法典が法律形式による規律を要求している場合(財産権法定主義〔憲29条2項〕・罪刑法定主義〔憲31条〕・租税法律主義〔憲84条〕)の条例による規律の可否、という2つの論点が存在する。

　②については、条例制定権者たる地方議会の民主的正統性を根拠に、国の法令に違反しない限り、財産権規制・罪刑・租税について自主条例で定めることも憲法上許されるとする立場が通説となっている[1]。

　より難しいのは、①をめぐる解釈問題である。この点に関する指導的な判断基準を示したのが徳島市公安条例事件最高裁判決(最大判昭50・9・10刑集29巻8号489頁)で、実際、学生から受ける質問のポイントは、(a)同判決の論理構造をどう考えるべきか、(b)同判決と近年の判例の展開(後述)とをどのように整合的に理解すべきか、という二点に集約される。

　この点、学生が示す答案例には、上記判決に明示的に言及するか否かは別として、次のような構成を採用しているケースが多く見られる。すなわち、「法律と条例の関係については、憲法92条に定める『地方自治の本旨』の趣旨に鑑み、また憲法94条に地方公共団体の条例制定権が定められていることに鑑みて、徳島市公安条例事件最高裁判決が示した判断枠組に依拠して検討すべきである」と。しかし問題は、同判決が採用しているとされる判断枠組の内実である。

---

[1] この点については、とくに横大道聡「条例制定権の拡大と憲法」新井誠ほか(編)『地域に学ぶ憲法演習』(日本評論社、2011年)184頁以下を参照。なお、有力な異論として、宇賀克也「法定外普通税条例の適法性」法教356号(2010年)32頁も参照。

(2) 国法先占論（法律先占論）

上記最高裁判決（および第一次地方分権改革後の地方自治法〔以下「地自」とする〕1条の2第2項等）は、従来の学説・実務の主流であった国法先占論を否定する趣旨であるとされる。国法先占論とは、オーソドックスな形では、「国の法令が明示的または黙示的に先占している事項については、法律の明文の委任がない限り、条例を制定することができない」とする議論であり、(a)条例の規定が国の法令の明文規定に違反する場合だけでなく、(b)法令の趣旨・目的からみて、条例の規定が国の法令の先占領域を侵す場合にも、法令違反（地自14条1項）とされた。

これを要するに、国の法令の文言・趣旨に着目して両者の関係を判断しようとするものであって、条例制定権の範囲はもっぱら、国の立法政策に委ねられていたのである。したがって、たとえ地方的規律が必要な事柄であっても、その必要性について国レベルの立法者がどう考えたかが決定的なのであって、立法者が全国一律の緩やかな規制でよいと判断していれば、条例で地方の実情に応じた規制を加えることは許されない、ということになる。

それでは、徳島市公安条例事件最高裁判決は、いかなる意味でこの法律先占論を克服したのだろうか。

(3) 徳島市公安条例事件判決の判断枠組における「法律先占論」

同判決によれば、「条例が国の法令に違反するかどうかは、両者の対象事項と規定文言を対比するのみでなく、それぞれの趣旨、目的、内容及び効果を比較し、両者の間に矛盾抵触があるかどうかによってこれを決しなければならない」とされ〔総論〕、例えば、

① 国の法令中に明文規律がない場合でも、その趣旨が、当該事項について如何なる規制も許さないという趣旨であれば、これを規制する条例は法令に違反する。反対に、

② 特定事項について国の法令と条例とが併存する場合であっても、

　　1.両者の目的が異なり、かつ、条例の適用により法令の目的・効果が何ら阻害されないとき、および、

　　2.両者の目的が同一であっても、国の法令が全国一律の規制をする趣旨でない場合には、両者の間に矛盾・抵触は存在しない。

①は、国の法令中に明文規律がないことの趣旨に着目して、条例の法令

適合性を判断しようとするものであり、要するに、国レベルの立法者の判断次第である。なお、許されない条例の例としてしばしば引き合いに出される旧姦通罪規定や「精神的自由の規制[2]」は、法令違反というより、地方公共団体の事務(地自14条1項、2条2項)の範囲外であるか、端的に憲法違反と考えるべきであろう[3]。

②1.は、国の法令の目的・効果に着目しつつ、それを何ら阻害してはならないと言うのであるから、これも要するに、国レベルの立法者の判断次第である。しかし、②2.のように、特定事項について同一目的で規律が併存している場合であっても、条例が法令に反しない場合があるというのであるから、いわんや、特定事項につき異なる目的で規律する条例の場合には、本来、国の法令に反しないと考えるべき余地が多くなるはずであろう[4]。

いずれにせよ、これらの判示内容は、地方の実情に応じた規律をするという条例制定権(憲94条)の趣旨には無頓着である。この部分が「法律先占論的である[5]」と評される所以であり、国の法令と条例との関係は、むしろ、憲法94条が条例制定権を認めたことの趣旨(＝地域独自の規律の尊重)を念頭に置いて、再検討すべきであろう。

この観点からみた場合、②2.には、地方的規律の必要性に一定の配慮を示す点で、ナショナル・ミニマム論などの学説の影響がうかがえ、「法令の趣旨解釈によって法律先占論を緩和するもの」と評しうる一面があることは確かである。もっとも、②2.は、「国の法令が全国一律の規制をする趣旨」であるか否かを国の立法者意思に着目して判断するというのであるから、ここでもまた、決定的なのは国レベルの立法者の政策判断であり、その意味で、国法先占論の軛から脱したとは言い難い[6]。

---

[2] 佐藤功『憲法(下)〔新版〕』(有斐閣、1984年)1230頁の意味におけるもの。

[3] 尾吹善人『日本憲法——学説と判例』(木鐸社、1990年)297頁。

[4] 松本英昭『新版・逐条地方自治法〔第5次改訂版〕』(学陽書房、2009年)164頁。人見剛「神奈川県臨時企業税条例事件東京高裁判決について」自治総研393号(2011年)71頁以下の根本的な批判も参照。

[5] 市川正人『ケースメソッド憲法〔第2版〕』(日本評論社、2009年)262頁。

[6] 宍戸・憲法268頁、鈴木庸夫「条例論の新展開」自治研究86巻1号(2010年)66頁以下。

2　地方分権改革は学説にどのような影響を与えたか？

(1)　学説の形成と発展

　古典的な国法先占論によれば、法令の先占領域が拡大すればそれだけ、条例制定権(憲94条)の作動領域が縮減することになる。とくに問題とされたのは上乗せ条例(国の法令と同一目的・同一事項について高次・強度の規制を加える条例)で、例えば大気汚染防止法の排出規制基準よりも厳しい規制を条例で設けることは、同法違反であると解されていた。

　しかし、1960年代の公害問題の深刻化を反映して、国の公害規制法令よりも強度の排出基準を条例で定めたり(上乗せ条例)、国の法令が規制していない事項について排出基準を条例で定めたりすること(横出し条例)の可否が検討され、憲法92条・94条の趣旨に鑑みて、条例制定権の作動領域を拡張しようとする見解が有力化した。すなわち、公害規制における地域独自の規律の必要性(憲92条・94条)や、住民の生存権(憲25条)の確保を根拠にして、国の公害規制法令は全国的に適用される最低基準(ナショナル・ミニマム)を定めたに過ぎない、と考えられるようになってきたのである。

　ただし、これは国の公害規制法令に不備がある場合を念頭に置いたものであって、公害規制法令が常にナショナル・ミニマムを定めていると解しうるわけではない。実際、1968年の法制意見〔内閣法制局が示した法令解釈〕も、いわゆる水質二法による水質規制につき、国の法令が地域の実情を考慮した「必要かつ十分」な規制を置いていることを根拠に、条例の上乗せ規制が許されないことを指摘している。換言すれば、地域の実情が十分に考慮されていない場合であれば、条例による上乗せ規制も許容される、ということになる。

(2)　地方分権改革後の新条例論

　こういった点をも踏まえて、憲法92条・94条の観点から、規制限度法律(規制の最大限度を規律する法律)と最低基準法律(ナショナル・ミニマムを定める法律)とを区別し、後者の場合には上乗せ条例・横出し条例が許容されるとする見解が有力に主張されるようになった(兼子仁)。これはすなわち、立法者意思ではなく地域的規律の必要性(憲92条・94条)を基盤に据えて、法令と条例の関係を再検討すべきだという立場に他ならない。

　このような憲法解釈・理論を踏まえて、国会が憲法92条・94条の具体

化をはかったとされるのが、第一次地方分権改革における地方自治法の大幅改正である。

　すなわち、第一次地方分権改革により、地方自治の本旨(憲 92 条)の観点から、固と地方の対等・協力の関係が謳われ、条例に示される地方公共団体の意思を可能な限り尊重すべきことが法定されたが(地自 1 条の 2・2 条 11 項-13 項)、その基底には、地方自治体の条例制定権(憲 92 条・94 条)を重視する、上述のような憲法解釈・憲法理論が存在しているのである。

　以上を踏まえれば、上記最高裁判決にいう①「国の法令中に明文規律がない」ことの趣旨も、国の役割が限定されていること(憲 92 条・94 条、地自 1 条の 2 第 2 項)を踏まえて判断すべきことになるし、② 1. については、地方自治の本旨を踏まえた法令解釈・運用原則(同前、地自 2 条 12 項)に基づいて、条例の趣旨を尊重するような法令解釈が要求されることになる。② 2. についても、とくに自治事務に関しては地域特性への配慮原則(同前、地自 2 条 13 項)に着目しつつ、「条例による重複規制が特別の意義と効果を有し合理性があるか否か」を判断すべきこととなろう[7]。

3　判例実務における判断枠組はどのように変容したか？
(1)　企業税条例事件

　この点で注目されるのが、神奈川県臨時特例企業税事件判決[8] である。地方税たる法人事業税の課税については前年度以前の欠損金額が繰越控除されるため、単年度黒字の法人であっても、同県の行政サービスを享受しているにもかかわらず税負担を免れるものが出てきていた。そこで同県は、地方税法 4 条 3 項に基づく法定外普通税として、一定の法人の事業活動に対し、法人事業税において繰越控除される欠損金額に相当する所得の金額を課税標準として、税率を 2～3% とする臨時特例企業税を導入する条例を制定した。これに対して原告は、当該条例が法人事業税について欠損金額の繰越控除を定めた地方税法の規定を潜脱する等の理由により違法・無効であると主張して、納付済みの企業税の還付等を求めて提訴した。

　1 審判決は、企業税と法人事業税の趣旨・目的が表裏一体のものである

[7] 北村喜宣『分権改革と条例』(弘文堂、2004 年)75 頁以下。
[8] 横浜地判平 20・3・19 判時 2020 号 29 頁、東京高判平 22・2・25 判時 2074 号 32 頁、最一小判平 25・3・21 民集 67 巻 3 号 438 頁。

という前提のもとに、全国一律に適用されるべき法人事業税の課税標準の
規定の目的・効果が阻害される（＝企業税条例は違法・無効である）と判断し
たが、これに対して2審判決は、両税の趣旨・目的、ないしは両税の課税
対象・課税標準が異なることを根拠に、企業税が法人事業税にかかる繰越
控除規定の目的及び効果を阻害するとまでは言えない、と判示した。

(2)　判断枠組の修正とその射程

　2審判決の前提に立つ場合、すなわち両税の趣旨・目的が異なるという
前提に立つ場合、徳島市公安条例事件の定式を機械的に適用するなら、企
業税条例が適法・有効とされるのは、「条例の適用により法令の目的・効
果が何ら阻害されないとき」〔傍点稿者〕に限られるはずである。しかし
同判決は、徳島市公安条例事件判決の判断枠組に従うとしながらも、(a)複
数の制度間の趣旨・効果が減殺されることは不可避であること、および(b)
地方議会の民主的正統性を根拠に、「一方の目的や効果が他方によりその
重要な部分において否定されてしまう」か否かという独自の基準に置き換
え、加えて、「地方税について定める法律と条例の間に矛盾抵触があるか
どうかの判断においては、憲法の〔…〕趣旨〔92条・94条による課税自主権
の尊重〕にかなう解釈をすることが求められる」旨を指摘した。

　こういった判断枠組の修正が、先に見たような学説の形成・展開を踏ま
えたものであることは、疑いないであろう。

　ただし留意すべきは、本件条例が侵害規範たる性質を有していることで
ある。2審判決は、地方公共団体の課税自主権の確保という観点からのみ
検討を加えているが、地方税制の設計における立法裁量はいかにあるべき
か、本件条例による財産権制約——しかも欠損金の繰越控除を認める地方
税法の規定の適用を遮断することによる財産権制約——が基本権保障の観
点から許容されうるか、また条例の規制が「特別の意義と効果を有し合理
性がある」といい得るだけの充分な立法事実があったか、という点につい
ては、立ち入った判断を行っていない[9]。

　このことが教えるのは、少なくとも、法律と条例の関係を考察する際に
は、徳島市公安条例事件判決の定式を丸暗記しただけでは足らない、とい
うことである。上記の『総論』部分はあまりにも一般的であるので、すべ
てのケースについて引用可能であろうが、具体的な判断枠組としては抽象
的に過ぎる[10]（すべてを説明できるものは、結局何も説明できない）。ポイント

は、そのあとの「例示」部分——具体的な判断枠組を示した部分——であって、上述のようにこの部分を機械的に適用することが（今日の判例・学説の段階では）不可能である以上、条例制定権の限界をめぐる司法判断に際しては、①上述したような地域的規律の必要性（憲92条・94条の条例制定権の意義）に加えて、②規制領域の特質（自然保護、公害規制、税制など）、および③関連する基本権の性質・制約態様（生存権、財産権、営業の自由など）を考慮する必要がある、ということになろう[11]。

【参考文献】

斉藤誠「憲法と地方自治」法教243号（2000年）76頁。

同「条例制定権の限界」芝池義一＝小早川光郎＝宇賀克也（編）『行政法の争点〔第3版〕』（有斐閣、2004年）158頁。

北村喜宣「法律実施条例の法律抵触性判断基準・試論」自治総研453号（2016年）84頁。①条例の規定内容が法律と融合するタイプの法律実施条例と、②同じく法律の実施には関係するが、法律と直接の関係にはない並行条例とを区別し、徳島市公安条例事件判決の射程は②に限られる、とする。

（赤坂幸一　九州大学教授）

[9] この点、上告審判決では、「租税の賦課については国民の税負担全体の程度や国と地方の間ないし普通地方公共団体相互間の財源の配分等の観点からの調整が必要である」とし、それゆえ地方税の税目・課税客体・課税標準・税率などについては、「憲法上、租税法律主義（84条）の原則の下で、法律において地方自治の本旨を踏まえてその準則を定めることが予定されており、これらの事項について法律において準則が定められた場合には、普通地方公共団体の課税権は、これに従ってその範囲内で行使されなければならない」とされている。

　このように最高裁は、規制領域の特殊性、および租税法律主義という憲法上の考察を踏まえつつ、地方税法の法定普通税に関する規定は強行規定であって、「法定外普通税に関する条例において、同法の定める法定普通税についての強行規定に反する内容の定めを設けることによって当該規定の内容を実質的に変更すること」は、同法の規定の趣旨・目的に反し、その効果を阻害するものであって許されない、と判示したのである。

[10] 北村・後掲参考文献87頁は、徳島市公安条例事件上告審判決の示した基準は、「ほぼいかなる具体的帰結も導きうるほどに柔軟であ」ると指摘する。

[11] 市川・前掲注[5]書264頁以下、阿部泰隆『行政法解釈学』（有斐閣、2008年）290頁も同趣旨。

23 法律の概念、個別的法律

❶法律の実質的意味と形式的意味
❷必要的法律事項と任意的法律事項
❸個別的法律の問題性、合憲性判断の仕方

1 立法権の意味内容

(1) 「実質的意味の法律」という概念の必要性

憲法41条は国会を「国の唯一の立法機関」であると定める。つまり、国家レベルで立法権を行使できるのは国会のみである。では、立法権とは何か。法律を制定する権限である。では、法律とは何か。ここで通説は、立法権の内容を指示するために使用される「法律」概念は、そういう名称をもつ法規範という形式的基準で理解すべきではなく、内容によって実質的に定義されるものでなければならない、という。なぜなら、法律という名称をもつ規範の制定権を独占できるというだけでは、他の機関が別の名称で同種の規範を定立することを妨げられないからである。一定の内容の法規範(これを「法規」と呼ぶ。伝統的には、「国民の権利を制限し、義務を課す規範」とされてきた。)は、国会が法律として制定しなければならないということが、この条文の要請だということになる[1]。

この指摘は、憲法学界で磐石の定説のように扱われてきたが、考えてみるとかなり奇妙な話である。現実の法律の内容は極めて多種多様である。それらの法律を他の法規範との関係で特徴付けているのは、その内容ではなく、効力の優越性であろう。国法体系のうち、憲法に次ぐ効力を有する規範が法律であり、その法律を制定できるのは国会のみである、と解すれば、41条の規定は意味を失わない。「法律」という用語に、すでに命令等他の規範よりも効力において優越する法形式であるという意味が含まれているといえる以上(憲法は、国会以外の機関に法律に従うよう求めており(73条1号、76条3項、94条)、そのような意味を認めていると読みとれる)これは形式的意味による定義ということになるが、それを用いた41条解釈は実質的に非常に重要な意味を有する。

では、通説はどうして法律を内容から理解しようとするのか。ここで関

[1] 芦部・憲法285-286頁、野中ほか・憲法II 78-80頁〔高見勝利〕、など。

心の対象となっているのが、実は立法権ではなく行政権だからである。行政が法律に従わなければならないとしても、それだけでは、既存の法律がない分野では行政権の活動を制約することはできない。しかし、国民に深く関係する一定の分野では行政権がその権限をもつ者の判断のみに基づいて発動されることを防ぐ必要がある、との問題関心から、法律の根拠なしには行政が活動できない分野の規律を、実質的意味の法律として国会の権限に留保しようとするのである。これが、通説が41条解釈で目指してきた事柄である。

　君主の権限が強かった19世紀ドイツの立憲君主制下では、議会の同意が必要な法律によらなければ君主が行為できない領域を画することに、重要な法理論的・実践的意義があった。日本の通説は、この時代の問題関心を今日に至るまで、しかも法律概念にまつわる議論として、維持しているのである。しかし、そのドイツでは、議会制民主主義をとる今日、この種の議論が有益だとはみなされていない。現在のドイツの通説は、憲法解釈上、「法律」は形式的意味で理解しておけばよい、としている。行政の活動に法律の根拠が必要な分野については、法律による行政の内容として、別に考察するのである。

　日本でも、学説上も実務上も、原則としてどんなことについてでも法律を制定しうるとされている（例外について、後で考察する）。だとすれば、実質的意味の法律なるものを想定し、しかもそれを一定の内容を有する規範と限定して理解する必要は、ないというべきであろう。今日では、伝統的な法規概念では議会権限への留保領域が小さすぎるとして、法規を「一般的・抽象的法規範すべて」と理解する学説も有力だが、概念をこのように融通無碍に使うくらいなら、行政権の定義を控除説から法律執行説へと動かして問題解決を図る方がよいのではないか、というのが筆者の見解である。実際の関心事が行政権の制約にあるのであれば、行政権の話として語ればよいのではないか[2]。とはいえ、41条解釈において実質的意味の法律を持ち出すのは、今のところ上述のとおり通説であり、答案としてはこれに拠っておくのが無難ではあろう[3]。ただし、実質的意味の法律は形式的意味の法律として制定しなければならないということは、国会がそれ以外の内容を形式的意味の法律として規律することを排除する趣旨ではない、

［2］毛利透『統治構造の憲法論』（岩波書店、2014年）247頁。

ということには注意が必要である。

(2)　必要的法律事項と任意的法律事項

　これまで述べたのと同様の内容が、必要的法律事項と任意的法律事項という述語で議論されることもある。必要的法律事項という用語は、憲法が一定の内容を法律で定めるよう求めている場合(10条、17条、26条、27条2項、29条2項など)にも使用することができるが、ここではより広く、行政権の発動に法律の根拠が必要とされる領域を指して用いられている。つまり法律の留保事項と同義であり、法律を制定することが国会に義務づけられているという意味ではない。法律が「必要」なのは行政権にとってである[4]。任意的法律事項にいう「任意的」も、行政権発動にとって法律の根拠が必要でないという意味である(むろん、法律があればそれに従わなければならない)。国会としては、憲法で義務づけられていない限り、立法するか否かはすべての領域において任意に決定できるのである。

　伝統的な法規概念からすれば、必要的法律事項は、国民の権利を制約し義務を課する事項である。法律の留保論としてこれを分類すれば、侵害留保説ということになる。しかし、多くの学説は、日本国憲法下では、国民から直接選出された議員からなる国会の権限が行政権に対してより拡大すべきだと考え、必要的法律事項の拡張を図った。その究極の姿といえるのが、上述の「一般的・抽象的法規範すべて」が法規であると主張する説であり、こうなると「事項」的にはあらゆる事柄が法律の留保に服することになる。一方、今日のまた一つの有力学説といえるのがドイツの判例通説である本質性理論であり、これは侵害留保説を拡大して、権利侵害にいた

[3]　ただし、髙橋和之(『現代立憲主義の制度構想』〔有斐閣、2006年〕126-135頁)、松井茂記(松井・憲法158-159頁)、石川健治(新基本法コメ302頁)といった有力な研究者が「実質的意味の法律」概念を不要とする見解をとるにいたっており、実はこの評価はすでに揺らいでいるというべきかもしれない。本文でも示唆したが、比較法的にはもはや特異な解釈論である。

[4]　必要的法律事項についても、法律が命令に規律を委任することはできる(73条6号)。もちろん、この委任には内容的限界が存在し、白紙委任は許されない。日本では法律の留保と委任の限界は別々の問題として扱われているが、後述する本質性理論を採用するドイツでは、「議会が国の法規範の本質的内容を決めなければならない」という共通する要請に起因する概念として、関連させて論じられている。

らなくても重要な事項については、行政の独自の行動を許さず、議会が法律として規範を定立すべきである、とするものである。この説は、国民にとっての重要事項は議会での審議を経て決定される必要があるが、憲法で定められた機関であり議会に責任も負っている行政権者が、独自の判断で権限を行使することをまったく否定する必要はない、と解する。むろん重要性の判断は困難であるが[5]、一般論レベルではかなりの説得力を有するといえよう。

　以上述べてきたところからも分かるとおり、伝統的に法律概念に関して論じられてきたのは、国家と国民との関係における法律の守備範囲の問題であった。日本国憲法解釈として、これ以外に必要的法律事項か否かが問題となる領域として、行政組織編成がある。国家機関の組織をどのように定めるかにつき、憲法はいくつか条文をおいているが(43条2項、58条、66条1項、76条1項、77条、90条2項)、72条に出てくる「行政各部」の組織決定権者については規定していない。行政権の内部組織権は、明治憲法下では天皇の大権事項とされていた(10条)。日本国憲法下では、この権限を誰が有すると考えるべきか。通説・実務は、この大権事項は必要的法律事項となったと解している。国家行政組織法3条2項は行政機関の設置を法律事項としているが、この説によれば、これは憲法上の要請を確認した規定だということになる。そのように解する理由としては、主に、国民に対して直接個別の権力行使を行う行政各部がどのように構成されるかは、国民の権利・義務と深い関連を有するから法律で定めるべきである、ということが挙げられる。

　しかし、このような理解に対しても、近時は有力な疑問が投げかけられている。行政組織の変更に法律改正が必要とされると、社会の変化に対する迅速な対応が困難になる。それよりは、内閣に対し自身に服する行政各部の編成権を認め、ただ国会が必要と認めた場合には法律によってそれを覆す規律をなす権限を認めるという理解、つまり行政組織編成を任意的法律事項とする解釈論の方が妥当なのではないかというのである。憲法は行政各部について、法律で定めるべきとの規定をあえて置かなかったのであるから、このような見解も十分成り立つであろう[6]。

---

[5] 法律の留保が特に問題となる給付行政でいえば、憲法上の生存権保障との関係の密接さや、給付の人的・金額的規模、政治的重要性などが判断要素となろう。

2 立法権の限界としての個別的法律

　では、任意的法律事項にも入らないような例外的事項は存在するのか。むろん、法律は憲法に反することはできないが、これは最高法規としての憲法の当然の要求である(98条)。学説上、それ以外に法律の規律対象から除外される特定の事項があるとは考えられていない。ただし、法律によって個別の適用対象について権利義務を変動させるような個別的法律が許されるのかどうかは、憲法でそれを禁じる明文規定がないにもかかわらず、議論の対象になってきた。逆にいうと、法律にとって一般性・抽象性が必要な要件として求められるのか、ということになる。

　なぜ法律は一般的・抽象的規範でなければならないという考えが強く主張されてきたのか。それは、そうしなければ立法権による恣意的権力行使が抑制できず、権力分立の意義を失わせる危険があるからである。法律が一般的な定めとされることによって、潜在的には国民すべてが適用対象に入ることになり、制定過程でそれを考慮に入れた国民各層の様々の利害が主張・調整され、内容の適切さがある程度は確保されることになる。また行政権や司法権は、そのように一般性を有して制定された規範を前提にして、それを具体的事案に即して適用すべきだということになり、権力分立が意義を有することになる。これに対し、個別の対象の権利義務が直接法律で規律されるとなると、法律の適用を恐れる必要のない多数者によって、適用対象者が正当な理由のない不利益を被る恐れが高くなる。個別的法律は、規範定立者がその適用も行うことを認めるのと同じであり、立法権による行政権や司法権の簒奪として、権力濫用の防止をねらう権力分立に反すると評価することもできよう。

　しかし、この法律への一般性・抽象性要請は、理念的にも国家と国民との関係において求められるものであり、それ以外の領域での法律、例えば行政組織法制には直接には当てはまらない。行政組織編成を必要的法律事項とする日本では、個別の省庁を設置する法律が多数存在するが、それら

---

[6] 行政組織編成権を立法事項との関係でどう位置づけるかについては、憲法学では詳しい議論は少ない。この問題を概観するには、村西良太『執政機関としての議会』(有斐閣、2011年)248-261頁が非常に有益である。なお、任意的法律事項説をとっても、行政組織全般について法律が規律している現状を前提にすると、その変更には法律が必要だという点では必要的法律事項説と差異はない。任意的法律事項説の現実的意味は、国会は自己の判断によって行政組織の包括的規律から撤退することができるということを示す点にある。

の合憲性を疑う必要はない。また、行政組織以外にも、国が強い関心を有する一定の事務を行わせるために特別に設立する法人について、多くの個別法が存在するが、それらも違憲とは考えられていない。

　では、国民との関係においては個別的法律は禁止されるという憲法解釈をとるべきか。社会国家が国民の現実の生活に細かく配慮すべきだとされ、法律の適用対象が細分化されると、現実的に求められる一般性・抽象性のレベルは低下せざるをえない。ただし、文字通り個別対象を明示して法律の規律対象とすることは、立法実務においても避けられており、これは個別的法律の合憲性が強く疑われていることによるのであろう。上記の理由からして、このような実務の扱いを是とすべきであろう。とはいえ、「一般性・抽象性」という要件の抽象性からして、立法権から排除できるのは明白な個別対象の規律にとどまり、形式的にでも一般的規律としての外観を伴っている場合には、この点での違憲判断は難しいように思われる。ただ、法律の適用対象を過去の事実によって限定し、論理的に特定の対象への適用しか想定できないというような場合には、一般性違反を主張できるであろう[7]。

　なお、個別的法律はその対象を差別的に扱うことになるから、平等原則との関連でも憲法問題が発生するが、この問題と制定された法律が立法権の枠を超えるものかどうかの問題とは一応別に考えるべきであろう。平等との関連では一定のカテゴリーを取り出して別に扱うことの合理性が問題となり、個別的法律との関係ではそれが法律に求められる一般性に抵触していないかが問題となっているからである[8]。

[7] 個別的法律の問題性については、オウム真理教による犯罪行為発覚の後に制定された「無差別大量殺人行為を行った団体の規制に関する法律」を念頭に置きつつ検討する、初宿正典「法律の一般性と個別的法律の問題」法学論叢146巻5・6号（2000年）26頁が、大変有益である。

[8] 仮に前注で挙げた法律が法律に求められる一般性の観点からは合憲といえるとしても、それが特定のカテゴリーに属する団体に対する差別を定めていないかどうかは別問題である。逆に、特定団体を名指しして別扱いする法律については、その別扱いにつき実質的に合理的理由が存在するといえる場合にも、法律の一般性に違反しているという批判をなすことはできる。

【参考文献】

高橋和之「立法・行政・司法の観念の再検討」同『現代立憲主義の制度構想』(2006 年)123-139 頁。

高田篤「法律事項」小山剛＝駒村圭吾(編)『論点探求　憲法〔第 2 版〕』(弘文堂、2013 年) 314-325 頁。

林知更「立憲主義と議会」安西文雄ほか『憲法学の現代的論点〔第 2 版〕』(有斐閣、2010 年) 115-147 頁。

（毛利　透　京都大学教授）

24 客観訴訟と司法権

❶「法律上の争訟」と「司法権」の概念上の関係はどうなっているのか？
❷司法権概念にとって事件性の要件はなぜ必要（不要）なのか？
❸「事件性の擬制ができる場合」とはどのようなものか？

1 「法律上の争訟」、「事件性」、「司法権」

　従来「司法権の限界」といわれる論点は、一見したところ法律上の争訟の要件を満たすような事案に対して、にもかかわらず司法権を及ぼさないことが認められる、あるいは要請されることがあるか、あるとしたら何ゆえか、という問題をめぐるものとして了解されてきた。統治行為論や部分社会論として扱われる問題がその典型例であり、本書でも後述の第26章で部分社会論が扱われる。これに対し、「客観訴訟と司法権」と題された本章が扱うのは、司法権、あるいは裁判所に対して与えることができる権限には限界があるのかという問題である。これも一種の司法権の限界論であるが、従来「司法権の限界」論として論じられてきた問題群とは一応区別して考察すべきである。

　客観訴訟ならぬ主観訴訟とは、裁判所法3条1項がいうところの「法律上の争訟」、つまり「当事者間の具体的な権利義務ないし法律関係の存否に関する紛争であって、かつ、それが法令の適用により終局的に解決することができるもの」[1]をいう。このように、当事者間で法律関係をめぐる具体的紛争が生じており、それが法の適用によって解決しうるものである場合には、その紛争解決は司法権の本来的権能に属するから、例外的場合を除いては（この例外性が従来「司法権の限界」として論じられてきた）、その権限を裁判所から奪うことはできない。

　ただし、この「法律上の争訟」という術語は、裁判所法という法律レベルの用語であることに注意が必要である。憲法が定める司法権概念の本質的内容を法律上の用語によって説明することは、規範レベルの上下関係からして適切とはいえない。「司法権とは、法律上の争訟を解決する権限のことをいう」というような答案は、少なくとも説明不十分である。「司法権とは『これこれ』を解決する権限であり、裁判所法3条1項が定める

[1] 最三小判昭56・4・7民集35巻3号443頁（板まんだら事件）。

『法律上の争訟』とは『これこれ』を意味するものと解される」という書き方をすべきであろう(ただし、後述のように、「これこれ」と「法律上の争訟」の関係をこのようにとらえない学説もある)。

　では、「これこれ」にあたる内容や如何。ここで学説が、司法権についての歴史的理解やアメリカ合衆国憲法が司法権の及ぶ対象として定めている cases や controversies という用語を参考にして主張しているのが、「事件性」の要件である。「事件性」とは、「紛争当事者間に法律関係に関する現実的・具体的な利害の対立が存在するということ」[2]を意味し、事件性が肯定される場合に法を適用してそれを解決する権能が司法権であるということになる。多数説は、この「事件性」の要件が法律上の概念である「法律上の争訟」の要件と重なると考え、これにより「法律上の争訟」、「事件性」、「司法権」という 3 つの概念は統一的に説明されることになる[3]。

2　客観訴訟の位置づけと事件性の要件
(1)　問題の位置づけ

　しかし、このような考え方からすると、裁判所法 3 条 1 項が「法律上の争訟」以外に裁判所に認める「その他法律において特に定める権限」を司法権との関係でどのように位置づけたらいいのか、という問題が残ることになる。この権限の主なものが客観訴訟である。現行法上の客観訴訟には、民衆訴訟(行訴 5 条)と機関訴訟(同 6 条)があり、いずれも「法律に定める場合において、法律に定める者に限り、提起することができる」(同 42 条)とされている。憲法との関係では、特に「自己の法律上の利益にかかわらない資格」で訴訟を提起することが許される(同 5 条)民衆訴訟が重要である。民衆訴訟の代表例である住民訴訟(自治 242 条の 2)や選挙無効訴訟(公

[2]　野中ほか・憲法 II 229 頁〔野中俊彦〕。
[3]　野中ほか・同、佐藤・憲法論 584-585 頁。厳密には、「事件性」の要件は「法律上の争訟」の内容である「法令の適用により終局的に解決することができる」という要件を含んでいないが、この点はあまり重視されていない。実際、法律関係についての争いの解決が法の適用によって図られるのは当然であり、また近代国家における国家権力による暴力独占の建前からして、物理的に裁判所による終局的解決が不可能な事案は存在しないはずである。注[1]で挙げた板まんだら事件も、法の適用が可能な範囲での解決が十分考えうる事案であり、最高裁の立場(本書 26「団体内部紛争と司法権」198 頁参照)は政教分離という別の憲法原理からの要請であったと解するべきであろう。

選 204 条)は、それぞれ政教分離と投票価値の不平等問題において、重要
判例を生み出してきたからである。

(2)　「事件性」擬制説

　まず、上述した「法律上の争訟」、「事件性」、「司法権」を統一的に捉え
る見解からしても、裁判所が司法権ならざる作用を行使することが禁止さ
れるわけではない。国会や内閣も、それぞれ立法権、行政権以外の権限を
多く行使している。裁判所から司法権を剥奪することは憲法上認められな
いが、法律によって裁判所に司法権以外の権限を与えること自体が特に憲
法上問題を提起するわけではない。しかし、法律によれば裁判所にどんな
権限を与えてもよい、という論者もまた存在しない。そこには限界がある
と解されている。このような立場をとる代表的論者が、佐藤幸治教授であ
る。

　佐藤教授は、司法権の独自性を「公平な第三者(裁判官)が、適正な手続
を基盤に、関係当事者の立証と法的推論に基づく弁論とに依拠して決定す
る」点に見出し、それには「具体的紛争の当事者がそれぞれ自己の権利・
義務をめぐって理を尽くして真剣に争う」ことを権限行使の前提にすえる
ことが適切であるとする。このような司法権観は、個別的権利義務の形成
について、当事者である国民各自が適切に参加した上で、第三者が政治と
は区別された法原理的決定を行うという点において、近代立憲主義に適合
的である。こうして佐藤教授は司法権の対象に事件性の要件を求め、裁判
所法にいう「法律上の争訟」とはこの事件性の要件を満たす事件のことで
あると解する。そして、裁判所に法律で司法権以外の権限を与えることは
許されるが、それは「法原理部門としての裁判所のあり方にふさわし」い
もの、具体的には法原理的決定になじみやすく、その決定に終局性が保障
されるものである必要がある、とする。現行法上の客観訴訟はこのような
性質を備えているので、裁判所に拡大的に与えられる権限として合憲であ
るということになる[4]。

　佐藤教授は、この「法原理的決定になじみやすい」という要件につき、
「『事件・争訟性』を擬制するだけの内実を備えていること、つまり、具体
的な国家の行為があり、裁判による決定になじみやすい紛争の形態を備え

---

[4] 佐藤・憲法論 583-588 頁。

ている」ことという説明を加えている[5]。上述した、憲法訴訟でよく使われる訴訟形態を例にとれば、地方自治体の個別の公金支出の適法性や実際に行われた選挙の有効性をめぐる事件では、紛争の対象としての国家行為がはっきり特定されており、さらにそれに強い利害関係を有する一定範囲の者（自治体の住民や選挙区の有権者）を特定することが可能である。こうした要素が、これらの訴訟を「法原理的決定になじみやすい」ものとしていると理解できよう。逆に、典型的な抽象的違憲審査など、この要件を満たさない権限を裁判所に与えることは、司法権を担う機関としての「裁判所特有の法形成機能」[6]に適合的ではなく、憲法上認められないことになる。

(3)　「事件性」広義理解説

　佐藤説に対し野坂泰司教授は、「法原理的決定」や「なじみやすい」という用語があいまいである、あるいは事件性が擬制できるというなら、なぜ最初から事件性があると言わずに「迂遠な議論」をするのか、と批判する。野坂教授自身は、アメリカには主観訴訟や客観訴訟という区別はないことからも、「事件性」要件を法律上の術語である「法律上の争訟」と同義に解する必要性はないとして、現行の客観訴訟のような訴訟類型には「事件性」を認めることができ、憲法上の「司法権」の行使と理解することができる、と論ずる[7]。野坂教授が現行の客観訴訟に事件性を認める理由は、上で佐藤説に関して述べたことと実質的には異ならないと思われるが、それで事件性を擬制できるというのではなく、「事件性」要件ありと正面から認める理由にする点で異なってくる。「事件性」と「法律上の争訟」は別々の概念であり、前者は後者よりも広義に解されることになるのである。これは、日本国憲法がアメリカ型の広い司法権概念を受け入れたという理解と、それと整合し難い伝統的な裁判所観を引き継ぐ実定法律上の概念との間にギャップが存在することを、正面から認識した上で、憲法の要請をそれとして明確に定式化しようという試みであると評価できる。

　野坂説によると、現行の客観訴訟以外にも、「事件性」が認められ、憲法上の「司法権」行使として裁判所が扱うべき事案が存在する可能性は否

---

［5］佐藤幸治『現代国家と司法権』（有斐閣、1988年）251頁。

［6］佐藤・憲法論584頁。

［7］野坂泰司「憲法と司法権」法教246号（2001年）42頁。野坂泰司『憲法基本判例を読み直す』（有斐閣、2011年）第2章も参照。

定できない。この点は、客観訴訟を法律による裁判所権限の拡張と捉える佐藤説との実質的相違である[8]。また、野坂説からは、現行の客観訴訟の廃止は、同一の事案を処理する他の訴訟形態が認められない限り違憲である、ということになる。なお、佐藤教授は、「法律上の争訟」が司法権の一部に過ぎないとすると、裁判所法という法律が憲法上の司法権の内実を縮減しているということになり、適切な解釈とはいえないと批判しているが[9]、野坂教授の立場からは、現行法が全体として「事件性」を有する事案についての裁判所の権限を認めていれば憲法違反とはならないのであって、「法律上の争訟」概念だけで憲法上の要請を担う必要はないと応じることになるのではないか。

(4) 「事件性」不要説

　これらの議論に対し、「事件性」の要件を司法権にとって不要とすることで問題の解決を図ろうとするのが、高橋和之教授である。高橋教授は、法の支配の制度化としての権力分立という枠組みの中で司法権を捉えれば、それは法律の制定＝立法、法律の執行＝行政に対して「法律の執行すなわち『行政』に際して生ずる争いを裁定する作用」と理解できるとする。そこから高橋教授は、司法権を「適法な提訴を待って、法律の解釈・適用に関する争いを、適切な手続の下に、終局的に解決する作用」と定義する。この定義の特徴は、司法権はその発動に提訴が必要だという意味で受動的な権力であることは認めつつ、「事件性」要件は必要ないと考えるところにある。司法権を定義する際に、作用の法的性質から考えれば、それが及ぶ対象の広がりを考慮に入れる必要はない、というのがその理由である。

　この立場からすれば、客観訴訟の許容性は「事件性」要件との関係では問題とならないが、しかし憲法問題が消失するわけではない。法律によって誰にでも提訴権を与えてよいのかという論点は残るからである。実体的権利の侵害を受けた者には、当然提訴権が認められる。では、法律で、実

---

[8] ただし、佐藤・憲法論588頁は、現行の客観訴訟中に主観訴訟と評価すべきものが含まれていることを認めている。佐藤教授も憲法上司法権に要請される「事件性」要件と法律上の概念である「法律上の争訟」がぴったり一致するとは考えていないわけで、野坂説との相違は程度問題にとどまるともいえる。

[9] 佐藤・憲法論588頁。

体的権利とは関係なく提訴権のみを与えることは憲法上許されるのか。高橋教授は、これも「まったく立法政策の問題」とするから、客観訴訟は当然認められるということになる。ただし、ここでの理由づけは、司法権概念ではなく、行政を法律の執行と理解することに求められている点には注意が必要である。行政と司法の権限分配を決するのは法律であると考えるから、法律による提訴権拡大に限界がなくても憲法上の問題は生じないのである[10]。

　高橋教授は、司法権にとっての事件性要件の必要性を指摘する佐藤説に対して、司法権が備えるべき純理性と事件性要件との関係が明確でない、司法権を当事者の参加する個別的法形成ととらえるのは、先例拘束性が存在する以上無理である、などと応対している[11]。

(5)　どう考えるべきか

　現行法上の客観訴訟の合憲性について、それを結論的に否定する論者はおらず、また判例がその合憲性について疑問を差し挟んだこともない[12]。したがって、現行法上の客観訴訟を違憲とする見解を立てることは、まったく勧められない。とはいえ、以上見てきたように、客観訴訟を合憲とする論理にはいくつかの筋があり、そこには各論者の「司法権」理解が反映されており、理論的には興味深い論点を形成している。

　現行法体系との整合性を考えるなら、佐藤教授の「事件性」擬制説が最もすぐれている。ただし、使いこなすには、「事件性を擬制できる」という独特の術語の意味をしっかり理解している必要があろう。日本の司法権がアメリカ型であるという理解から憲法論を一貫させるなら、野坂教授の「事件性」広義理解説が使いやすいだろう。高橋教授の「事件性」不要説

[10] 高橋和之『現代立憲主義の制度構想』(有斐閣、2006年)148-157頁、174-177頁。高橋教授は、提訴権拡大が国会の行政コントロール権と抵触しないかという論点も設定しているが、これは直接には、国家が国民に対して有する権限の分配についての議論である権力分立に関する問題ではない。

[11] 高橋・前掲注[10]177-182頁。佐藤教授は先例拘束性について、その具体的紛争との関連性、つまりは射程の柔軟性を指摘することで応対しているようである。佐藤・憲法論584頁。

[12] 野中俊彦「司法の観念についての覚書き」『21世紀の立憲主義』(杉原泰雄先生古稀記念論文集刊行会編、勁草書房、2000年)425、433頁。

は独自性が強いが、司法権の性格づけとして事件性より受動性を重視するというのは、ありうる理解であろう。ただし、司法が「争い」を解決する作用だとすると、立法者の提訴権付与にはやはり「争い」といえるだけの実質が必要とされるのではないか、という疑問は残る[13]。

【参考文献】

南野森「司法権の概念」安西文雄ほか『憲法学の現代的論点〔第2版〕』（有斐閣、2010年）169-190頁。

駒村圭吾「非司法作用と裁判所」法教326号（2007年）41-49頁。

土井真一「法律上の争訟と行政事件訴訟の類型」法教371号（2011年）79-90頁。

長谷部恭男「司法権の概念」同『憲法の円環』（岩波書店、2013年）223-233頁。

（毛利　透　京都大学教授）

---

[13] 高橋教授は、近著高橋和之『体系　憲法訴訟』（岩波書店、2017年）では、司法権定義から「争い」という要素を削除している。現行法上の非訟事件に「争い」とはいえないものが含まれていることを考慮しての見解変更である（48-49頁）。これにより、本文で述べた疑義は消え、司法権行使に現実の紛争は不要だとする姿勢がより純化された。しかし、現行法上の非訟をすべて憲法上の司法権概念に含めて考えることの妥当性が問題となろう。

25 憲法訴訟としての公法上の当事者訴訟(確認訴訟)

❶確認の利益はどのような場合に認められるのか?

❷法律上の争訟概念との関係は?

❸立法の違憲確認訴訟は許されるか?

はじめに

2004(平成16)年の行政事件訴訟法(行訴法)改正で「公法上の法律関係に関する確認の訴え」(行訴4条後段)が明文化されて以来、憲法上の権利の保護を求めるために確認の訴えが提起され、また、確認の訴えの中で憲法上の主張がされることが多くなっている。例えば、公立学校の教職員が提起した、卒業式・入学式等の式典において国歌を斉唱する義務がないことの確認の訴えでは、国歌斉唱を命ずる校長の職務命令の憲法19条違反が主張されているし(最一小判平24・2・9民集66巻2号183頁)、薬事法施行規則(厚生労働省令)の改正により医薬品の通信販売が禁止された事案で、インターネットにより医薬品販売業を営む者が提起した通信販売できる地位の確認の訴えでは、当該禁止の憲法22条1項違反が主張されている(東京地判平22・3・30判時2096号9頁、東京高判平24・4・26判タ1381号105頁。ただし、上告審〔最二小判平25・1・11民集67巻1号1頁〕では、委任命令の違法無効のみが判断された)。

それぞれの訴えの本案で展開される憲法上の主張の内容および方法については、本書の他の各章に譲ることにして、本章では、確認の訴えの訴訟要件を、憲法訴訟の観点から検討する。もっとも、訴えの中で憲法上の主張がされるのはさまざまな局面があると考えられるので(本書28〔200頁〕参照)、本章では、私人の法的地位や権利が国や地方公共団体によって危険や不安にさらされる場面を広く念頭に置いて解説し、必要に応じて憲法との関係で注意を要する点を指摘することにする。したがって、本章の論述の多くの部分は、憲法訴訟のみならず行政訴訟にも共通して妥当すると考えてよい。

1 確認の利益はどのような場合に認められるのか？

(1) 確認の利益とは

確認の訴えが適法と認められるには、原告の法的保護に値する地位ない
し権利に危険や不安が現に存在し、その危険や不安を除去するために原告・
被告間で訴訟物たる権利または法律関係の存否を判決により確定すること
が有効適切であること、すなわち確認の利益があることが必要である[1]。

どのような場合に確認の利益が認められるかについて、民事訴訟法学説
では、①即時確定の利益（紛争の成熟性）の存否、②確認訴訟によることの
適否（確認訴訟の補充性）、③確認対象の選択の適否などの観点に分けて検
討するのが通例である[2]。行訴法4条後段の確認の訴えの利益も、原則と
してこれと共通する要素を考慮して判断されることになる[3]。

(2) 即時確定の利益（紛争の成熟性）の存否

即時確定の利益とは、訴えにより判決を求めるその時点（口頭弁論終結
時）において、法律関係を確定することにより原告の法的地位ないし権利
に現実に生じている危険や不安を除去すべき現実的必要性のことであり、
紛争の成熟性とも呼ばれる。この要件は、①原告の地位・権利に対する危険
や不安がどういう場合に存在するか、および、②それはどの程度現実的・
具体的でなければならないかという2つの観点から分析することができる。

(i) 危険や不安の存在

選挙権や営業の自由など、原告が憲法上または法律上保護される地位な
いし権利を有しており、国や地方公共団体がそれを否定・制限する行為を
とった場合には、その地位・権利が危険や不安にさらされているといえる。
選挙権の制限が現実化するのは次回の選挙時であり、選挙前に選挙権侵害
が生じているとはいえないとしても、「選挙権は、これを行使することが
できなければ意味がないものといわざるを得ず、侵害を受けた後に争うこ
とによっては権利行使の実質を回復することができない性質のものである

---

[1] 山本弘ほか『民事訴訟法〔第3版〕』（有斐閣、2018年）78頁［長谷部由起子］など。以下、
　　逐一の引用は控えるが、必要に応じて各自の民事訴訟法の文献をも参照されたい。

[2] 被告選択の適否（被告適格）を確認の利益に含めることもあるが、本章では割愛する。

[3] 確認の利益を中心に、行訴法4条後段の確認の訴えに関する裁判例を網羅的に整理・検討
　　したものとして、村上裕章「公法上の確認訴訟の適法要件」阿部泰隆先生古稀記念『行政
　　法学の未来に向けて』（有斐閣、2012年）733頁以下が参考になる。

から」、選挙前に確認の訴えを提起する利益が認められる（最大判平17・9・14民集59巻7号2087頁〔在外国民選挙権訴訟〕）。

なお、除去すべき危険や不安が生じている地位・権利は法的な保護に値するものであれば足り、必ずしも憲法で保障されたものである必要はない。例えば、国歌斉唱義務の不存在確認訴訟において、判例は義務違反に対して教職員としての処遇上の不利益が生じることを確認の利益の根拠としており、思想・良心の自由などの憲法上の権利を確認の利益を基礎づけるために援用しているわけではない（前掲最一小判平24・2・9）。

逆に、憲法に根拠を有するように見えても、原告の主張する地位が主観的権利として保護されるもの[4]ではなく、単なる客観法の反射にすぎない場合には、法的保護が否定されることがある。例えば、政教分離規定（憲20条3項等）の趣旨については学説が分かれているが（本書17「政教分離」〔127頁〕参照）、人権説をとらない限り、首相の靖国神社参拝の違憲確認訴訟は法的保護に値する原告の地位を保護するものとはいえず、確認の利益を欠くことになろう（最二小判平18・6・23判時1940号122頁。宍戸・憲法120-122頁も参照）。

(ii) 危険や不安の現実性

憲法訴訟・行政訴訟として確認の訴えが提起されるケースでは、判決を求める時点では原告の地位・権利が被告の行為により観念的に影響を受けているのみで、実際の不利益がいまだ生じておらず、むしろ将来生じうる不利益を予防することに訴訟の目的があると見られるケースが少なくない。例えば、国や地方公共団体による私人の地位・権利の侵害は、単純化すると、法令による一般的規範の定立→通達などによる案件処理方針の統一化・具体化→行政指導などによる警告・予告→行政処分や刑罰による不利益の付科というプロセスを踏むことが多く、私人の地位・権利に対する危険や不安の程度は、プロセスが先に進めば進むほど具体的なものとなっていく。もっとも、最終的に不利益が実現した段階では、行政訴訟（抗告訴訟）や刑事訴訟で争うことができるから、確認訴訟の提起が有効なのは、それより前の段階で、これから生じる不利益を予防するためだということになる。

このようなケースで即時確定の利益が認められるためには、将来的に不

[4] その意味につき、安西ほか・論点236-239頁〔宍戸常寿〕。

利益を受けるおそれがあるという事情が、潜在的・抽象的な可能性として
ではなく、現実的・具体的に原告の地位・権利に危険や不安を生じさせて
いると評価できることが必要である。

　具体的な判断は個々の事案に即した検討が求められるが、次のような観
点を総合的に考慮することが必要であろう[5]。①原告の行動を規制する被
告の見解が職務命令や行政指導などにより確定的に示されているか。②こ
れに違反すると一定の不利益を受けるおそれがあることが、法令の仕組み
や過去の経緯、被告の見解などに照らしていえるか。③当該不利益を待っ
てから争うのでは実効的な権利保護が得られないか。行政法でよくある例
を挙げれば、法令違反に対する是正勧告のような行政指導につき、後に同
じ内容の是正命令が行政処分として予定されているような事案では、処分
を待ってそれを争えば足りるので、勧告の段階では即時確定の利益が認め
られないことが多いかもしれないが、勧告不服従に対する公表が予定され
ている事案では、いったん公表がされるとそれに対する救済は容易ではな
いから、勧告の段階で即時確定の利益を認めるべきであろう。

　法令により一般的に権利が制約されまたは義務が賦課される場合には[6]、
さらに、原告が現に当該法令の適用対象となっていること、または将来ほ
ぼ確実に適用対象となるべき事情が存在することを示す必要があると思わ
れる。なぜなら、法令は所定の要件を充たした者に対し一律に適用される
ものであり、潜在的には当該要件を充たしうる者すべてが当該法令により
不利益を受けうるが、そのような潜在的な可能性だけで即時確定の利益を
認めてしまうと、法令の客観的な違憲・違法の確認請求を認めるに等しく
なるからである。

　例えば、潜在的には全国民が次回の国政選挙までに国外に移住する可能
性を否定できないため、公職選挙法が在外国民の選挙権を制限しているこ
との不利益は抽象的には全国民に及んでいる（及びうる）といえるけれども、
現に国外に居住しておらず移住の予定のない者には確認の利益は認められ
ないであろう[7]。また、省令の改正による医薬品のネット販売の禁止の効

　[5] 前掲最一小判平24・2・9が参考になる。中川丈久「行政訴訟としての「確認訴訟」の可
　　能性」民商130巻6号（2004年）976-997頁も参照。
　[6] 通達による法令解釈の変更も同様に考えることができるだろう。参照、最三小判昭43・
　　12・24民集22巻13号3147頁〔墓地埋葬法通達〕。前掲最一小判平24・2・9も参照。

果は、抽象的には全国民に及んでいると見ることができるとしても、現に
薬事法上の許可を受けて医薬品の販売業を営んでおらず、将来的にも営む
予定のない者は、その権利・地位に具体的な危険や不安を生じているとは
いえない（ただし、インターネットによる医薬品の購買者については別に考え
る必要がある）[8]。

(3)　確認訴訟によることの適否（確認訴訟の補充性）

　給付の訴えや形成の訴えが可能である場合に、その訴訟物となる給付請
求権や形成権の確認を求める利益は認められない。確認訴訟が他の訴訟に
対して補充的なものでなければならないという意味で、確認訴訟の補充性
と呼ばれる。

　ただし、給付の訴えが可能であっても、基本となる法律関係を確認する
ことによりそこから派生する紛争を予防することが期待できる場合には、
確認の利益が認められることもある。例えば、教育委員会規則および実施
要領により義務づけられた自己申告票の提出をしなかった教員は、そのこ
とに基づく給与上の不利益を回復するために昇給機会ごとに未払い給与の
支払いを求める給付訴訟を提起するよりも、自己申告票の提出義務の不存
在確認訴訟を提起するほうが給与上の不利益的地位を除去するために有効
適切といえるので、確認の利益が認められる（大阪地判平20・12・25判タ
1302号116頁）。

　また、行政処分の差止訴訟（行訴3条7項）の提起が可能な場合でも、処
分以外の不利益を防止するために確認の訴えが適法と認められる場合があ
る。例えば、校長の職務命令により国歌斉唱義務が課されたケースでは、
当該職務命令違反を理由とする懲戒処分の差止訴訟により防止しうるのは
地方公務員法・地方教育行政法に基づく行政処分としての懲戒処分のみで

[7] 前掲最大判平17・9・14は、現に国外に居住している日本国民につき、次回の国政選挙に
　　おいて「在外選挙人名簿に登録されていることに基づいて」投票できる地位の確認の訴え
　　の適法性を認めた。
[8] 前掲東京地判平22・3・30および前掲東京高判平24・4・26は、現に許可を受けてインタ
　　ーネットによる医薬品の通信販売を行っていた者につき、薬事法施行規則改正後も医薬品
　　の通信販売を行うことのできる権利（地位）の確認の訴えの適法性を認めた。前掲最二小判
　　平25・1・11は、訴えの適法性については取り立てて論ずることなく本案判断を行ってい
　　る。

あり、国歌斉唱をしなかったことから派生する行政処分以外の処遇上の不利益(研修の受講を命じられたり、定年退職後の再雇用を拒否されたり)を防止することはできない。したがって、国歌斉唱義務という基本的法律関係の不存在を確認することが、そこから派生しうる行政処分以外の不利益を予防するために有効適切といえる場合には、確認訴訟の提起は適法である(前掲最一小判平24・2・9[9])。

(4) 確認対象の選択の適否

　民事訴訟においては、確認の対象は現在の権利または法律関係でなければならず、①事実または過去の法律関係の確認は許されない、②相手方の権利の消極的確認ではなく自己の権利の積極的確認を求めなければならない、というのが原則であるところ、原告の地位・権利に対する危険や不安を除去するのに必要かつ有効適切である場合には、①②の例外も認められると説かれている。この要件は、憲法訴訟・行政訴訟ではどのように現れるのだろうか。

　まず、②についていえば、行政訴訟では地位・権利の存在確認(積極的確認)のみならず、義務の不存在確認(消極的確認)も柔軟に認められる傾向にある[10]。原告の地位・権利に対する危険や不安の原因が、国や地方公共団体による一方的な義務の賦課にある場合には、あえて積極的確認を求めなければならないとする理由はなく、支持すべきである。

　次に、①については、地位・権利・義務などの法律関係の確認のみならず、国や地方公共団体の行った行為(行政指導や通達の発出など、通常は取消訴訟の対象にならないもの)の違法の確認を求めることが可能かという形で問題となる。確認の利益が認められる限りそのような訴えも排除されな

---

[9] 同最判の原々審である東京地判平18・9・21判時1952号44頁は、処分以外にどのような処遇上の不利益が生じうるかを具体的に説示している。また、同最判は、懲戒処分の差止訴訟の訴訟要件についても先例性の高い判示をしているので、あわせて参照されたい。なお、行政処分の予防を目的として、その前提となる公的義務の不存在確認訴訟が提起された場合には、当該訴訟は無名抗告訴訟に当たり、差止めの訴えの訴訟要件(行訴法3条7項・37条の4第1項)を満たさなければならない(最一小判令元・7・22民集73巻3号245頁)。

[10] 裁判例については、野口貴公美「当事者訴訟の利用の可能性」法教360号(2010年)31頁以下参照。

いとする見解が有力であり、一般論としては確かにそのようにいえるかも
しれない。しかし、地位・権利・義務の確認訴訟との優劣関係を考えると、
行為の違法確認の訴えの利益が肯定される場面は、それほど多くないよう
に思われる。その理由は次のとおりである。

　一般に、確認の訴えの利益が認められるのは、自己の地位・権利に対す
る危険や不安を除去するためである。行為の違法が問題となる場合であっ
ても、その行為が自己の地位・権利に危険や不安を与えており、それを除
去する限りにおいて確認の利益が認められることになる。そのような場合
には、行為の違法の確認請求は、その行為によって危険や不安が生じてい
る自己の地位・権利の確認請求や、危険・不安の原因たる義務の不存在確
認請求に置き換えることができる場合がほとんどであろう。そのような場
合には、確認の対象としてあえて行為の違法を持ち出す必要はなく、地
位・権利・義務などの当事者間の主観的な法律関係により訴訟物を特定す
るのが適当であり[11]、それがまた有効適切といえることが多いように思わ
れる。例えば、入学式・卒業式などの式典ごとに国歌斉唱を命じる職務命
令がくり返されている場合には、各職務命令の違法確認をその都度求める
よりは、式典において国歌斉唱をする義務がないことの確認を求めたほう
が、紛争解決としては直截的であろう(前掲最一小判平24・2・9のケース)。

　また、仮に行為の違法を確認の対象とする以外に方法がなく、自己の地
位・権利・義務の確認の形で請求が表現できない場合であっても、当該行
為の客観的な違法確認を求めるのではなく、当該行為が自己の地位・権利
を侵害する限度での確認請求にとどめる必要がある。原告の地位・権利と
無関係に提起される訴えは、法律上の争訟性(具体的事件性)や確認の利益
(即時確定の利益)を欠くからである(**2**)。これに関連して、立法の違憲確
認訴訟が許されるかという問題があるが、後述する(**3**)。

---

[11] 前掲最大判平17・9・14が、公職選挙法の違法確認請求よりも、投票できる地位の確認
　　請求のほうをより適切な訴えと認めたのは、この観点から理解できる(なお、**3** も参照)。
　　ただし、裁判官としては、行為の違法確認の形で確認の対象が構成されていたとしても、
　　そのことのみを理由に不適法却下とすべきではなく、可能ならば地位・権利の確認請求と
　　して請求の趣旨を善解すべきであるし、原告の地位・権利に生じている危険・不安の内容
　　が不明であれば釈明を求めるべきである。

2　法律上の争訟概念との関係は？

　確認の訴えが裁判所に取り上げられて本案判決を得るためには、当該訴えが客観訴訟として法定されている場合を除き、法律上の争訟(①当事者間の具体的な権利義務ないし法律関係の存否に関する紛争であって、②それが法令の適用により終局的に解決することができるもの)に該当しなければならない(詳しくは本書24「客観訴訟と司法権」〔180頁〕・26「団体内部紛争と司法権」〔198頁〕を参照)。これは、司法権の範囲ないし内在的制約にかかわる問題であるから、論理的には、当該訴えに係る請求ないし紛争がそれ自体としては司法権の範囲に含まれることを前提として判断される確認の利益に先行する訴訟要件である[12]。

　このうち、②の要素(法令による解決可能性)は、請求ないし紛争が法を基準とする解決になじむかという観点から考慮されるものであり、原告の地位・権利とのかかわりを直接問うものではないため、確認の利益から独立した意味をもつ。それに対し、①の要素(具体的事件性)は、請求ないし紛争が原告の地位・権利とどのようにかかわるかという観点を含むので[13]、確認の利益(特に即時確定の利益)との区別が微妙になってくる。

　両概念の使い分けについては、学説上定まった見解があるわけではないが、さしあたり次のように考えるのが落ち着きがよいのではないだろうか。すなわち、請求の趣旨または請求原因の記載から外形的に判断して、いかなる者の地位・権利とも定型的にかかわりをもちえないような訴え(例えば警察予備隊設置の違憲確認訴訟)であれば法律上の争訟性(具体的事件性)なし[14]、請求の趣旨または請求原因の記載からは誰かの地位・権利とのかかわりが読みとれるが、当該原告については現実的な危険や不安が生じているとはいえない場合には確認の利益(即時確定の利益)なしとして整理するのである[15]。逆に、確認の利益が存在すれば具体的事件性も当然に肯定してよいであろう[16]。

---

[12]伊藤眞『民事訴訟法〔第6版〕』(有斐閣、2018年)174-175頁。亘理格「法律上の争訟と司法権の範囲」磯部力ほか編『行政法の新構想Ⅲ』(有斐閣、2008年)5-11頁も参照。

[13]土井真一「法律上の争訟と行政事件訴訟の類型」法教371号(2011年)80-81頁。

[14]「ゲートキーパー役」としての法律上の争訟(中川丈久「国・地方公共団体が提起する訴訟」法教375号〔2011年〕108頁)。

3　立法の違憲確認訴訟は許されるか？

　原告の地位・権利とはおよそ無関係に、ある立法(作為・不作為)の客観的違憲性の確認を求める訴えは、法律上の争訟性(具体的事件性)を欠くため不適法といわざるをえない。それでは、ある立法が原告の憲法上の地位・権利を侵害する点で違憲であることの確認を求める訴えはどうだろうか。こうした訴えであれば、当事者間の権利義務ないし法律関係の存否に関する紛争でないとはいえず、確認の利益が肯定されるならば、適法と認める余地がある。

　このような訴えは、憲法上一定の権利が保障されているにもかかわらず、その具体的内容や行使方法の定めが法律に委ねられており(選挙権〔憲44条・47条〕、最高裁裁判官国民審査権〔同79条4項〕など)、立法者がその行使を可能にするために必要な立法措置を適切にとっていない場合(立法不作為の場合)に効用を発揮しうる[17]。権利行使のために立法者による制度形成が必要なケースでは、立法の違憲確認訴訟のほうが、立法裁量を尊重しつつ違憲状態の是正を立法者に促すことができるため、地位・権利の確認訴訟よりもかえって権力分立原理に適合的であるとする見解も有力である[18]。もっとも、具体的にどのようなケースで立法(不作為)の違憲確認訴訟が適法と認められるかは、検討の余地がある。

　まず、**1**(4)で述べたとおり、地位・権利・義務の確認の訴えの利益が認められる限り、立法の違憲確認訴訟は許されないと解すべきではないか。例えば、前掲最大判平17・9・14の事案では、公職選挙法の附則の規定のうち、在外国民の(小)選挙区における選挙権行使を制限する部分を違憲無効とすれば、残部の有効な規定から、在外選挙人名簿に登録されているこ

---

[15] 前掲最大判平17・9・14の原審である東京高判平12・11・8判タ1088号133頁は、選挙権確認の訴えについて「当事者間の具体的な権利義務ないし法律関係の存否に関する紛争ではなく……「法律上の争訟」に該当しないことは明らかである」と判示しているが、これは即時確定の利益を否定したものと見ることもできる(山本隆司『判例から探究する行政法』〔有斐閣、2012年〕488-489頁)。

[16] 前掲最大判平17・9・14は、投票できる地位の確認の利益を肯定したうえで、特に理由を述べずに「なお、この訴えが法律上の争訟に当たることは論をまたない」と判示している。同判決における法律上の争訟の捉え方については、野坂・基本判例272-276頁も参照。

[17] 参照、興津征雄「違憲審査における確認訴訟の意義」法セ674号(2011年)23-24頁。

[18] 山本・前掲495頁。

とに基づいて投票できる地位を根拠づけることができたため、最高裁は、公職選挙法の違法確認請求よりも、投票できる地位の確認請求のほうをより適切な訴えと認めた。また、最大判平20・6・4民集62巻6号1367頁〔国籍法違憲訴訟〕の事案も、国籍法の規定のうち準正要件を定める部分を違憲無効とすることにより、残部の有効な規定から、非準正子である原告の日本国籍の取得を認めることができたため（ただしそのような扱いは法解釈の限界を超えるという反対意見が付されている。本書10「部分違憲」〔72頁〕参照）、国籍確認訴訟による救済が可能であった。いずれも、重ねて立法（不作為）の違憲確認訴訟を認める必要はなく、訴えの利益を欠くことになろう。

それに対し、違憲の主張が認められたとしても、原告の主張する地位・権利の行使を可能とするために新たな立法措置を必要とする場合には、同じように考えることはできない。例えば、最高裁判所裁判官国民審査法が、在外国民の国民審査の投票を認めていない点で違憲であると主張して訴えを提起する場合、違憲の主張が容れられても、すでに在外選挙制度が比例代表について法定されていた公職選挙法のケースとは異なり、国民審査法はもともと在外審査制度を設けておらず、法律に基づいて在外国民の国民審査の投票ができる地位を導き出すことは難しいかもしれない[19]。

そうだとすると、このような場合に、国民審査法が在外審査を認めていない点で違憲であることの確認訴訟が提起できるという見解がある[20]。このような確認訴訟が適法であるためには、原告が法的保護に値する地位を有するといえること、すなわち、憲法の規定が立法者に客観法上の義務を課しているにとどまらず、国民審査をしうることが憲法上主観的権利として保障されている必要がある（1(2)(i)参照）[21]。ただし、そのような訴訟は、いまだ判例が正面から認めるものではないため、可能なかぎり、地位・権利・義務の確認請求として構成するのがよいだろう（1(4)参照）[22]。

[19] だからといって、東京地判平23・4・26判時2136号13頁、東京地判令元・5・28判時2420号35頁のように、当該訴えは法令の適用によって終局的に解決できない紛争であり、法律上の争訟に当たらないとするのは、疑問である（宍戸・憲法288頁、松本哲治「判批」新・判例解説Watch 10号〔2012年〕12頁）。

[20] 山崎友也「在外邦人選挙権訴訟再考」論ジュリ29号（2019年）16頁。前掲東京地判平23・4・26もこれを示唆するが、前掲東京地判令元・5・28は不適法とする。

【参考文献】

宍戸常寿「憲法訴訟」山内敏弘編『新現代憲法入門〔第2版〕』（法律文化社、2009年）347頁以下。

棟居快行『憲法学の可能性』（信山社、2012年）第13章「「基本権訴訟」としての確認訴訟」
〔初出：公法研究71号（2009年）〕。

西貝小名都「在外日本人選挙権事件」木下昌彦ほか編『精読憲法判例——人権編』（弘文堂、
2018年）562頁以下。

【演習】

宍戸常寿『憲法　解釈論の応用と展開〔第2版〕』（日本評論社、2014年）281頁以下（特に設問
③）

（興津征雄　神戸大学教授）

[21] 実際にどのような場合にそのような権利が認められるかは、個々の人権条項に即した実体憲法の解釈問題となる。また、地位・権利・義務の確認の他にどのようなものが確認の対象となるか、どのような条件の下でどのような判決が書けるかは、司法の役割と限界を踏まえた多面的な考察が必要である。柔軟な対応を求めるものとして、杉原則彦「判解」最高裁判所判例解説民事篇平成17年度（下）673頁（注32）。その他、立法不作為により生存権侵害が生じている場合にどのような訴訟が提起できるかにつき、本書21「生存権保障」〔164頁〕参照。安西ほか・論点254-255頁〔宍戸常寿〕、木村・急所26-28頁も参照。

[22] 国民審査訴訟については、筆者は、国民審査法の解釈により、国民審査の投票ができる地位を導き出すことができると考えている（興津征雄「在外国民最高裁裁判官国民審査権訴訟　意見書」神戸法学雑誌69巻4号〔2020年〕1-37頁）。

[付記] 本書第3刷刊行後、前掲東京地判令元・5・28の上告審である最判令4・5・25民集76巻4号711頁が言い渡された。同判決は、地位確認訴訟の適法性を認めるとともに、立法不作為による権利制限が違法であることの確認訴訟を適法とし請求も容認した控訴審判決を維持した。同判決については、興津征雄「立法不作為の救済手段としての確認訴訟」ジュリ1576号（2022年）112-117頁参照。

26 団体内部紛争と司法権

❶法律上の争訟性が否定される場合と、肯定されるが審査範囲が限定される場合との違い
❷後者の場合、どのような審査をすべきか

1 2つの「部分社会論」

(1) 判例

　実質的意味での司法権に係る具体的事件・争訟性の要件にいう「具体的な争訟」とは裁判所法3条の「一切の法律上の争訟」と同じ意味であると理解され、「法律上の争訟」に当たらない紛争には司法審査は及ばないとされる（芦部・憲法338頁以下。佐藤・憲法論581頁以下も参照）。そして、団体内部の紛争が裁判所に持ち込まれる場合、しばしばその紛争が「法律上の争訟」に当たるのかどうかが問題とされる。

　冒頭に掲げた2つの問題を考える前に、そもそも団体内部紛争と司法審査との関係について判例と学説とでは考え方に違いがあるように思われることから、まず、両者をそれぞれ確認しておこう。

　団体内部紛争に関する判例の考え方は、一般に、「部分社会の法理」と呼ばれる。判例の部分社会の法理を完成させたのが、富山大学単位不認定事件（最三小判昭52・3・15民集31巻2号234頁）である[1]。この事件で最高裁は、法律上の係争の中には「事柄の性質上裁判所の司法審査の対象外におくのを適当とするもの」もあり、「一般市民社会の中にあつてこれとは別個に自律的な法規範を有する特殊な部分社会における法律上の係争のごときは、それが一般市民法秩序と直接の関係を有しない内部的な問題にとどまる限り、その自主的、自律的な解決に委ねるのを適当とし、裁判所の司法審査の対象にはならない」という考え方を示した。そして、地方議会の懲罰に関する最大判昭35・10・19民集14巻12号2633頁も部分社会の法理を形成した判例として位置付けられ、部分社会の法理は、政党の除名処分に関する共産党袴田事件（最三小判昭63・12・20判時1307号113頁）にも影響を与えている。

　ところで、「法律上の争訟」とは、①「当事者間の具体的な権利義務または法律関係の存否（刑罰権の存否を含む）に関する紛争」であって、②

[1] 部分社会の法理の形成について、田近肇・百選Ⅱ394頁を参照。

「法律の適用により終局的に解決することができるもの」であるとされる。部分社会の法理が法律上の争訟に関するこの要件とどう関係するのかについて、「権利義務関係または法律関係」とは一般市民法秩序にかかわるものだということなのか(①要件の欠如)、それとも、部分社会内部の紛争は「事柄の性質上」法律の適用によっては終局的に解決できないということなのか(②要件の欠如)が必ずしも明確ではないという指摘があるものの[2]、判例は、部分社会の法理を法律上の争訟性の有無の問題(司法権の範囲ないし内在的制約の問題)と考えてきたように見受けられる[3]。

(2)　学説

これに対し、多くの学説は、この問題を司法権の限界ないしは外在的制約の問題として位置付けてきた[4]。ここでいう「司法権の外在的制約」とは、「事柄の性格からすると、法律上の争訟といえるはずなのに、さまざまな理由から裁判所の審査権が及ばない」とするものだから、学説は、団体内部紛争もそれ自体としては法律上の争訟たりうると考えている点で、判例と大きく異なる。

さらに、司法審査が排除される根拠に関連して、学説は、次の2点を挙げて、判例の部分社会の法理を批判している(長谷部・憲法412頁)。第1に、「多様な中間団体についてそれぞれ司法権の介入が抑制される理由は異なるはずであり、それを一括して部分社会の法理を説くことは、問題の解明にさして資するものとはいえ」ず、第2に、部分社会内部の紛争が一律に司法審査の対象から除外されることに対して、「中間団体の自律性を尊重することは、その反面で、各団体内部の少数者の権利を裁判所は原則として保護しないということであり、……憲法を支える個人の尊重という理念と整合」しない、と。

そうしたところから、学説上、団体の内部的自治権に属する行為は原則

---

[2] 佐藤幸治『現代国家と司法権』(有斐閣、1988年)175頁。

[3] 現職の裁判官によるそのような整理として、安福達也「法律上の争訟性をめぐる裁判例と問題点〔上〕」判タ1334号28頁(2011年)を参照。また、学説上このような位置付けをするものとして、大石・憲法Ⅱ222頁を参照。

[4] 渋谷・憲法652頁、高橋・憲法414頁、長谷部・憲法411頁など。ただし、佐藤・憲法論592頁以下は「いわゆる『限界』とされるものの中には、本来司法作用内に属するといえるか微妙なものも含まれている」という留保を付ける。

として自律的な解決に委ねられるべきだとしても、その根拠は、判例のいうような部分社会の法理ではなく、「私的団体については基本的には憲法21条の『結社の自由』の保障、国公立の大学については憲法23条の『学問の自由（大学の自治）』の保障、地方議会については自律権」に求めるべきことが主張される[5]。そして、結社の自由も一定の内在的制約に服するから、団体の内部的な問題に裁判所が介入することが是認される場合があり、実体的・手続的にどこまで裁判所が介入しうるかについては、結社の目的、性格、機能、紛争の種類や程度を考慮して、個別具体的に判断されるべきだと説かれるのである[6]。

2　どのように考えたらよいか？

(1)　判例の部分社会の法理で考える

　さて、冒頭に掲げた問題に戻ると、ある団体内部紛争について法律上の争訟性が肯定されるかどうかは、そもそも、判例の部分社会の法理を前提とするのか、学説の考え方を前提とするのかによって違ってくる。そのどちらの考え方によるにせよ、答案の作成上、両者を混同した議論にならないよう気をつける必要があろう。

　判例の考え方を前提とする場合、冒頭の第1の問題、すなわち、どのような場合に法律上の争訟性が肯定されるかについては、紛争が「一般市民法秩序と直接の関係」を有するか否かが決定的である。いかなる場合であればこの基準を満たすのかは直ちには明らかではないが、下級審の裁判例も含めて網羅的に分析した論考は、次のような整理をしている[7]。①団体内部における処分の当否やこれに関する団体内部での地位の有無等を直接問題とする訴訟（例えば、地方議会による議員の出席停止処分の当否をめぐる紛争）においては、一般市民法秩序と直接の関係を有するとはいえないとされることが多い。しかし、当該団体の性質上、団体内部での地位や処分のあり方が構成員の経済生活等に直接影響を及ぼす場合（例えば、弁護士会や司法書士会など業務を行うに当たって参加が求められる団体の内部紛争）には、

---

[5] 佐藤幸治「部分社会と司法審査」別冊法学教室『憲法の基本判例〔第2版〕』（有斐閣、1996年）203頁。

[6] 佐藤・前掲注[2]178頁。また、佐藤・憲法論595頁も参照。

[7] 安福・前掲注[3]33頁以下参照。

一般市民法秩序と直接の関係を有することとなり、法律上の争訟に該当する場合がある。②団体内部での処分等が名誉や財産等に関する侵害となり、この点を権利侵害に対する賠償を求めるという形で請求する場合は、一般市民法秩序における権利利益の問題となるから、法律上の争訟に該当することとなる、と。

　ただし、法律上の争訟性が肯定されるとしても、当該団体の自律権を尊重するという観点から審査範囲が限定されることがある。冒頭の第二の問題は、このような場面にかかわる。この点、判例は、共産党袴田事件において、「一般市民法秩序と直接の関係」を有する処分が問題となる場合であっても、その処分は全面的に司法審査に服するわけではなく、その「処分の当否は、当該政党の自律的に定めた規範が公序良俗に反するなどの特段の事情のない限り右規範に照らし、右規範を有しないときは条理に基づき、適正な手続に則ってされたか否かによって決すべきであり、その審理も右の点に限られる」としたうえで、本訴請求は「司法審査の対象となることは言うまでもないが、……除名処分は、本来、政党の内部規律の問題としてその自治的措置に委ねられるべきものであるから、その当否については、適正な手続を履践したか否かの観点から審理判断されなければならない」と判示している。つまり、このような場合、裁判所のなしうる審査は、処分が団体自身の内部規範に則ってなされたか否かの審査に限られ、仮に審査範囲を広く考えるとしても、当該内部規範が公序良俗に反しないかという審査や、そのような内部規範がないときに処分が条理上適正な手続に則ってなされたかという審査にとどまるものとされるのである。

(2)　学説の外在的制約論で考える

　他方、学説の考え方によれば、団体内部紛争も法律上の争訟たりうるが、結社の自由や大学の自治、地方議会の自律権を尊重する必要がある場合には、司法審査には「制約」が課される。その「制約」によって司法審査の範囲がどこまで限定されるのかは、「個別具体的に判断されるべきもの」と説かれ、その判断のあり方は、学説上、必ずしも見解が一致していない。

　学説による「個別具体的な判断」の一例を示すと、まず、地方議会については、例えば「憲法上高度の自律権が保障される議院と地方議会とを同日に論ずることはできない」が、「地方公共団体を地方政府とみる立場からは、……政治部門の自律権の問題に準じて考えるべき」であるとして、

「除名には司法権が及ぶとしつつ、それ以外の懲罰には原則として及ばないとするのは、地方議会の自律権を考慮すれば、妥当」だと説かれる（佐藤・憲法論 594 頁）。ただし、これに対しては、地方議会の性格・機能をどう捉えるかの違いから、「地方議会が住民代表の地位を有することを考えると、すべての懲戒処分を司法審査の対象とすべきである」とする反対説も主張されている（渋谷・憲法 653 頁）。

富山大学単位不認定事件で問題となった国公立大学の内部紛争に関しては、例えば、単位認定行為等については「行為のもつ教育上の専門技術性に着目して、教育上の裁量問題と捉えるべきで」、「原則司法審査の対象とならないが、適正手続違反の外形上の瑕疵、平等原則違反という比較可能な瑕疵、比例原則違反の瑕疵は当然に司法審査の対象となる」と説く学説がみられる（渋谷・憲法 654 頁）。

政党の内部紛争について、判例が審査範囲を限定する理由として政党の「高度の公共性」を挙げていることをみたが、学説上は、「高度の公共性」をいうならむしろ、その組織や運営がある程度民主的であることを要求できるはずだと説く見解がある[8]。こうした考え方からすれば、政党内部の制裁処分についても、それが公正な手続に従ったか否かが司法審査の対象となるという見解も十分ありうるし、除名処分については実体審査も行うべきだという見解も成り立たないわけではない[9]。

3 宗教団体の内部紛争

宗教団体の内部紛争は、他の種類の団体の内部紛争の場合とは違った特殊な問題を提起する。つまり、法律上の争訟の体裁を備えた場合でも請求の前提問題として宗教上の争いがある場合、訴訟全体が法律上の争訟でなくなるとされることがある。

その代表的な事案として、板まんだら事件（最三小判昭 56・4・7 民集 35 巻 3 号 443 頁）を挙げることができる。本件における請求は錯誤に基づく寄付金の返還請求であって、一見「法律上の争訟」に該当するように見えるが、錯誤の有無の判断について宗教上の教義に関する争いを伴っていた。このような場合について、最高裁は、「具体的な権利義務ないし法律関係

[8] 例えば、大沢秀介「判批」法教 105 号（1989 年）88 頁。
[9] これらの見解については、渡辺康行・百選Ⅱ〔第 5 版〕418 頁の整理を参照。

に関する紛争の形式」をとっている場合でも、「信仰の対象の価値又は宗教上の教義に関する判断」が「本件訴訟の帰すうを左右する必要不可欠のものと認められ、……本件訴訟の争点及び当事者の主張立証も右の判断に関するものがその核心となっている」ときは、「その実質において法令の適用による終局的な解決の不可能なものであって、裁判所法3条にいう法律上の争訟にあたらない」と判示している。

　このような訴訟が法律上の争訟に当たらないことは、学説上も異論は見られない。問題はむしろ、なぜ宗教上の争いが前提問題となっているときには司法審査が及ばないのかである。この点、蓮華寺事件（最二小判平元・9・8判時1329号11頁）は、憲法20条を挙げて、次のように述べる。「宗教団体における宗教上の教義、信仰に関する事項については、憲法上国の干渉からの自由が保障されているのであるから、これらの事項については、裁判所は、その自由に介入すべきではなく、一切の審判権を有しないとともに、これらの事項にかかわる紛議については厳に中立を保つべきである」、と。

　しかし、先に見た学説の考え方からいくと、信教の自由や政教分離原則は、法律上の争訟性の問題というよりは、司法権の外在的制約の問題ということになる[10]。このような学説の考え方に従えば、請求の前提問題として宗教上の争いがある場合、①宗教問題の判断が事件の解決に必要不可欠な核心的なものである場合には、その訴訟はそもそも法律上の争訟ではないということになるが、②そうではない場合は、法律上の争訟ではあるが、信教の自由・政教分離原則ゆえに司法審査が限定される（場合によっては、手続審査はありうる）ということになろう。

【参考文献】

宍戸常寿『憲法　解釈論の応用と展開〔第2版〕』（日本評論社、2014年）270頁以下。

渋谷秀樹『日本国憲法の論じ方〔第2版〕』（有斐閣、2010年）407頁以下。

【演習】

山本龍彦「『板まんだら判決』再考」法セミ678号（2011年）74頁。

（田近　肇　近畿大学教授）

[10] 高橋・憲法414頁、山本龍彦「『板まんだら判決』再考」法セミ678号（2011年）74頁。

27 憲法論の文章の書き方の基本

❶憲法論で文章を書くとき、どういう点に気を付ければよいのか？
❷三段論法で書くとき、何を、どういう順番で論じればよいのか？

1 基本的な心構え

　みなさんの関心は、（究極には司法試験の）事例問題を解く際の「憲法論の文章の書き方の基本」だと思われる。まず、基本的な心構えを挙げてみたい。

　第1に、事例問題の解答で求められるのは、知識と事例の分析能力だということである。司法試験の目的は、「裁判官、検察官又は弁護士となろうとする者に必要な学識及びその応用能力を有するかどうかを判定すること」である（司法試験法1条）[1]。ありていにいえば、事例問題の解答は研究者の論文ではないのであるから、あなたの全人格をかけての信念や思想までが問われているわけではない。「司法試験は高尚な試験である」という意識を持っている真面目な学生さんほどそう思いがちなのであるが、そういう方には、少し肩の力を抜いて、学習した判例・通説の知識を適切に用いて、事例を分析して憲法論を組み立てることができればよいのだ、との割り切りも必要だろう[2]。

　第2は、問われていることに答えることである。「何を当たり前のことを」と怒られそうだが、学生さんの答案を見ていると、これができていない方が多い。司法試験の採点実感でも、「問題文をしっかり読んで、その内容を理解することが重要」（平成29年度[3]）だと説かれる。そのうえで、「マニュアル的、パターン的に準備してきたものをそのまま書くのではなく、なぜその点を論じる必要があるのかを事案に即して考え、準備してきたものの中から取捨選択して論じていくべき」（平成27年度）なのである。

---

[1] 近畿大学法科大学院の1期生で学習指導教員としてご指導をお願いしてきた矢倉良浩弁護士のご教示による。

[2] 逆に、要領よくこなしたい方に、このアドバイスは当てはまらない。そういう方は、文章を書く前に、判例・学説の内容と論理を真剣に考えて理解するよう心がけて欲しい。

[3] 以下、特に断らない限り、「平成○○年度」という記載はすべて当該年度の司法試験の採点実感を指す。

2　三段論法で書く

(1)　三段論法とは

　法的三段論法とは、「法規範を大前提、事実を小前提とし、法規範に事実をあてはめて判決が結論として導き出される」法適用過程のことであるが[4]、みなさんが答案の書き方として学ぶそれは、①問題提起をした後、②その問題を解決するための規範を明らかにし、③その規範を当該事案に当てはめて結論を導く、という論証のスタイルであろう。憲法論の文章もこのスタイルで書けばよい[5]。以下では、各部分につき、どのような点に注意してどのように書けばよいのかを順にみていきたい。

(2)　問題提起

　問題提起では、何が、憲法何条に，違反しているのかを明らかにすることが求められる[6]。ここで重要なことは、「何が」というのが法令なのか処分なのか、さらに法令であればその何条なのかを明らかにすることである。憲法の条文について、「条文は誤りなく示す必要がある」（平成27年度）、「条文の表記は大切に」（平成28年度）、「憲法の条項の正確な摘示……を心掛けてもらいたい」（平成30年度）との注意が頻出するが、憲法違反が問題となる法令についても、可能な限り条項を特定してほしい。例えば、「○○法△条が、憲法□□条＊項に違反しないかが問題となる」と書けばよい。

　そのうえで、なぜそれが問題となるのかを敷衍して説明することをお勧めしたい。自由権（防御権）であれば、①当該事案における当事者の具体的な自由・利益が、当該基本権で保障されていること、②当該自由・利益が、当該法令・処分により制限されていることを確認していくのである[7]。

　これは三段階審査論の最初の二段階、保護領域と制限に相当する論証であるが、審査基準論に立つ場合でもこれらに言及することは可能であり、かつ有益である（本書3「審査基準論と三段階審査」1(4)〔20頁〕参照）。これらに触れる（自明の場合には簡単に書けばよいが、意識する）意義としては、次のような点が挙げられる。まず、基本権の保障内容という基礎的な知識を答案上で示すことができる。また、難しい問題であれば当該事案で問題

---

[4]　佐藤幸治ほか『法律学入門〔補訂版〕』（有斐閣、2000年）232頁〔田中成明執筆〕。
[5]　同旨、基礎6頁〔田近肇執筆〕。
[6]　参照、基礎7頁〔田近肇執筆〕。

となる自由・利益がどの基本権の保護領域に入るのか自体が論点となる場合があるので、その点に気づき検討を行う契機となる。制限についても同様である。さらに、当該自由・利益がある基本権の保護領域に含まれ、それに対する制限が認められるから、その合憲性を審査する、という流れは文章としても自然であるので、次の規範定立に繋げやすいだろう。

(3) 規範定立

規範定立は、民法や刑法であるなら、当該事案に適用する条文を示し、必要ならばその解釈や用語の定義を示しながら(構成)要件を整理して挙げることになるのだろうが、憲法では、そのような形で用いる条文は少ない(憲法21条2項の「検閲」該当性は、数少ない例である)。憲法では、多くの場合、判例が示しまた学説が主張する合憲性の判断枠組み(あるいは審査基準)が規範に相当する[8]。

ここで決定的に重要なことは、その判断枠組み(審査基準)を立てる理由を、当該事案の類型と判例・学説とを切り結びながら丁寧に書くことである。判例の判断枠組みを用いるならば、参照判例を示して、当該判例と本件とで、侵害されている権利・利益の性質や、規制の目的・程度・態様が共通しているので、当該判例の射程が問題文中の事案にも及ぶということを論証すればよいだろう。学説の審査基準を用いる場合には、学説は判例

[7] 以下の本文の記述は、自由権を念頭において行う。これが平等や積極的権利であれば、書き方が異なってくる。平等であれば、「誰と誰との間での別異取扱いか」に加え、「どのような権利・利益についての別異取扱いか」をはじめに明らかにするとよい(参照、基礎46頁〔木下和朗執筆〕)。これに対し、積極的権利については、確立した書き方があるわけではない。抽象的には、憲法上要請される作為(給付)義務の不充足を述べることになるだろう。もっとも、積極的権利には「二重の未確定性」が認められるので(小山・作法117頁)、その程度が大きい場合には、上の叙述もフワっとしたものにならざるを得ない。これに対し、法律により権利が具体化されているなどの理由で作為義務の内容を明確に示すことができる場合には、それを丁寧に論証したうえで、作為義務の不充足を指摘するとよい。

[8] ここでは、一番基本的でかつ論証の中心となるであろう、「実質的観点」(小山・作法63頁以下)、「実質的正当化」(渡辺ほか・憲法I 73頁以下)の論証について説明する。問題によっては、この前に、「形式的観点」(小山・作法47頁以下)、「形式的正当化」(渡辺ほか・憲法I 69頁以下)、すなわち、法律の根拠があるか、命令が法律の委任の範囲内であるか、条例が法律と抵触していないか、法令が明確であるか、といった論点について検討をしなければならない。しかしその場合でも、基本的には三段論法で論じていけばよい。

を整理あるいは批判しつつ、権利の性質や重要性（例えば精神的自由権か経済的自由権か）、規制の目的や程度（例えば表現の自由であれば事前抑制か事後規制か、内容規制か内容中立規制か、職業選択の自由であれば狭義の職業選択の自由に対する規制か職業遂行の自由に対する規制か、消極目的規制か積極目的規制か、等々）に応じて審査基準を決定するべきだとしているので、これらの類型のどれに問題文中の事案が入るかを分析して、適切な審査基準を導くことになるだろう。「被侵害利益の性質や重要性、規制の程度等について問題文中の事実に即して具体的に検討して違憲審査基準を定立する」（平成28年度）ことが求められるのである（本書 1「違憲審査基準論の意味と考え方」**2**(2)〔4頁〕も参照)[9]。

(4) 当てはめ

　当てはめでは、上で定立した判断枠組み（審査基準）に照らして、問題となっている規制について、「法目的は何であるのか、その仕組みが目的達成のために本当に役に立つのか、役に立つとしてどの程度役立つのか」を具体的に書くことになる。ここでは、「問題文中から必要な事実を読み取って憲法的な視点から構成し、反対利益にも配慮しつつ理由を付して結論を導くことができて初めて説得力のある論述となる」とされる（以上、平成28年度）。どういうことなのか。第1に、問題文中の事実は、ただ単に羅列するのではダメで、そのうち、当該規制の目的が何であるか、また当該規制手段が目的達成にどの程度役立つのかを論じるために重要となる点を拾い上げ、それに対する自分の憲法的な評価を加えなければならない。第2に、反対利益に配慮することである。それは、いくつかの場面で示すことができる。ひとつは、当該規制の目的を検出する場面である（本書 2「違憲審査基準の適用の仕方」**3**〔12頁〕を参照）。そこでは、法律全体の一般的な目的（法律の第1条に掲げられることが多い）ではなく、問題となっている具体的な規制の目的を指摘するべきであるが、そのためには当該規制によって保護しようとしている法益、すなわち反対利益とは何かを考えて書

---

[9] 同旨の指摘は他の年の採点実感でもみられる。「被侵害利益を適切に示さないもの、違憲審査基準を示さないものが散見されるとともに、違憲審査基準を一応示していてもそれを採用する理由が十分でないものが一定程度見られたが、これらを十分に示すことが説得力のある答案の前提であり、より意識した論述を心掛けて欲しい」（平成29年度）。

かなければならない¹⁰。もうひとつは、目的を評価する際であれ、手段審査の中で利益衡量を行う際であれ、反対利益の重みを適切に評価することである。第3に、なぜ当該規制の目的が〈やむにやまれぬ利益／重要な利益／正当な利益〉である（ない）のか、なぜ当該規制手段が〈必要最小限度のものとして厳密に設定されている（いない）／より制限的でない他の選びうる手段では立法目的を達成できない（できる）／合理的関連性を有している（いない）〉のかについて、その結論だけでなく理由を述べなければならない。その理由は、当該規制の目的や、目的と手段との関連性についての自分自身の評価と重なってくるだろう。問題文中から重要な事実を拾い上げ、そこから目的・手段に関する自分の評価を反対利益にも配慮しながら行い、それらを理由づけとして、先に定立した審査基準に照らし合わせて結論を導くように論じるのである。

　なお、自らの立てた審査基準の厳格度と当てはめのやり方とは整合しなければならない¹¹。例えば、厳格審査基準を立てたのであれば、当該規制の目的が〈やむにやまれぬ利益〉か、規制手段が〈必要最小限度のものとして厳密に設定されている〉かを厳格に検討しなければならない。厳格さの感覚を身に着けるには、判例学習を地道に行うことをお勧めする。判例の具体的事案をよく頭に入れて、裁判官はどの事実をどのように評価しているのか、これに対し学説が批判しているならば、学説はどのような審査基準に照らして当該事案の目的・手段をどのように評価しているのかを理解しようと努めるのである。

[10]「具体的な検討において、立法目的の検討が不十分なものが多く見られた。妊娠を強制出国事由とすることの目的は、特労法第1条の目的を引用するにとどまるのではなく、それを具体化した、定住を認めない趣旨を徹底することが目的として検討されるべきである」（平成29年度）。

[11]「違憲審査基準として、いわゆるLRAの基準によるとしても、目的達成のために必要最小限度の制限のみ許されるとする基準を用いるのであれば、より制限的でない他の手段によっても本法の目的を達せられることについて、具体的かつ丁寧に論じる必要がある」（平成28年度）。「知る自由について、極めて厳格な違憲審査基準を立てながら、本事例を無理に当てはめて合憲の結論を導いている答案が見られたが、十分な論拠を挙げて論じられていないため、論理性や一貫性を欠いて説得力に乏しい答案と感じられた」（平成30年度）。

3　司法試験の答案の構成はどうすればよいのか

　憲法の答案の書き方といえば、司法試験で長らく続いた「主張・反論・私見型」の問題の書き方を知りたい人が多いだろう。しかし、もともと多様な書き方があり得るので、お手軽な論証の方法は教えられない。それでも、1で述べた2つの心構えと、毎年度の出題趣旨・採点実感を手がかりに、いくつかヒントを述べてみたい（本書28「当事者主張想定型の問題について」〔213頁〕も参照）。

　原告（被告人）の主張では、三段論法をフルに用いて違憲だという立論を行うべきであろう[12]。「原告の主張としても、理論と事実に関する一定の主張を記載することが求められており、したがって、……問題となる権利の特定と、その制約の合憲性に関する一定の論述をすることが期待されている」（平成29年度）からである。

　被告（検察官）の反論では、ポイントを、しかし端的な理由を付して書くことになる。平成27年度は「反論のポイントを簡潔に述べなさい」という独立した問いであったが、採点実感では「いかに『ポイントを簡潔に述べ』るとしても、反論である以上、……結論につながる積極的・直接的・根本的な理由を簡潔かつ端的に明示する必要がある」とされ、平成28、29年度は、設問の一部として「反論を想定しつつ」解答することを求められたが、平成28年度の採点実感によると、「反論については、仮に明示して論じるにしても簡にして要を得た記述にとどめ、あなた自身の見解が充実したものになることを期待したもの」で「従来の出題傾向と変わら」ず、「結論につながる積極的・直接的・根本的な理由（判断の骨組みとなる部分）まで端的に示す必要がある」とされていたからである。具体的には、原告の主張と議論が噛み合うかたちで書くべきだろう[13]。例えば、三段論法で書いた原告の主張のうち、ⓐ問題提起（被侵害利益がどの権利で保障されるのかしないのか、あるいは制限の有無）、ⓑ規範定立（どのような判断枠組み〔審査基準〕を定立するのか）、ⓒ当てはめ（問題文の具体的な事実をどのように評価するのか）のどの点に対する反論なのかを明確にすることを心掛けたらよい。

　私見は、主張と反論を「踏まえ」たものとされる。踏まえていればよい

---

[12]　同旨、基礎6頁〔田近肇執筆〕。

[13]　同旨、基礎11頁〔田近肇執筆〕。

ので、必ずしも第3の議論をする必要はない[14]。大事なのは、ここでも、主張・反論と噛み合わせた議論をすること、そして「理由を……記載すること」、「結論を導く過程で法的構成を事案に即して丁寧に論じること」(平成27年度)、「どのような判断枠組みの下、どのような事実関係に着目して、どのような結論を導いたのか」を明確にすること(平成28年度)である。例えば、被告の反論に乗る場合には、簡潔に書いた被告の反論がなぜ正しいのかを詳細に論じればよいだろう。被告の反論に再反論する場合には、被告の反論のどの部分がなぜ間違っていると考えるのかを丁寧に述べるべきだろう。原告の主張に乗るのであれば、なぜ被告の反論より原告の主張の方がすぐれているのかを書けばよいだろう。

これに対し、平成30年度、令和元年度と続いた「助言型」の場合、「期待されているのは、法律家としての自らの見解を十分に展開する中で、必要に応じて、自らの見解と異なる立場に触れる形で、論述をすることである」(平成30年度)。三段論法で自らの見解を一本通せばよいのである。そして、ⓐ問題提起、ⓑ規範定立、ⓒ当てはめそれぞれの段階で、自説と異なる見解が成立しうるときには、その異論を検討することになる。その場合、(ⓐⓑⓒそれぞれの部分の中で)［自説］→［異論］→［異論に対する再反論］という順番で論じることも、ヨリ簡単に、［異論］→［異論に対する反論と自説の提示］という順番で論じることもありえるだろう[15]。

4　判例・通説を踏まえることの重要性

最後に、どのような問題形式であっても重要なことは、判例・通説を踏まえた立論をすることである。**1**で述べた通り、司法試験で求められるのは、実務家に必要な「学識及びその応用能力」である。採点実感でも、司法試験は「憲法に関する基礎的理解や応用力を試す問題」で、採点の視点として「基礎的な法理の内容や規範構造に関する理解とそうした法理を応用する能力が備わっているか」が挙げられている(平成28年度)。ここでいう「基礎的理解」「基礎的な法理の内容や規範構造に関する理解」とは、

［14］同旨。基礎16頁〔田近肇執筆〕。

［15］筆者自身による具体的な実践例として、『司法試験の問題と解説2017』(日本評論社、2017年)10-17頁、『司法試験の問題と解説2018』(日本評論社、2018年)15-18頁、『司法試験の問題と解説2019』(日本評論社、2019年)10-17頁も参照。

判例・通説の理解に他ならないだろう。とりわけ「判断の枠組みの定立に当たっては、判例や学説をきちんと踏まえる必要がある」(平成27年度)。

それゆえ、違憲・合憲の結論を導くため判例・通説から外れた立論をすることは、やってはいけない。「当事者の主張とはいえ、明らかに採用の余地がない主張をするのは適切とはいえない」(平成27年度)、「判例・通説の立場からして、極端な、若しくは単純に過ぎる(したがって批判も容易な)主張を前提にして答案を構成するのは適当ではな［い］」(平成29年度)と繰り返し注意されているところである。

こういうと、「司法試験では応用能力も問われるのではないか」、「自分の頭で考えて書くことが大事なのではないか」と反駁される人がいるかもしれない。しかし、判例・通説の規範を用いるとしても、判例と全く同じ事案が出題されるわけではない以上、規範定立や当てはめを行う中で、初見の事案の分析・評価を的確に行い、それを三段論法によって筋の通った文章で表現できることそのものが、立派な応用能力である。もちろん、事案や論点によっては、判例・通説の規範をそのまま使えないこともあるだろう16。しかし、そのような場合でも、「判例や通説的見解と異なる見解を採用することは差し支えないが、少なくともそれらの存在を前提とした立論をすべき」(平成29年度)である。ただ自分の頭で考えたことを書くだけでは、下手をすれば「法曹としてのセンスを疑われる答案(例えば、「性犯罪者に対する人権規制に対しては概括的に緩やかな違憲審査で足る」と論じるもの)」(平成28年度)になってしまう。独自の立論をする際には、判例・通説を知っていることを答案の上で表現したうえで、なぜそれとは異なる主張を行うのか、具体的な事案に即した丁寧な論証を行ってほしい。

いずれにしろ、すぐれた文章を書くには、「基本的な事項の理解に努めること」(平成29年度)が不可欠である。判例や基本書を、その内容を理解しようと心掛けながら地道に読むことが、文章を書く基本となる。

---

[16] しかし、私見では、司法試験であっても、そのような場面は問題の一部であり、憲法が苦手な人は、そこはできなくてもよいと思う。判例・通説に沿った規範を定立すればよい場面で、本文で述べた点に注意して三段論法で丁寧かつ説得的な論証をすることができれば、十分、合格点がつくのではないか。

【参考文献】

岡山大学法科大学院公法系講座『憲法　事例問題起案の基礎』(岡山大学出版会、2018 年)第 1
　章、第 2 章。

井田良＝佐渡島沙織＝山野目章夫『法を学ぶ人の文章作法〔第 2 版〕』(有斐閣、2019 年)
　PART III。

（上田健介　近畿大学教授）

28 当事者主張想定型の問題について

❶主張できそうなものは全部主張するというのでよいか？（→2）
❷原告が厳格審査、被告が明白性の審査、自説が中間審査という論じ方はなぜだめなのか？
どうすればよいのか？（→3）

1　質問への回答の前提

(1)　司法試験の出題スタイル

司法試験（かつて「新」司法試験と呼ばれたものを含む。以下同じ。）の論文
式試験の公法系科目の第1問、すなわち実質的には憲法の論文式試験の出
題形式は、基本的に安定している。その中核は、「憲法上の主張」、「反論
を想定」、「主張に対するあなた自身の見解」である。一例として、平成
23年のものをみれば、「訴訟において、どのような憲法上の主張を行うか。
憲法上の問題ごとに、その主張内容を書きなさい」（設問1）、「設問1にお
ける憲法上の主張に関するあなた自身の見解を、被告側の反論を想定しつ
つ、述べなさい」（設問2）とある。

なお、子細にみれば、年度によって、訴訟形式を問う場合もある。明示
的には平成23年がまさにそうであるし、平成18年もそうであった。平成
22年についても、設問は「主張」としかきいていないが、立法行為に対
する国家賠償責任の追及を念頭に置くのであれば、訴訟形式に応じた認容
要件の検討が必要になるという意味では、訴訟形式についての意識が黙示
的に要求されていたといいうる。

また、実質的に大問が2問になる場合が例外的にある。明示的には、平
成21年がそうであるし、平成22年も、生存権の部分と選挙権の部分は実
質的には独立の設問とも捉えうる。

(2)　「どう答えたらよいのか」という疑問の性格

ここではまず、質問のような「どのように答案を書けばよいのであろう
か」という問の性格を確定しておこう。こんな風に述べると、なんだか学
問的な作業のようであるが、今から述べるように、そんなことは全くない。
というのは、主張・反論・見解という出題形式から、論理必然的にその解
答形式・内容が決まりうるとは、考えられないからである。どの程度判例
に依拠して主張すべきなのか、反論をどの程度詳しく書くべきなのか、と

いったことは、この形式だけからは決まらないのである。

　したがって、本来、それらの解答形式・内容も採点の対象とするのであれば（そのこと自体は当然であろう）、形式や内容が特定されるだけの情報が、問題文中に与えられていてしかるべきではないかとも考えられる。しかし、それは与えられてはいない。だからこそ、本件のような企画と本稿が求められる訳である。

　しかし、その種の情報は、実は、毎年司法試験委員会から公表される「論文式試験出題の趣旨」（以下「H○出」という）および「採点実感等に関する意見」（以下「H○実」という）においてふんだんに与えられている。それらの記載事項の全てが事後的公表でよいのか、また、それらの内容が適切かということは、別途検証される必要があるが、本稿はそのような場ではないので、問題の性格が以上のような意味で論理必然的な回答を可能とするものではない以上、極めて「法実証主義的」に、公表されている上記資料の中で、出題委員が考えているところの内容と形式を確認しつつ、筆者なりに敷衍するということにしたい。

2　主張できそうなものは全部主張するというのでよいか？
(1)　出題者が求めていること

　「憲法違反の主張においては、あらゆる違反の可能性を主張するというよりも、違憲となる可能性の高い問題は何かを事例に照らして十分に検討した上で、説得的に主張することが期待される」（H18出）。あるいは、「求められていることは……問題点をすべて挙げることではない。試験時間の制約の中で、重要度を自分で判断して重要であると思う（その判断の妥当性は問われるが。）複数の問題について、説得力のある主張を展開することが求められている」。以下、毎年繰り返される類似の記述は必ずしも網羅的に引用しないので注意されたい。

　関連して、次のような記述も重要である。「弁護人としては、当該法律及びＡに対する処罰を違憲とするために理論及び事実に関する効果的な主張を行なうことになる。その際、裁判の場で行なう主張であるので、判例と異なる主張を行なう場合には、判例の判断枠組みや事実認定・評価のどこに、どのような問題があるかを明らかにする必要がある」（H20出）。

(2)　コメント

　ここでは、「全部主張する」のではなく、「違憲となる可能性の高い問題は何かを事例に照らして十分に検討した上で、説得的に主張する」ことが求められている。そして、「試験時間の制約の中で、重要度を自分で判断し……その判断の妥当性は問われる」のである。これは時間の制約のある法律の試験である以上、当然（その意味で上に述べた意味で論理必然的）といってもよい。

　しかし、加えて留意すべきは、「裁判の場で行なう主張」であることへの意識が求められている点である。したがって、まずは、「判例の判断枠組み」にしたがった主張が求められることになる。ただし、「判例と異なる主張」も、「判例の判断枠組みや事実認定・評価のどこに、どのような問題があるかを明らか」にした上であれば、可能であるとされる。

　この点については、なぜ憲法に関しては、他の法分野と異なり、主張・反論・見解型の出題が一貫して採用されているのか、を考えてみることが有益であろう。筆者の理解では、その理由の一つは、憲法の分野では、判例学説が共通の枠組みとして依拠しうる評価の高い枠組みを判例が確立している領域と、判例がそのような枠組みを確立していない、ないしは判例としてはそのような枠組みを確立しているつもりなのだが、学説がほぼ一致してその受容を拒否している領域とがあることにある。それぞれの領域を特定することは、各論の課題であるし、評価は相対的なものであるが、北方ジャーナル事件（最大判昭61・6・11民集40巻4号872頁）、泉佐野市民会館事件（最三小判平7・3・7民集49巻3号687頁）、薬事法判決（最大判昭50・4・30民集29巻4号572頁）、在外選挙権訴訟（最大判平17・9・14民集59巻7号2087頁）などは評価の高いグループに属し、猿払事件（最大判昭49・11・6刑集28巻9号393頁）や14条1項後段列挙事由の位置づけに関わる平等に関する判例などは学説の峻拒するところといってよいであろう。

　実務家が、判例変更や法改正に対して開かれた動態的な法形成過程の参加者であることは議論の余地がないとはいえ、さしあたり、弁護士などとして働くための最低限度の要件を満たしていることを判断する試験としては、判例がどのような内容のものとして機能しているかを理解して使いこなせれば十分であるとの立場もありうるところで、憲法以外の科目に関しては、そのような趣旨で司法試験の論文式試験が作題されているものもあるのかもしれない。しかし、それは憲法の分野では少し難しい、あるいは、

出題者として受け入れがたいと考えられているのであろう。その結果、とくに判例と学説の見解が異なっている場合には、その双方の内在的な理解を示した上で、優劣を論理性をもって示せることを求める方針が採られているものと、筆者は理解している。

　そうだとすれば、判例に依拠することで効果的な違憲の主張ができる場合には、主張・反論を通じて、殊更に判例と異なる枠組みを示す必要はなかろう。例えば、平成22年の選挙権の論点で、在外選挙権判決と異なる枠姐みを検討する必要はなく、判例の枠組みを前提にしながら、与えられた事実の中で一方当事者の側に立って論ずるときには、いかにしてそちら側に有利な論拠を構築していくかということが問われることになる。しかし、判例と学説が一致していない場合は、判例に基づいた分析は当然必要で、加えて、学説にしたがった分析も、許容されているというよりは、実際上は、要求されているとみるべきであろう。法科大学院の教室での授業の展開を思い起こしてみてほしい。

3　原告が厳格審査、被告が明白性の審査、自説が中間審査という論じ方はなぜだめなのか？どうすればよいのか？

(1)　出題者が求めていること

　「事案に即して考えるのではなく、単純に違憲審査準を立場によって使い分け、自分は中間の基準をとるという、パターンとして答案を記載しようとする姿勢のものも目に付いた。例えば、X側の主張として厳格審査基準、Y側として合理性の基準、自分としては中間審査の基準を採るというのが典型である。その論述過程で、具体的な事案の検討や論理の展開をほとんどすることなく、単に抽象的に、X側として、『精神的自由権だから』、『民主政の過程に影響を与えるから』学問研究の自由は重要だと記載し、Y側として、『本件のような先端医療分野では被験者の生命身体を保護する必要があるから』とし、自説における違憲審査基準については、『原告と大学側の中間を採る』というスタンスしか示されていない答案も見られた。このような内容では事案に即した検討ができているとは言えない」(H21実)。「三つの立場を答案構成上の都合から余りに戦略的に展開することは、適切ではない。三つの立場それぞれが、判例の動向及び主要な学説を正確に理解していることを前提としている」(H22出)。

　「審査基準の定立に終始する答案も多く、その中でも、Xの主張では厳

しい(場合によっては極端に厳しい)審査基準を立て、想定される Y の反論
では緩やかな審査基準を立て、あなたの見解では中間的基準を立てるとい
うように、問題の内容を検討することなく、パターン化した答案構成をす
るものが目立つ」(H22 実)。

　質問は、これらを読んだ上で、なぜだめなのか、どうすればよいのか、
と問うているのであろう。

(2)　コメント

　上述の内容からは、質問のような「パターン」化した答案が「だめ」な
理由が2つ読み取れる。

　1つは、パターン化した答案が、「事例に則した」検討をスキップして
しまうことである。2時間で記述できる分量は限られている。本稿では詳
しくは立ち入らないが、「反論」は簡単でよいという、まったく論理必然
的でない(したがって非常に重要な)記述が、出題趣旨・採点実感に繰り返
されているので、それに従うとしても、3パターンの審査基準論を論じる
ことは、相当の時間と分量を要する。それは結局、審査基準の選択＝結論
となってしまう答案に結びつかざるを得ない。

　ちなみに、時間と答案用紙が無限であれば、三者の議論を延々と展開す
る可能性はあり、激しく争われている憲法訴訟の一審判決文の、「当事者
の主張」と「当裁判所の判断」を読めば、その例をたやすく見いだすこと
が出来る。上では詳しく述べなかったが、実は初年度(平成18年)の試験
問題はそういうものを求めていると受け止められるところがあり、出題者
は、翌年の問題文から反論の位置づけを修正し、その後の採点実感や出題
趣旨で、反論は、簡単な記述でよいことを示しているのである。

　理由のもう1つは、「三つの立場それぞれが、判例の動向及び主要な学
説を正確に理解していることを前提としている」ことが求められているこ
とにある。これを上に述べた、なぜ主張・反論・見解形式の出題が採用さ
れ続けているのか、ということをあわせて理解すれば、なぜ「パターン」
が駄目なのかは、容易に腑に落ちよう。

　この形式の趣旨は、主要な学説と判例の内容を内在的に理解して、必要
に応じて立場を使い分け、それぞれの論理を使いこなし、筋の通った方法
で自分なりの結論を導き出せるかを問うことにある。つまり、何でもいい
から厳格にあるいは緩やかに、当事者に有利なように吹っ掛ければよいの

ではなく、吹っ掛けるとしてもそれは主要な学説か判例に依拠したもので
なければならないのである。

　たしかに、判例学説上、3つの立場が成り立つということはありうる。
これは実体的な憲法論の例であるが、外国人の参政権に関しては、禁止説
と許容説と要請説が鼎立している。しかし、審査基準に関して、主要な学
説と判例に依拠して対立を論じるとすれば、ありうるのは、通常は、図式
化していえば厳格か中間か、中間か合理性審査かであろう。一番厳格な審
査と一番緩やかな審査のいずれもが、判例および主要な学説を根拠に論じ
うるということは、もちろん例外はありうるが、一般的ではあるまい。

　「Xの『主張』に対しておよそ通らないようなY側の主張を持ち出し、
それを『見解』の部分であっさり否定する」ことが不適切な答案の例とし
て指摘されているが(H21実)、以上のような意味で、質問の①と②は、結
局、同じことを問うていたということになろう。

【参考文献】

宍戸常寿「[第7回]法科大学院教育と新司法試験(法科大学院の論点)(ロー・アングル)」法セ
　ミ676号(2011年)72頁。
宍戸常寿『憲法　解釈論の応用と展開〔第2版〕』(日本評論社、2014年)(とくに「29　事案の
　重視と判例の学習」、「30　答案作成上の注意」および「補論　出題趣旨・採点実感と憲法の
　学習」)。
小山剛「憲法の学び方と論じ方」法セミ678号(2011年)2頁。

＊そしてなによりも毎年司法試験委員会から公表されている「論文式試験出題の趣旨」および
「採点実感等に関する意見」が参照されるべきである。なお、本稿の元になっている法学セミ
ナー2012年1月号の拙稿の掲載後に、平成23年の採点実感が公表され、多数の同志社大学の
院生から質問を受けた。院生諸君が疑問をもったのは当然であるが、その後、採点実感につい
ては「補足」が公表されており、本稿の立場が正当であることが明らかにされている。
＊＊司法試験においては、本書初版刊行後も、平成29年まで、従前の設問形式が基本的に踏
襲された。
　平成30年には、架空の条例案について、「相談を受けた法律家甲」として、「案の憲法上の
問題点について、どのような意見を述べるか」を、「案のどの部分が、いかなる憲法上の権利
との関係で問題になり得るのかを明確にした上で、参考とすべき判例や想定される反論を踏ま
えて論じなさい」とされた。
　平成31年には、やはり架空の法案(立法措置)について、「法律家として……立法措置が合憲
か違憲かという点について、意見を述べることになった」として、「あなた自身の意見を述べ
なさい」とされたが、その際に、「参考とすべき判例があれば、それを踏まえて論じるように、
そして、判例の立場に問題があると考える場合には、そのことについても論じるように」求め

られていること、また、「立法措置のどの部分が、いかなる憲法上の権利との関係で問題にな
り得るのかを明確にする必要があるし、自己の見解と異なる立場に対して反論する必要がある
と考える場合には、それについても論じる必要がある」ことが前提として示された。

　遺憾ながら、本章については、引用書の改訂に対応して注記を改めた以外は、原則として初
版から変更することができない。関心のある読者諸氏は、本書 27「憲法論の文章の書き方の
基本」〔204 頁〕、「憲法論点教室・実践編」〔220 頁〕を参照されたい。

（松本哲治　同志社大学教授）

憲法論点教室・実践編

I 憲法事例問題の書き方が分からない！

　講義やアンケートで学生から寄せられる質問のひとつに、実際の答案の書き方が良く分からない、というものがあります。民法や刑法などの他の科目に比べて、答案を書く際の定型的なパターンというものがなく、どうしても難しく感じてしまうとのこと。その原因の1つとして、民法や刑法においては、最終的には法規範(大前提)・包摂される事実(小前提)・結論という法的三段論法が履践されるのに対して、憲法の事例問題では、ある規範をこの大前提として使えるかどうか自体が問題となることが多いことが挙げられます[1]。

　この点ですでに、答案の書き方には大きな差が出てくることが予想されますが、しかし、この問題について考察する際の有力な論拠と考えられる判例や学説についても、双方の乖離が大きいことが少なくなく、異なる立場間の応酬はさながら「空中戦」の様相を呈することも少なくありません。しかも、重要判例で援用されている論拠は、憲法制定過程や比較憲法史の知見(裁判員制度違憲訴訟〔最大判平23・11・16刑集65巻8号1285頁〕)から、国民の法意識の変化(国籍法違憲判決〔最大判平20・6・4民集62巻6号1367頁〕、堀越事件控訴審判決〔東京高判平22・3・29刑集66巻12号1687頁〕)にいたるまで多種多様で[2]、これらを学習した上でどのように答案に落とし込むのかについて、一義的な回答があるわけでもありません[3]。

　したがって、何らかの近道が存在するわけではないのですが、実際にロースクール・法学部に在籍している法曹志望の学生(S1〜S4)が事例問題に取り組み、その疑問に教員(T1・T2)答える「紙上オフィスアワー」を通

---

[1] 横大道聡「憲法判例の『射程』を考えるということ」同編著『憲法判例の射程』(弘文堂、2017年)3-4頁。

[2] しかも、憲法判断回避の準則に鑑み、あるいは「趣旨に徴する判決」により、最高裁がその判断の理由を必ずしも詳細に示さないことも少なくない。

じて、事例問題の答案の書き方について実践的に考えてみることも、一つ
の有力な手がかりになるはずです。完成された合格答案ではなく、まさに
ロースクールや学部で学びながら試行錯誤している学生の答案を素材にし
て、自分ならどのように答案を構成するか、どのような疑問が浮かぶか、
具体的な設例を通じて考えてみて下さい。

Ⅱ　設　例

　F県F市には宗教団体「Aleph」の拠点施設の一つ（構成員35名）、お
よび「ひかりの輪」の拠点施設の一つ（出家構成員15名。その他に在宅構
成員7名）が存在している。これらの宗教団体が施設用地を取得したこと
が判明した平成25年当初から、団体施設の開設に反対する近隣住民の
運動が展開されたが、平成27年5月、これらの団体は施設の開設を強
行した。そのため、同年5月から平成30年12月にかけて、これらの
施設に対し、不安を覚えた周辺住民によるものと思われる投石・放火行為
が頻発したり、施設関係者に対する暴行事件が発生したりするなど、施設
関係者および近隣住民の生活の平穏が害される事案が複数発生した。その
ため、F市議会議員Aは、無差別大量殺人行為を行った団体の規制に関
する法律（平成11年法律第147号。以下「団体規制法」という。）による規
制に加え、市独自の条例による規制が必要であると考え、次のような条例
案（以下「本件条例案」という。）を市議会に提出しようと考えている。

　ただしAは、議会提出に先立ち、本件条例案に憲法上の問題がないか
どうか、旧知の弁護士Bに相談することとした。あなたがBであるとし
て、【参考資料】を踏まえつつ、本件条例案に含まれうる憲法上の問題点
について、Aにアドバイスを与えなさい（制限時間120分）。

---

[3] 非嫡出子相続分格差違憲決定（最大決平25・9・4民集67巻6号1320頁）と再婚禁止期間
　　規定違憲判決（最大判平27・12・16民集69巻8号2427頁）を素材に、国民の法意識の把
　　握の仕方について検討するものとして、千葉勝美『憲法判例と裁判官の視線――その先に
　　見ていた世界』（有斐閣、2019年）233頁以下を参照。

■F市無差別大量殺人行為を行った団体の規制に関する条例(案)

(目的)
第1条　この条例は、F市内における団体の活動及び団体の構成員のF市への転入等に伴って生じるF市民の安全及び日常生活の平穏に対する脅威及び不安を除去するため、団体に対する調査、命令等、F市が講ずべき措置を定めることにより、F市民の安全及び地域の平穏の確保を図ることを目的とする。

(条例の解釈適用等)
第2条　この条例は、適用対象者の基本的人権に重大な関係を有するものであるから、F市民の安全及び日常生活の平穏に対する脅威及び不安を除去するために必要な最小限度においてのみ適用すべきであって、いやしくもこれを拡張して解釈するようなことがあってはならない。

2　この条例に基づく規制は、前条の目的を達成するために必要な最小限度において行うべきであって、いやしくも権限を逸脱して、思想、信教、集会、結社、表現及び学問の自由並びに勤労者の団結し、及び団体行動をする権利その他日本国憲法の保障する国民の自由と権利を不当に制限するようなことがあってはならない。

(定義)
第3条　この条例において「団体」とは、無差別大量殺人行為を行った団体の規制に関する法律(平成11年法律第147号)第5条第1項に規定する観察処分を受けた団体(当該団体の支部、分会その他の下部組織等当該団体と同一性を有する団体を含む。)をいう。

2　この条例において「周辺住民」とは、団体が活動の拠点を定め、又は団体の構成員若しくは関係者が住所地(居所を含む。以下同じ。)として定めることにより、日常生活における安全及び平穏に脅威若しくは不安を感じる当該拠点又は当該住所地の周辺に生活する者をいう。

(団体の義務)
第4条　団体がF市内において活動するときは、当該団体は、市民の安全及び周辺住民の日常生活の平穏に対する脅威及び不安を生じ

させてはならない。団体の構成員がF市内において当該団体の意思に基づいて活動し、又は当該団体の指示その他当該団体の意向に沿ってF市内に居住するときも、同様とする。

2　団体がF市内において活動するとき、又は団体の指示その他当該団体の意向に沿ってその構成員をF市内に居住させるときには、当該団体は、次に掲げる事項を定期的に市長に報告しなければならない。

(1)　F市内において活動し、又は居住する当該団体の役職員の氏名、住所及び役職名並びに構成員の氏名及び住所

(2)　当該団体の活動に関する事項のうち規則で定めるもの

(3)　前2号に掲げるもののほか、市長が特に必要と認める事項

3　団体は、周辺住民の求めがあった場合には、その活動内容を説明するために説明会を開催しなければならない。

(公表)
第5条　市長は、団体に対しこの条例に基づく措置を行ったとき又は前条第2項の報告を受けたときは、措置又は報告の内容を直ちに公表しなければならない。この公表は、規則の定めるところに従い、F市のホームページにおいて行うものとする。

(調査権)
第6条　市長は、団体の活動内容が市民の安全及び周辺住民の日常生活の平穏に対して脅威又は不安を与えるおそれのあるとき、又は団体の構成員が騒音、異臭等を発生させる等、周辺住民の日常生活の安全及び平穏に対して脅威又は不安を与える行為をしたときは、当該団体に事実の確認を求めるとともに、事実を確認するために建物に立ち入る等必要な調査をすることができる。

2　市長は、前項の調査に当たり、市職員に関係人に対し質問をさせ、又は文書の提示を求めることができる。

3　第1項の規定により調査をする市職員は、関係人から要求があったときは、その身分を示す証明書を提示しなければならない。

4　第1項の規定による立入調査の権限は、犯

罪捜査のために認められたものと解釈しては
ならない。

（措置勧告等及び立退命令）

第7条 市長は、団体が第4条に規定する義務
を遵守せず、その活動により市民の安全及び
周辺住民の日常生活の平穏に対して脅威又は
不安を与える事態を生じさせているときは、
相当の期間内に当該脅威及び不安を除去する
措置を講ずべきことを当該団体及びその構成
員に対し勧告することができる。

2 市長は、前項の規定による勧告を受けた者
がその勧告に従わないときは、期限を定めて、
市民の安全及び周辺住民の日常生活の平穏に
与える脅威又は不安を除去する措置を講ずべ
きことを命ずることができる。

3 市長は、前項の規定による命令によっても
なお、団体が市民の安全に与える脅威を除去
する措置を講じない場合は、期限を定めて、
当該団体及びその構成員に対し住所地からの
立退きを命ずることができる。

（過料）

第8条 次の各号のいずれかに該当する場合に
おいて、団体及びその行為をした構成員は、
5万円以下の過料に処する。

(1) 正当な理由なく第4条第2項の報告を拒
み、又は虚偽の報告をしたとき。

(2) 正当な理由なく、第6条第1項及び第2
項の調査に協力せず、同条第3項の規定によ
る質問に対し、回答をせず、若しくは虚偽の
陳述をし、又は文書の提示を拒み、妨げ、忌
避し、若しくは虚偽の文書を提示したとき。

(3) 前条第2項及び第3項に基づく命令に従
わないとき。

（聴聞手続等）

第9条 市長は、第7条第2項及び第3項に基
づく命令を決定するに当たっては、F市行政
手続条例（平成10年F市条例第12号）に定
める聴聞の手続を執らなければならない。

2 第7条第2項及び第3項に基づく命令の決
定に不服のある者は、行政不服審査法（平成
26年法律第68号）に基づく審査請求を市長
に対してすることができる。

（周辺住民への支援）

第10条 周辺住民が団体に対抗するため協議

会等を組織し、活動をしようとする場合にお
いて、市は、協議会等に対し活動に係る経費
を補助する等、必要な支援措置を講ずるもの
とする。

2 前項の規定に基づき補助する額、補助の対
象となる経費その他の事項については、規則
で別に定める。

■参考資料

(1) オウム真理教の構成員は、平成6年6月、
組織の拡大にとっての障害を排除するため、
長野地方裁判所松本支部所属の裁判官や反対
派住民等を含む近隣住民を殺害しようと企て、
噴霧車を用いて長野県松本市内にサリンを散
布し8名を殺害するとともに143名にサリン
中毒症を負わせた（松本サリン事件）。また、
平成7年3月に、東京の地下鉄霞ケ関駅を通
勤で利用する警察関係職員を殺傷することに
よって警察組織に打撃を与えるとともに、首
都中心部で事件を起こし混乱を生じさせよう
と企て、東京都内を走行中の地下鉄電車5本
内でサリンを散布し、12人を殺害するととも
に3,000人に重軽傷を負わせた（地下鉄サ
リン事件）。オウム真理教については、同年
12月、宗教法人法に基づく解散命令が確定
した一方、公安調査庁長官が同年7月、破壊
活動防止法（以下「破防法」という）7条の解
散指定処分の請求をしたところ、公安審査委
員会はこれを棄却した。

(2) 政府によれば、その後もオウム真理教は、
殺人をも肯定する教義を保持するなど危険な
体質を維持しつつ、活動拠点を各地に展開し
活動を活発化させ、拠点付近の周辺住民のみ
ならず、国民一般に大きな不安や危惧の念を
与えているとされる。そこで国会は、平成
11年12月、「無差別大量殺人行為を行った
団体の規制に関する法律」を制定した。この
団体規制法は、団体の活動として役職員また
は構成員が、例えばサリンを使用するなどし
て、無差別大量殺人行為を行った団体につき、
その活動状況を明らかにし又は当該行為の再
発防止のために必要な規制措置を定め、もっ
て国民の生活の平穏を含む公共の安全の確保
に寄与することを目的とする（1条）。同法に

よれば、その団体の役職員または構成員が当該団体の活動として無差別大量殺人行為(破防法4条1項2号ヘ〔刑法199条(殺人)に規定する行為〕に掲げる暴力主義的破壊活動であって不特定かつ多数の者を殺害しまたはその実行に着手してこれを遂げないもの)を行った団体について、同法所定の事項に該当し、その活動状況を継続して明らかにする必要があると認められるときは、当該団体に対し、3年を越えない期間を定めて公安調査庁長官の観察に付する処分(観察処分)を行うことができ(5条1項)、その期間は更新することができる(5条4項)。観察処分を受けた団体は、当該団体の役職員及び構成員の住所・氏名等、同法所定の事項について、公安調査庁長官に報告しなければならない(5条2項・3項)。公安調査庁長官は、観察処分を受けている団体の活動状況を明らかにするために特に必要があると認められるときは、公安調査官に、当該団体の所有・管理する土地・建物等に立ち入り、検査させることができる(7条2項)。

(3) 公安調査庁長官は、平成11年12月、公安審査委員会に対し、オウム真理教に対し団体規制法5条の観察処分の請求(同法12条参照)をし、同委員会は、平成12年1月、オウム真理教を公安調査庁長官の観察に付する処分を行うとともに、同法5条2項5号・3項6号に定める事項として、オウム真理教の構成員に関する出家信徒及び在家信徒の別ならびに出家信徒の位階、オウム真理教作成のインターネット上のホームページにかかる接続事業者名等について、公安調査庁長官に報告しなければならないとした。その後、平成15年1月、平成18年1月、平成21年1月、平成24年1月、平成27年1月および平成30年1月、観察処分の期間の更新決定がそれぞれなされた。

(4) 第1回の観察処分(平成12年1月)において、公安審査委員会は、団体規制法5条1項に基づき、「麻原彰晃こと松本智津夫を教祖・創始者とするオウム真理教の教義を広め、これを実現することを目的とし、同人が主宰し、同人および同教義に従う者によって構成される団体」について観察処分に付する決定

を行ったが、その後、オウム真理教は、平成12(2000)年2月、「宗教団体・アレフ」を設立し、平成15(2003)年5月に「宗教団体アーレフ」、平成19(2007)年に「Aleph」と名称変更をした。また、オウム真理教の教祖であった松本の後に代表に就任した上祐は、団体内の対立によりAlephから脱退する旨通知し、平成19年5月、「ひかりの輪」を設立した。さらに、平成27年1月、団体内の対立により一部信徒が分裂し、Alephから一定の距離を置いて活動するグループ(自ら固有の名称を用いていないため、幹部信徒の氏名を踏まえ「山田らの集団」と呼称されている)が形成された。第3回観察処分更新決定(平成21年1月)以降は、オウム真理教の後継団体であるAlephに加えて「ひかりの輪」が、第6回観察処分更新決定(平成30年1月)では、「山田らの集団」も対象とされている。公安調査庁によれば、平成30年6月現在、オウム真理教を母体とする諸団体は、主流派(Alephおよび「山田らの集団」)と、非主流派(「ひかりの輪」)とで構成されており、国内に信徒等が約1,650人、ロシア連邦内に460人存在し、また国内の15都道府県に拠点がある。「ひかりの輪」は、松本の影響力の払拭を標榜しているが、政府によれば、同団体を含め、いずれもオウム真理教の教義を共通の基盤としているものとされる(団体規制法31条に基づき、国会に対しなされた政府の報告である『無差別大量殺人行為を行った団体の規制に関する法律の施行状況に関する報告(平成29年1月1日から同年12月31日まで)』による)。なお、第5回観察処分更新決定(平成27年1月)について、Alephおよび「ひかりの輪」はその取消しを求めて東京地方裁判所に訴えを起こしたが、裁判所は、「ひかりの輪」を対象とした部分については違法であるとして、その部分につき取り消した(東京地判平29・9・25判時2363号3頁)。

Ⅲ　答案例の検討

1　答案論述時の注意点

T1　それでは、皆さんの答案を踏まえ、こういった事例問題に対してどうやって取り組めばよいのかという点に特化した形で、皆さんの潜在的な質問を拾い上げてみたいと思います。

　最初に、こういった事例問題に取り組む際の一般的な注意点につき、皆さんから出してもらったものから見えてくる範囲で、T2先生からのコメントを頂きたいと思います。

T2　まず、答案作成上の一般的な注意点として、何よりも自然な日本語で書いてくださいということがあります。過度に読解を必要とするような表現は採点者に負担を与える。これは裁判所に主張書面を出すときも同じです。しかも、不自然な日本語は、読み飛ばされる原因にもなりえます[4]。

T1　たしかに、一方的な解読義務を採点者に負わせるような不明瞭な答案を読んだ採点者は、評価を下げこそすれ、上げることはありませんね。この点で参考になるのが、司法試験合格後のいわゆる「弁護修習」で、修習生によく与えられるとされる次の指摘です[5]。そのまま読みますと、

- (a)　弁護士として書く書面は、弁護士(当事者)としての視点で書くこと。裁判官の目(＝神様の目)になってはいけない。
- (b)　法的な三段論法に従った論理展開を心がける。
- (c)　基本的に短い文章を心がける。とくに、逆説の意味を伴わない「が」によって、不必要に文を長くしない。
- (d)　結論を先に書く。どこに行くか分からない文章は読んでいて苦痛で

---

[4]　令和元年度の採点実感(憲法)も参照。「…憲法の条項の正確な摘示や法律上重要な語句の正確な表記などに心掛けてもらいたい。また、読み手を意識して、文章として理解できる記載をするように留意してもらいたい。その点で、文章にはできる限り論理的な明晰さが求められるのであり、内容にかかわらず改行を繰り返して文章をむやみに細分化したり、逆に適度に改行を行うことなく一気に文章を書き連ねたりする答案構成をしないように注意すべきである」。判読しやすい文字で書く(くずし字や極端に小さな／大きな文字は避ける)、略字を用いない、といった基本的な作法も、普段から意識して練習しておく必要がある。

[5]　2009年2月15日開催「法科大学院教育の新展開」(専門職大学院等における高度専門職業人養成教育推進プログラム)における高橋司弁護士の説明資料による。

ある。エッセイの落ちは最後に来るが、法律文書を含めたビジネス文書の落ち（結論）は最初に来るべきである。

(e)　段落分けを適切に行い、しかもそれに適切で短い小見出しをつける。小見出しは、飛ばし読みや目次作成に便利であるうえ、自分がその段落で何を書いているかを意識するのに有用である。小見出しを付けられないということは、自分で何を書いているか分かっていないからに他ならない。

(f)　自分の主張に対する理由づけは、多岐的な観点からのものを挙げるように心掛ける。

(g)　自分の主張の弱点から目を逸らしてはいけない。弱点の指摘に対する反論を忘れないこと[6]。

(h)　判例の読み方を身につける。自己の主張に有利な最高裁判例があるということは、大きな武器ではあるが、それに油断してはならない。また、自己の主張に反する判例があるというだけで簡単に諦めるのでは、よい弁護士とは言えない。

(i)　「明らかである。」で終わる文に書かれている事項はしばしば「明らか」ではない。この表現はむしろ、説明の放棄あるいは断念であり、説明ができないことの自白である。

　これらの大半は答案の形式面に関わりますが、(c)に付け加えるとすれば、文と文、段落と段落をつなぐ接続詞には、とくに注意して欲しいですね。接続詞は全体の流れ・構造を示すものなので、個々のパーツがそれらしい記述になっていても、前後の流れとは逆の意味に使ってしまっている場合などは、そもそも趣旨が理解できていないということで大きく減点される可能性があります。

　もう一つ、「問題提起」が必要であるからと言って、問題文をさながら引き写す答案も散見されますが、ここでとくに記載すべきは、①重要だと

---

[6] 令和元年度の採点実感（憲法）を参照。「設問の『自己の見解と異なる立場に対して反論する必要があると考える場合は、それについても論じる』との求めを適切に踏まえ、自己の見解を述べる中で、異なる立場を取り上げつつこれに説得的に反論している答案は高く評価された。他方、何が自説なのかが明確に示されていない段階で先に反論を指摘しているため何に対する反論なのかが不明確な答案や、反論として書き始めたものを結論において自説としてしまう答案もあり、構成段階での検討が不十分なのではないか、と思われた」。

考える論点・理由と、場合によっては、②以下の論述の順序、の二つです。これらを一体として述べる場合もありますが、問題文をそのまま引き写すのではなく、論ずべき点を構成して提示する、ということを意識して欲しいですね。

例えば、S1君の答案の「第3」に「本件条例案第10条1項と憲法14条1項について」とあり、「本件条例案10条1項は、周辺住民が『団体』に対抗措置を取る場合、F市はこれに必要な支援措置を講ずることを定めており、これは憲法14条1項に反しないかが問題となる」と書いています。しかし、単に「問題となる」というだけでは不十分で、どうして14条1項に違反の問題を論じないといけないのかを予示するような形で問題提起をしないと、「問題である」と結論だけ書かれて、なぜ問題なのかという点が読む側には伝わりません。

例えば、その措置が誰のいかなる権利・利益を制約するのか、すなわち被制約利益を特定した上で、それが憲法上のいかなる要請と対立することになるのかを示せば、読み手にもよく伝わり、説得的な問題提起になるのではないでしょうか(⇒7も参照)。

2　規制の建て付け

T2　次に、もう少し本題的な話をすると、今回の設例は条例や法令の中にある問題点を検討するというタイプで、平成30年度・令和元年度の司法試験で出題されたタイプです。世の中では、リーガル・オピニオン型などと言うようですが、出題のタイプが変わってやりにくいという人がいるみたいです。そのやりにくさはどこから生じるのか。逆に言うと、当事者主張・反論型だと書きやすいと感じるはなぜなのでしょうか[7]。

書きやすい、書きにくいというのは、何をどのように論ずるべきかが明確だ・不明確だということでもあるのだと思いますが、みなさん、答案に何をどのように書くのかというのはどうやって決めているのですか。例えばS1君は、自分が答案に書くべき論点をどうやって決めているのですか。

S1　僕は、表現の自由の明確性原則違反は、文面的に曖昧不明確なので違憲になると思い、まずこの点を論じようと考えました。

---

[7] 当事者主張・反論型の出題形式については、本書28「当事者主張想定型の問題について」〔213頁〕、及び後掲参考文献『憲法　事例問題起案の基礎』第1章を参照。

T2 なるほど。そうすると今回、表現の自由の問題だと考えたわけだね。なぜ?

S1 思想・良心がメインだと思ったのですが、思想・良心に基づく行動を制約するような4条1項の規定ぶりだったので、それはある意味行為を伴っていると思い、表現行為と捉えました。

T2 よくわかんないな(笑)。一応善解すれば、思想・良心とのかかわりはあるが、それに基づく外部的行為だから、表現、ということなのかな。その理解で良いかも問題になるけれども、それ以前の問題として、思想・良心がメインだと思ったのはなぜですか。

　もう少し一般化しておたずねすると、皆さん、論点は何か、何条が問題になるかというのを、どのような手順で特定しているのでしょうか。

　S2さんはプライバシーの話から答案を組み立てていますが、なぜそこに着目したのかな。そこにはなにか理屈がありますか。

S2 私は問題と条例、資料などをひととおり読んだ後に、条例の8条で過料があったので、そういう罰則とかがあると制限が強いというように言いやすい[8] ので、そこに挙がっている条文からの検討を重点的にまた読み直して、4条2項で氏名や住所を提出させるとあったので、これはプライバシーかなと思いました。

T2 なるほど。これも学生・受験生によくありがちだけど、どうしてそう考えるかがわからない典型ですね。そのように考えるんだというのが説明されている教科書や判例はありますか。

S2 いえ、教科書や判例で読んだわけではなく、今まで解いた中でそういう書き方をしたのがあったので、というだけです。

T2 学部生の皆さんはいかがでしょうか。S3さん、どうですか。

S3 私も問題を全部読んで、どういう規制が加えられているかというところから論点を考えていく感じでした。

T2 「感じ」ですか。そうすると、みなさん、この点がすでにあやふや、ということなのですね。しかし、それでは論点や論ずべきポイントの発見は大部分、勘に依存することになりかねないですよね。

　私は、学生には、二つの考え方を教えています。1つは規制者の視点に

---

[8] ちなみに最高裁は、行為の制約の合憲性と、その制約の実効性を担保するための罰則の合憲性とを区別して論じる傾向にある。例えば後掲・猿払事件上告審判決を参照。

立つ、というものです。規制者の立場から、なぜこういう規制をしようと
しているのかを整理して明らかにする。例えば、この問題では、条例以前
に、無差別殺人の団体規制法があるわけですよね。にもかかわらず、条例
で規制しようとしている。そうだとすれば規制者は、団体規制法では不十
分だと考えているわけです。それはどうしてなのか。具体的には、団体規
制法では守り切れないと考えている法益は何かを考えてみて欲しいです。
そのうえで、そのような法益を危うくする原因として、規制者は何を想定
しているのか。そのような原因をどのように排除しようとしているのか。
こういったことを条文や問題文中に掲げられている立法事実に照らして検
討してみると良いでしょう。このようなことを検討しておくと、「そもそ
も、原因として特定されている行為は、基本権として保護されるのではな
いか」、「にもかかわらず、こんな手法で良いのか」といった疑問がわくは
ずですし、場合によっては、問題文中に、そうであっても合憲的に規制し
うると規制者が考える理由が示されていることもあるでしょう。このよう
なことから、論ずるべき点を発見していくというのが一つの方法です。

　私は、このような手法は、従来の主張・反論型の出題形式にも、最近の
論点型の出題形式にも対応できるものだと思います。私は、これを規制の
建て付けを検討すると呼んでいますが、規制の建て付けを検討し、なぜそ
のような建て付けになっているのかを考えるというのが一つ重要な論点発
見の方法ではないでしょうか。

　もうひとつの方法は、これとは異なり、当事者の気持ちになってみると
いう方法です。ただ、今回のような出題形式だと「当事者」は解答者側で
想定する必要がありますね。想定される当事者は誰でしょうか。

S2　この条例で住所とかを言わなくてはいけなくなる団体構成員が当事
者でしょうか。

T2　団体構成員がまず思い浮かびますね。それから、団体も当事者だと
言えるのではないですか。団体からすると不都合なのはなんだろうか。例
えば過料を払いたくないのか、それともある活動を報告させられるのが嫌
なのか。訴訟などではこういう点が議論の出発点になるのは当然なわけで
すが、憲法論を展開するうえでも重要です。たとえば、過料を払わせるこ
とが違憲だということになると、過料は払わなくてもよくなるかもしれな
いが、活動報告の義務は一応無くならない。団体として、それで良いのか
ということを考える必要がありますよね。

　憲法論は、ここでは、あえていえば、団体の望むような結論を得るために登場します。条例のどこをどうたたくかを特定して、そのために、どのような憲法論を構成すべきかを考えるということになりますよね。そういう中で、たとえば団体の活動の自由が憲法上保障されているはずだとか、活動の自由だけだと弱いのだったら信教の自由とかかわっていると主張しようといった具合に、論証すべきことが明確化していくわけです。

　以上のようなやり方を意識すると、もう少しすっきりと論点が発見できるし、そこを目指して議論ができるようになるのではないかというのが全体を読んだ発想です。

T1　いまのお話は、例えば平成30年の採点実感を見ていただくと、「規制内容をまず理解し、それが憲法上のいかなる権利との関係で問題になるのかを特定する必要がある」、ここにかかわります。ただ、その続きにあるように、「普段から法律や判例等でその適用が問題となる具体的事例をしっかりと読み解いている者は、本問の規制内容について適切に理解できたと思われるが、用語のみを暗記するような勉強法であった者には本問の規制内容のポイントが理解し難かったのではないかと思われる」ということで、これがなかなか難しい。

　憲法科目の特性で、ある規範が三段論法の大前提として使えるかどうか自体を検証する必要がありますので、試験では初見の法律の読み解きが求められることも少なくありません。その意味では、取り付きにくいという印象があるのも分からないではないですが、しかし、これは「法律家にとって重要な能力であり、憲法の試験対策という狭い視野でなく、こうした広い視野に立って、分野を問わず、普段の学習の中で意識を」する必要がある。この勉強の際に、そもそも規制がどうして行われたのかという背景の理解ですね。ここから考え直すことが必要ではないかというのが、T2先生の最初のご指摘にかかわります。

3　法令体系への着目——法律と条例の関係

T1　規制の建て付けとの関係では、T2先生もご指摘のように、団体規制法が前提としてあって、その上でいわば上乗せとしてこの条例があるわけです。そうすると、この法律と条例の関係が検討の対象になるはずで、S1君の答案は一部その言及もありましたけれども、正面からどこが違うのかということも考える必要があります。

　法律と条例の規制のあり方として、どこが一番違うと思いますか。

S4　条例の5条の公表のところでしょうか。

T1　はい、条例の5条で、「この公表は、規則の定めるところに従い、F市のホームページにおいて行うものとする」とあります。その前に「措置又は報告の内容を直ちに公表しなければならない」とあり、しかもそれをホームページで行うということになっている。設例後半の【参考資料】のところに団体規制法の説明がありますが、こちらではホームページにおいて公表するということは特に書かれていない。

　慎重に比べてみると、報告をさせるということは実は団体規制法と共通しているわけです。だから団体規制法と共通して報告をさせるということ自体の問題を指摘するということはあるけれども、それに加えて、公表をホームページでするという。だから施設関係者の氏名や住所までホームページで出してしまうということになりかねないわけですが、例えばここについて指摘する必要がある。

　具体的にこれについて、例えばS2さんの答案を見てみると、第1の2の(2)のところで、団体の構成員らに、氏名や住所などの報告が義務付けられていること自体を捕まえて、それをプライバシー侵害として構成している。それももちろん間違いではないのですが、よく読んでみると、それは団体規制法でも同じようなことをしている。したがって法律も違憲という覚悟なのですね、ということになる。

　もっとも設問は、条例をつくろうとしているAさんに対し、この条例案に含まれる憲法上の問題についてアドバイスせよと読むのが自然なので、団体規制法とも共通する憲法上の問題点[9]を主張することは本筋ではなくて、団体規制法を所与の前提として、それと比べて過剰に上乗せでやってしまっている部分が果たして許されるのかという点に焦点があたるのではないでしょうか。T2先生のご指摘は、氏名や住所の報告義務という、団体規制法とも共通する論点ではなく、それよりももっとドラスティックな攻撃しやすい点として、ホームページ上で住所等が公表されてしまうという条例案固有の論点に着目して欲しいということなのでしょう。

T2　そうですね。このほかにも、この問題では、「法律と条例の関係は検討しなくてもよい」とは誘導されていないので、上乗せ条例を作ってし

: [9] 例えば狙い撃ち条例と平等原則の問題など。

まっていいのか、という論点もあったはずです。というのも、団体規制法2条は必要最小限度の制約でなくてはいけないというように謳っているわけですから、団体規制法以上の規制は、法律が排除しているとは考えられないか、といったことも議論できたのではないでしょうか[10]。

　こういった論点は、先ほどの規制の建て付けを分析していれば簡単に気がつくようになるはずです。

T1　今回、条例制定の背景として、この団体が転入してきたという経緯があったのですが、これに不安を覚えた周辺住民が当該施設に対して投石や放火をしたり、施設関係者に対して暴行を働いたりしたにもかかわらず、一方的にこの団体をいわば追い出すために、狙い撃ちでその人たちの住所を明らかにするということになっているわけですよね。

　そうすると、ここが恐らく実質的に最大のポイントであり、法律と条例の違いであって、しかも法律と条例の適合性ということも考えないといけません。したがって、論点の絞り出し方としては、どうやってこれに気づくのかと言われれば法律と条例の違いをしっかり見るということと、見比べる中で気づく力を磨いていただきたいということです。

T2　そうですね。先ほどから述べているような方法の他にも、よく似た規制を類比するという方法も有効かもしれません。平成31年度の司法試験公法系第1問の立法措置1は、刑法230条や同230条の2との対比が求められていた側面がありますね。

T1　先ほどの採点実感によると、いかなる権利が制約されているのかを捕まえることが、何より必要だとあります。少し違う観点ですが、例えば、司法書士会を強制加入団体としている司法書士法についていえば、これを結社の自由の侵害と捉えるのか、職業の自由に対する侵害と捉えるのか。あるいは13条違反として捉えるのか。どういった形でそもそも構成していくのかということが問題となります[11]。いかなる権利の侵害として構成するか、という点は、誰が規制対象となっているかという点とも関わって、重要なポイントです。

　そのときに、S2さんの答案を見ると、取り上げたのがプライバシーの侵害と35条の住居の不可侵ですよね。それから「漠然ゆえに無効」の法

---

［10］この点については、本書22「法律と条例の関係」〔166頁〕を参照。
［11］小山剛「違憲審査の思考枠組み」月報司法書士519号(2015年)6頁以下を参照。

理でこの話を取り上げた。すでにこの取り上げたものの時点で、S1君の
ものとは差があるわけです。どこが違いますか。

S1　13条のプライバシーです。これは取り上げる必要があったと思いま
す。

T1　そうですね。今回の「アドバイス型」のものの場合、どこに着目し
てアドバイスをするのかは少し難しい問題です。平成30年の問題は法律
家自身の見解を述べよということで、まさにストレートに言えたのですが、
今回はAのつもりになってBがアドバイスを与える。Aに対してBがア
ドバイスを与えるということで、B自身としてどう考えるかはもちろん、
自分はそう思わないけれども、というところまで含めて、いろいろ幅広く
問題提起をしてアドバイスをあげることが必要になる。

　平成30年・令和元年の採点実感では、法的助言を求められているのに
無理やり当事者対立型の見解を述べる答案はあまり説得力がない、と指摘
されていましたが、今回のような論点発見型のものは、こんなことがひょ
っとしたら言われるかもしれないということを踏まえてアドバイスを与え
るという中で、むしろ従来の主張・反論型と接近してくる要素もあるのか
なと感じます。

T2　いまT1先生がおっしゃったことと重なりますが、実は平成30年の
司法試験の問題だと設問等で検討すべき論点が比較的わかりやすく提示さ
れています。その意味では、論点を発見する能力はそこまで求められてい
なかったのかもしれません。

　これに対して今回は、論点そのものをある程度自力で見つける必要があ
る。そもそも実務に出れば論点がわかりやすく提示されるなんてことはな
いわけで、そうだとすると、こういった論点発見能力をどのように身につ
けたら良いか。こういうことを意識ながら、自分とほかの人とを見比べて、
なぜこの論点に気づいたのか・気づかなかったのかを掘り下げて検討して
欲しいと思います。S1君の答案に13条が出てこなかったのは、どういう
原因があると思いましたか。

S1　おそらく、法律と条例の違いがよくわかっていなかったのかなとい
う気がします。

T2　反対にS2さんは、罰則があるというところから13条を論ずるべき
だということになったと言ってましたね。

S2　はい。

T2　僕は答案を見て、少し違う要素もあったのではないか、という印象を持ちました。実は S1 君の答案は団体の権利侵害を問題にしていて、S2 さんは構成員の権利侵害を問題にしているのですよね。先ほどの話のとおり、どちらも要りますが、その 2 つに注目してみると、実は構成員の側から主張を組み立てるということを意識すれば、S1 君の答案にも当然プライバシーの問題は出てきたのではないかと思いました。

S1　そうですね。たぶん団体の視点でしか考えていなかったかもしれないです。

T2　先ほども少し触れましたが、論点発見型とか論点検討型の問題の場合、当事者を想定しなければならないわけですので、それによって、答案構成が大きく左右されてしまうということなのかもしれませんね。平成 30 年の問題の場合は、学校周辺の書店とコンビニとかというように複数の主体が設定されて、それぞれ書いてくださいという形だったのですが、当事者が予め限定されていない場合には、あり得る問題を指摘するために、ある程度幅広く目配りすることが必要になりそうです。

4　判例の射程

T1　次に、侵害されている権利の保障内容についてはどうでしょうか。例えば S2 さんの答案の冒頭に「プライバシー権が保障される」とありますね。しかし、13 条によりプライバシー権が保障されるというのは自明のことでしょうか。

S2　13 条の文言からは導けないので、判例でつくり上げられた権利なのではないかと思います。

T1　そう。まさしく「私生活上の自由」を判例で蓄積する中で、次第にプライバシーの輪郭が見えてきたということですよね。そうすると、主たる判例への簡単な言及が必要になるのではないでしょうか。「13 条にあるように」というだけでは何が保障内容かということがわからない。京都府学連判決（最大判昭 44・12・24 刑集 23 巻 12 号 1625 頁）や指紋押捺拒否事件（最判平 7・12・15 刑集 49 巻 10 号 842 頁）などの基本判例を念頭に置きながら、判例が考える「国民の私生活上の自由」の内容や、そこで保障されるプライバシーの内実について論じた上で、今回問題となった「住所・氏名などを一定の場合にインターネットで公表されない自由」が、そこに包摂されるかどうかを検討する必要があります（本書 15「包括的基本権」〔112

頁〕を参照）。

T2　関連して、ほかの人が S2 さんの答案の 3 行（2 の(1)）を読んで、ここはちょっと引っかかるなというところはないですか。例えば S2 さんの答案は「個人情報を知られない権利」と書いてある。他の答案例では、私生活をみだりに公開されない権利と書いてある。この 2 つは同じですか。

S1　取得か、取得したのをどう扱っていくか。

T2　そうですよね。「知られない」という言い方をすれば「取得するな！」というニュアンスを帯びますし、「公開されない」という言い方をすれば、「暴露するな！」というニュアンスを帯びます。

　そのうえでのことですが、今回の S2 さんの答案について、この後の論証を見ると、取得で攻めるのは少し都合が悪いというのはわかりますか？

S2　先ほどの話を聞いていると、法と比べて条例の 5 条を問題にするのであれば、公開にしたほうがいいと思います。

T2　そうですよね。他方、私生活をみだりに公開されない権利として、13 条からそういう権利を導き出した判例・裁判例はありますか。

S1　宴のあと事件（東京地判昭 39・9・28 判タ 165 号 184 頁）が思い浮かびますが、憲法 13 条ではなく、私法上の人格権の一つとして認めたにとどまります。

T2　そうすると公表に着目するとしても、それを直ちに憲法 13 条の権利保障に対する侵害として構成することは難しくなりませんか。

T1　ただ、住基ネット訴訟上告審判決（最一小判平 20・3・6 民集 62 巻 3 号 665 頁）では、「個人に関する情報をみだりに第三者に開示又は公表されない自由」が「私生活上の自由の一つ」として保障されていますよね。

T2　いま、T1 先生からヘルプが入りましたが、そうだとすると、ここでどの判例に言及するかで、答案を書いている人の理解度とか、論述の説得力が変わるといえますよね。ですから、ここは論証に際して注意が必要な箇所だということであると言えるかもしれません[12]。

　加えて、もうひとつ、注意しておきたいのは、S2 さんのように書くことにより、知らないうちに自分の答案のロジックが、本当は公開を問題にしたいのに取得のほうに引きずられて論証が重ねられているといったことがありうるということなのですね。ちょっとした書き方・用語の選択の違いで、読み手の印象も変わってしまうし、自分の思考もそこに縛られてしまう可能性があるという点を覚えておいてほしいです。

5 手続保障の観点

T1 ところで今回の事案は、手続保障も問題になりそうですね。S2さん は憲法35条の問題にもふれていますが、となると、本来刑事手続を予定 している憲法35条が行政手続にも及ぶのかについて、検討する必要はな いでしょうか。

T2 川崎民商事件(最大判昭47・11・22刑集26巻9号554頁)や成田新法事 件(最大判平4・7・1民集46巻5号437頁)などをみるとわかると思います が、権利侵害の正当化という構成にはなっていません。刑事手続上の権利 を保障しているのだけれども、それが行政手続だからと言って直ちに保障 が及ばなくなるわけではない。しかし、だからといって行政手続すべてに 及ぶわけでもなく、権利の性質とかそういうものを総合較量して決めるん だという話ですよね[13]。

　しばしば、このような論点についても、権利制約とその正当化という構 成の答案を見るのですが、そのような書き方だと、判例が理解できている なという心象は得られにくいかもしれない[14]。

[12] 一般論として、次の注意を参照。「関連する判例への言及は、以前に比べると増えてい るが、問題はその引用の適切さである。判例の表面的な理解が目に付くことが多く、当該 判例を正確に理解し、本問との区別の可能性を検討した上で、自らの見解を基礎付けるた めに適切に引用しているものはまだ多くない」(令和元年度採点実感)。本書4「判例の捉 え方」〔25頁〕も参照。

[13] たとえば成田新法事件大法廷判決は、「憲法31条の定める法定手続の保障は、直接には 刑事手続に関するものであるが、行政手続については、それが刑事手続ではないとの理由 のみで、そのすべてが当然に同条による保障の枠外にあると判断することは相当ではな い」としつつも、他方で、「同条による保障が及ぶと解すべき場合であっても、一般に、 行政手続は、刑事手続とその性質においておのずから差異があり、また、行政目的に応じ て多種多様であるから、行政処分の相手方に事前の告知、弁解、防御の機会を与えるかど うかは、行政処分により制限を受ける権利利益の内容、性質、制限の程度、行政処分によ り達成しようとする公益の内容、程度、緊急性等を総合較量して決定されるべきものであ って、常に必ずそのような機会を与えることを必要とするものではないと解するのが相 当」だとしている。

[14] この点につき、令和元年度の採点実感を参照。立法措置②につき「適正手続の観点から 問題があると論じるものについても、成田新法事件の基準を提示し、総合衡量の要素を当 てはめるといった丁寧な論述をしている答案はあまりなかった」という。

6　文面審査と限定解釈

T1　もう一つ気づくのは、今回のS1君とS2さんの答案は、いずれも、明確性の原則を持ち出して、文面違憲の話を展開しています。

　まず1つは、ご存じのように文面審査は表現の自由の規制法令や刑罰法規について、限定的にのみ用いられる方法で、しかも実務では可能な限り合憲限定解釈をして法令を救おうとします。ところで今回のケースは表現の自由とも若干関係するけれども、直接には信教の自由に関わりますし、また刑事罰ではなく過料の問題です。そうすると、明確性の原則や過度広汎性の法理を直ちに今回の設例で援用しうるかどうか、少なくともワンクッションが必要ではないでしょうか。

T2　この点について、ポイントは2つあるように思います。一つめのポイントは、この事件で問題になっているのが、表現の自由だと考えている人がいるわけですが、それはなぜなのか。明らかに事案は、百歩譲っても信教の自由を書いたほうがいいかなと思ったのだけれども、なぜ表現の自由を論じようと思っているのか。二つ目のポイントは、表現の自由を論ずるとしても、なぜ文面違憲を主張しようと思ったのか。この2つの点は区別しておかないと、自分がどこで躓いたのかがわからなくなりそうです。みなさん、どうですか。

S1　とりあえず条例案第4条1項の文言自体が結構抽象的だなという印象を受けて、文面的に無効を主張するのだったら、21条か、それこそ31条しかないと思って書きました。

T2　ちなみに、文言が曖昧だと何が困るのですか。

S1　萎縮効果が生じます。

T2　そうすると、それは表現行為だけですか。表現行為以外であれば萎縮効果は生じていいものですか。表現行為だけが萎縮効果を配慮しなくてはいけないのですか。どうでしょうか。T1先生のご指摘は、この点に関わるものだと思います。

　先ほど指摘した二つ目についていうと、なぜそんなに最初にみんな文面違憲を書きたがるのかが僕には疑問です。先ほどT1先生が言われたように、日本の裁判例において、まず文面審査をやるというスタイルをとっているものはありましたか。漠然性ゆえに無効とか、過度広汎性ゆえに無効のようなものは、審査された事例自体はありますよね。

S1　徳島市公安条例事件(最大判昭50・9・10刑集29巻8号489頁)と広島

市暴走族追放条例事件（最三小判平19・9・18刑集61巻6号601頁）です。

S2　あと札幌税関訴訟（最大判昭59・12・12民集38巻12号1308頁）。

T2　そうですよね。札幌税関訴訟では、合憲的に規制できる範囲が先に確定されて、それに向かって解釈が縮減できるかという形で、明確性が問題にされています[15]。そうすると、常に文面審査を優先的に書くのではなく、実体的な合憲性やそれとの関係で合憲限定解釈の可能性も視野に入れつつ、札幌税関訴訟のような議論の構成ができるのであれば、それでもいいかもしれない[16]。さらに、合憲限定解釈をしたとしても、今回の事例には当てはまらない、あるいは当てはまったとしても、今回の事例については適用違憲を主張する、と構成する方法もあるはずです。

　学生さんは、とにかく文面審査から書いてくるのですが、常にそうしなければならないのかというのはかなり疑問です。

T1　主張する側として言えることは言うという面では、ひとつアリかなとは思います。実際、札幌税関訴訟の上告理由では、まさに漠然ゆえの文面違憲の主張がなされていますし、今回のように条例案のありうべき問題点を指摘するという設定では、文面審査の観点から問題があるという点をアドバイスするのも、想定の範囲内ではないでしょうか。

　むしろ、お二人の答案を比べて気づかされるのは、これはS1君がよく書いているなと思うのですが、法令というのは、条例も含め、当然ある程度抽象化されているわけですよね。一般に法律、条例というのは抽象的な規定の仕方をしている。だから明確性の原則などと言うけれども、どこまでの明確性が要求されるのかということは、規制対象等との関係で、いったん引いて検討しないといけない。

[15] 札幌税関訴訟大法廷判決は、関税定率法21条1項3号にいう「風俗を害すべき書籍、図画」等の規定が明確性の原則の観点から文面違憲であるとの上告理由に対し、同規定「を合理的に解釈すれば、右にいう『風俗』とは専ら性的風俗を意味し、右規定により輸入禁止の対象とされるのは猥褻な書籍、図画等に限られるものということができ、このような限定的な解釈が可能である以上、右規定は、何ら明確性に欠けるものではなく、憲法21条1項の規定に反しない合憲的なものというべきである。」としている。

[16] 令和元年度の採点実感も参照。「明確性の原則や過度の広汎性の問題を取り上げた場合には、合憲限定解釈の可能性に触れてしかるべき場合があるはずであるが、合憲限定解釈について触れた答案は非常に少なかった」。この点につき、本書9「合憲限定解釈」〔64頁〕を参照。

　つまり、漠然としているということばかり言うのではなく、今回はこういう程度の具体性を伴っていないといけない、というような言い方になるのでしょう。そのことを一般的に指摘しているのが、S1君の答案の「第1」の真ん中辺りで、「通常の判断能力を有する一般人の理解において」という判例の文言を引いて、こういうワンクッションを間に挟んでいるのは、明確性といっても程度があるということの指摘をきちんとしている。これはやはり必要な言及ではないかと思われます[17]。

7　保障範囲の論証

T1　ところで、他の方の答案例〔省略〕では、最初の問題提起の辺りで、いきなり「検討します」と書いて条例案の検討に入ったものがありました。やや唐突にも感じますが、先ほどの問題提起との関係で、より説得力のある書き方にするにはどうしたらよいと思いますか？

S1　条文を引用したほうがいいですかね。公表を問題にするのだったら、条例案の第5条を引用して、その問題点を指摘することになると思います。

S2　私だったら、いまS1君が言ったように、条文から引いてくるところは意識するかなと思って。憲法13条を指摘して、その文言を引いて、そこからほぼほぼ当然に認められるような定義を引き、そこから派生するのだったら派生のところ、判例だったり解釈だったりから保障内容に含まれるかについて、問題提起をする。

T2　いま2人はとても面白い話をされています。S1君とS2さんの間で引いている条文が違うじゃないですか。S1君はどの条文を引きますか。

S1　公表なので、条例案の第5条です。

T2　これに対して、S2さんは憲法13条だと思ったでしょう。

S2　はい、そう思いました。

T2　ここは興味深いところですよね。皆さんは、どうしても憲法条文の定義から当てはめてやりたい。特に保障範囲論証なんかではそういう傾向が強いのではないでしょうか。

　けれども、まず制約されている行為を特定して、これが憲法○条で保障

[17]　また、次の指摘も参照。「明確性を問題にするのであれば、法令の規定について、漠然と『○条の規定は不明確である』というのではなく、当該条文のうちどの文言の明確性が問題になるのかを具体的に示す必要がある」（令和元年度採点実感）。

される、なぜなら……と書くという方法もあるし、その方が説得力がある
ことも多いです。これに対して、保障範囲論証と言うと、みんな憲法条文
の解釈から入るのですが、この書き方だと、すごく薄っぺらい答案になる
ことも少なくない。先ほどのような書き方だと、何が制約なのかも含めて
丁寧に書けるのですよね。

T1　一般論として、保障範囲の論証は後から書いたほうが、おのずから
個別事案に密着した書き方になりますよね。一般的に最初に憲法の保障範
囲について論じようとすると、そもそもなぜその議論をしているのかがよ
く分からない。なんだか教科書の記述を見ているようになってしまう。

T2　そうですね。私はこちらのほうを推します。なぜ権利の保障範囲の
論証から入るのか、やはり三段論法で書かないと減点されてしまうのでは
ないかという怖さがあるのではないですか。

S4　それはあります。採点実感でも法的三段論法の重要性について指摘
されていますし…[18]。

S2　1回下で考え、それを上に引き直すからすごく時間がかかる。

T2　そのまま書けばいいのだと思いますよ。そのほうがよほど説得力の
ある答案が書けます。

T1　思考の順番のとおり書けば素直ですよね。具体の問題となっている
条文や事実を先に指摘して、これはひょっとして憲法のこういう問題なの
ではないだろうかというように指摘してから、そこで必要な限りで憲法の
議論を展開するようにすると、同じ条文、同じ権利でも、教科書的にはい
ろいろ論ずべきことがある中で、事案の解決にとって要らないものを論じ
なくて済む。一般的に「表現の自由は」とかから入ると、論ずべきことが
無数にあり、薄っぺらい箇条書きになってしまう。

T2　そうそう。同時に、論述がパターン化されているような印象も生み
やすいです。平成23年の問題は悪問だといわれていますが、その採点実
感では、画像提供サービスが安易に自己実現の価値に資するんだとか、民

---

[18] 例えば令和元年度の採点実感を参照。「いわゆる『法的三段論法』や、問題提起部分と
　　検討部分との対応関係への留意が甘い答案が相当数見られた。規範を提示することなくい
　　きなり事案の分析を始めたり、結論を曖昧なままに放置したり、問題提起部分で検討を要
　　する事項として指摘しておきながら検討部分においては当該事項が何も検討されないまま
　　となっていたりしているのは、法律的な論証の手法という法律実務家として必須の基礎的
　　な素養にも疑問を生じさせるものであった」。

主制の価値に資するんだと述べる答案が批判されています[19]。

　このことは、たとえば表現の自由の保障範囲論証を書くとしても、自己統治と自己実現の価値に触れ、表現とはこうだという範囲を示して……という書き方だと説得力がないことがありうるということを示しているのだと思います。こういう事態に陥らないためにも、「問題になっているのはこのような行為で、これは自己実現において極めて重要ではないですか。だから21条で保障しましょう」というように書けば、ずいぶん違いますよね。

T1　S1君の答案の「第1」の最初や「第2」の最初は、少し表現は微妙ですが、そういう書き方になっていますね。ただ、もう少し具体化したほうがいい。

T2　そうですね。明確性の原則にしても、「この規定によって何ができなくなるのか、どういうことが萎縮してしまうのか」ということからはじめて、そうだとするとこれは明確性の原則に違反するのではないですか、と書いたほうがいい場合もありますね[20]。

8　重要判例の精読

T2　ところで、ロースクールの授業で今までのような話をすると、結局、話は「書き方がわかりません」、というところに戻ってしまう学生がいます。こちらからすると、書き方って何やねん、何が知りたいねんと思うのだけれども、何ですかね。

S3　個人的には書き方というのは、三段階審査で書くとか、別異取扱いとその正当化という二段階で書くとか、先ほどから何回か出ている流れですね。いま自分がどこを問題にしているのかというのが、流れがひととおり頭に入ったら、ではこれは例えば条文から直接出てくる権利ではないから保障を少し厚めに書かなければいけないとか、これは目的が問題にな

<hr>

[19] 平成23年の採点実感では「表現の自由に言及しているものについても、ユーザーの『知る権利』を中心に論じたり、Z画像機能の提供が、X社の『自己実現の価値に資する』とか、『民主政治の過程に資する』などと論じたりするものが数多く見られた」と指摘されている。このことは、問題となっている具体的な状況に応じて、それがどのような意味で表現の自由の問題として理解されるべきかを丁寧に論じるべきだ、との意味で理解されよう。

[20] 本節につき、本書27「憲法論の文章の書き方の基本」〔204頁〕も参照。

るなとか。

　目的はすぐ終わって手段の検討を厚くしようとか、そのようにある程度のパターンが決まっていれば、その問題についてここは厚く書こうとかメリハリもつけられるし、そういう目で問題を見て事情を拾っていけたりするのですが、それがないものだとバラバラになってしまうし、三段論法にもどう持っていっていいか分からない、というのがあります。

T2　それは、自分がどういう判決ないし帰結を望むかによると思います。例えば条例のある部分の違憲性を言いたいというときに、条例の制定権限を問題にするのが効果的なことがあります。法律と条例の関係を精査すると法律が条例による上書きを排除しているなら、全部まるっと無効じゃないですか。

　制定された条例の内容的な違憲性を問題にするのか、条例の制定権限の有無それ自体を争うのか。それによって何がどこまで消えてなくなるかということの検討と切りはなせません。

　何を求めようとしているのか、どういうことを実現しようとしているのかということを常に頭に入れて考えるのが必要なのだけれども、それは難しいということなのですね。たしかに、それは百選を読んでも書いていないので、ある意味、百選の行間を読んで勉強することが重要でしょう。最近では、『精読憲法判例』(弘文堂)のような判決の精読をする教材も出ていますので、そういうのも使いつつ、頑張ってほしいと思います。

T1　ちなみに普段の講義では、憲法をはじめ法学を学ぶのは、外国語を勉強するのと同じだというような話をしています[21]。日本語だけれども、文法とか語彙、単語が違い、ある程度まねることによって学ぶという要素も必要です。判決を精読していると、おのずからそういう思考とか表現になってきて、単に各判例を立体的に再構築し、その射程を理解できるという以上の効果がありますね。

T2　判決文を丁寧に読んでくださいと言うと、みんな、「こんな二百何十本全部読まなくてはいけないのですか」と言います。本当はそうだけれども、20〜30本丁寧にやれば、おのずと身についてきますよね。

T1　『憲法判例50！』とかに入っているものの半分ぐらいでいいから、下級審から読んでみるというのはすごくいいですよね。

---

[21] 横田明美・小谷昌子・堀田周吾『法学学習 Q & A』(有斐閣、2019 年)10 頁以下も参照。

T2 そうですね、私がよく精読してもらいたいなと思っているのは、マクリーン事件（最大判昭 53・10・4 民集 32 巻 7 号 1223 頁）、札幌税関（前出）。

T1 あと批判の対象として猿払（最大判昭 49・11・6 刑集 28 巻 9 号 393 頁）。

T2 それからパブリックフォーラム論に関する伊藤正己裁判官の補足意見ですね。吉祥寺駅構内ビラ配布事件（最三小判昭 59・12・18 刑集 38 巻 12 号 3026 頁）、大分県屋外広告物条例事件（最三小判昭 62・3・3 刑集 41 巻 2 号 15 頁）とか、あの辺りを読んでもらえればと思いますね。あとは薬事法判決（最大判昭 50・4・30 民集 29 巻 4 号 572 頁）。他にもありますけれども、絶対マストに読まなくてはいけないのはこれぐらい。

T1 徳島市公安条例事件（前出）も。しかし言い出したら、どれも重要になってしまうからね。

9　審査基準の設定

T2 最後にもう 1 つ、普通、基本権が公共の福祉[22] で制約されるのだという話が書かれたら、今度は、ではその公共の福祉というのはいったい何かという話になるはずですね。そのうえで、公共の福祉の内実としての審査基準が出てくるわけですが、よくあるのは、ここで審査密度を厳格にする事情を述べはじめる答案です。一般的な利益衡量の枠組みが示されるわけでもなく、ベースラインの審査基準が示されるわけでもなくて、いきなり厳格にするということに向けた論証が始まる。そうすると、そもそものデフォルトの枠組みがどうなっているのですかというのが、よくわからない。

　「より厳格に」とか「厳格に」とかというのは、絶対比較級ではないのだから、必ず何かと比較をした上で「厳格」のはずです。そうするとデフォルトは何で設定されているのですか、ということになりますよね。

　では、どうするか。判例はどのように審査基準を設定していますか。あるいは、判断枠組みの設定を勉強するのに一番いい判例は何ですか。

S1 よど号（よど号ハイジャック新聞記事抹消事件〔最大判昭 58・6・22 民集 37 巻 5 号 793 頁〕）ですか。

T2 よど号はいい教材ですよね。まず未決拘禁者を拘禁する目的の正当性が論証されて、その目的のために必要最小限度でなくてはいけないのだ

[22] 本書 11「公共の福祉」〔79 頁〕を参照。

というように判断枠組みが徐々に具体化されていきます。何が必要最小限度かというのに、一般市民としての自由を制約するときにはこうだというように言われて、そのように要素が明らかになって、その要素の観点から制約しうるか検討される。これはもともとどういう枠組みがベースにあると思いますか。

S1 比較衡量。

T2 そう。だから比較衡量をもう少し使いこなせるように勉強してもらいたい。比較衡量を踏まえつつ審査基準が適切に設定できるようになると、もう鬼に金棒です。

　簡単に言うと、比較衡量、利益衡量と言ってもいいのですが、みんな考えているのは天秤のイメージではないですか。このイメージだけだと、それらをどうやって比べるんですかという話になりがちです。そこで、規制者の気持ちになって考えてみるといい。害悪が発生しています、その原因があります、これを規制しようとします。このような構図で、害悪を抑止するというのが、立法目的ですよね。

　公益があり、ある行為がこの公益を侵害する。この公益を守るために、この行為を規制するのです。そうするとこの公益というのは立法目的になっていて、この行為というのが特定できているのか、本当にこれをつぶしていいのかというのが、その手段審査で問われる。また、行為と害悪発生との間の結びつきをどこまで要求しますかという点も議論できます。明白かつ現在の危険や相当の蓋然性に関する話です。このように考えてみると、利益衡量からどういう審査基準を出すかというのは特定しやすいし、どのように議論するかというのもわかりやすい。利益衡量と審査基準の関係をもう少し詰めて考えてもいいのかなと思います。

T1 どんな要素からベースとなる審査基準ないし判断枠組みを導くか、という話ですね。設定されたこの審査基準・判断枠組みの中でどういった要素を考慮するのか、という問題も重要ですが、そもそも何に着目して、デフォルトとなる審査基準・判断枠組みを設定するのかには、もう少し自覚的になった方がよいのかもしれません[23]。

　もっとも、よど号事件は比較衡量から審査基準を導いたというよりは、比較衡量という審査基準・判断枠組みを採用した、と言った方が正確ではないでしょうか[24]。その比較衡量をする中で、拘禁関係を離れれば原則として一般市民としての自由を認められるはずの存在だという、未決拘禁者

の特質を重くみて、自由の制限は拘禁目的の達成に「真に必要と認められる限度」でなくてはならない、としています。比較衡量の要素を示しただけでは全くのブラックボックスとなりますので、各要素を相互にどのようにウェーティングして結論を導いたかが重要で、T2先生のご指摘はまさにこの点に関わるものだと思います[25]。

　そろそろ時間が来たので、今日はこれまでにしたいと思います。今回はたった一つの設例について検討しただけですが、それでも、このように多くの疑問点や考え方のポイントが出てきました。こういった疑問の多くは、同じく法学部やLSで学ぶ学生も共通にもつのではないかと思いますので、何か手がかりになる点があれば幸いです。
　　　　（T1：赤坂幸一〔九州大学教授〕、T2：片桐直人〔大阪大学准教授〕）

【とくにおすすめの参考文献】

松本和彦・宍戸常寿「憲法事例問題を対話する」法教 412 号(2015 年)2 頁
蟻川恒正「ライブ・起案講義憲法」法教 439 号別冊附録(2016 年)
岡山大学法科大学院公法系講座編著『憲法　事例問題起案の基礎』(岡山大学出版会、2018 年)

[23] 令和元年度の採点実感を参照。「合憲性を判断する枠組みを定立する際に考慮されるべき事項と、定立された枠組みに照らして合憲性を判断する際に考慮されるべき事項は、重複する場合もあるが、両者はある程度自覚的に区別される必要があると思われる。あらゆることを総合的に衡量することを常に原則とすることは、司法審査による基本的人権の〔保障の〕あり方としては必ずしも適切ではないと思われる」。

[24] 同判決は、未決拘禁者の喫煙の自由が問題となった最大判昭 45・9・16 民集 24 巻 10 号 1425 頁を引用しつつ、「これらの自由に対する制限が必要かつ合理的なものとして是認されるかどうかは、右の目的のために制限が必要とされる程度と、制限される自由の内容及び性質、これに加えられる具体的制限の態様及び程度等を較量して決せられるべきものである」としている。

[25] 本節につき、本書 1「違憲審査基準論の意味と考え方」〔1 頁〕、2「違憲審査基準の適用の仕方」〔8 頁〕、3「審査基準論と三段階審査」〔17 頁〕、5「最高裁判例における利益衡量論」〔34 頁〕を参照。

【S1 君の答案例】

第1 本件条例案4条と明確性の原則について

1 条例4条は「団体」(本件条例案2条1項)に対して、「市民の安全及び周辺住民の日常生活の平穏に対する脅威及び不安を生じさせてはならない。」と規定している。このような規定の仕方は、明確性の原則(21条1項)に反し違憲ではないか問題となる。

2 そもそも、表現の自由を規制する法令の文言が曖昧不明確であると、表現活動に萎縮効果をもたらす。したがって、表現の自由を規制する法律の文言が曖昧不明確の場合は21条1項に反し違憲となる。そして、当該法律が不明確であるか否かは、通常の判断能力を有する一般人の理解において、具体的場合に当該行為がその適用を受けるか否かの判断を可能ならしめるような基準が読み取れるか否かによって判断される。

3(1) 後述のとおり、本件条例案は「団体」の構成員の思想、良心の自由を侵害するものである。しかし、自己の思想、良心に基づいて様々な行為を行うことは、自己の思想に基づく表現活動としての面も認められる。したがって、本件条例案は表現の自由を規制する法令といえる。

(2) そして、「市民の安全及び周辺住民の日常生活の平穏に対する脅威及び不安を生じさ」せる行為(本件条例案4条1項)という文言は、何ら行為類型を限定していない。したがって、この文言から通常の判断能力を有する一般人が具体的場合に当該行為がその適用を受けるか否かの判断をすることは困難である。また、保護法益として規定される「市民の安全及び周辺住民の日常生活の平穏」という文言も抽象的なものであり、被侵害利益から通常の判断能力を有する一般人が具体的場合に当該行為がその適

用を受けるか否かの判断をすることも困難である。以上より、このままの規定の仕方では本件条例案4条1項は21条1項に反し違憲である。

4 したがって、本件条例案4条1項については、行為類型の具体化や保護法益の具体化が必要となる。

第2 本件条例案4条3項、6条1項2項と19条について

1 本件条例案4条3項、6条1項2項は「団体」の構成員の思想、信条の告白を強制されない自由を侵害しているため、19条に反し違憲ではないかが問題となる。

2 19条は「思想及び良心の自由」は「侵してはならない」としている。ここにいう「思想及び良心」とは個人の内面的活動を意味し、「侵してはならない」とは国民がいかなる思想を有しているかを国家権力が探索してはならないことを含意する。そして、これには自己の思想信条の告白を強制されない自由も含まれる。したがって、「団体」の構成員の思想、信条の告白を強制されない自由は19条により保障される。

　そして、思想信条は個人のあらゆる活動の基礎となるものであり、それは個人の内面にとどまる限り絶対的に保障される。したがって、「団体」の構成員の思想、信条の告白を強制されない自由は人格的生存に必要不可欠な重要な権利である。

3(1) 本件条例案4条3項は住民説明会による活動内容の説明を「団体」に義務づけている。また、本件条例案6条2項は「団体」に対する調査の中で、関係人に対する質問を定めている。これらの行為により、「団体」の構成員の思想信条が明らかにされるおそれがある。したがって、本件条例案4条3項及び6条2項は「団体」の構成員の思想、信条の告白を強制されない自由を制約している。

　そして、上記のような制約はそれ自体違

憲となるように思える。

(2) しかし、上記自由に対する制約は「団体」の構成員の思想、信条を調査する目的ではなく、「団体」が「市民の安全及び周辺住民の日常生活の平穏に対する脅威及び不安を生じさ」せることを防止することを目的とするもので、「団体」の構成員は主として該当事実の告白を強制されるに過ぎない。したがって、このような行為によって生じる「団体」の構成員の思想、信条の告白を強制されない自由対する制約は、間接的なものにすぎない。以上より、上記自由に対する制約自体が違憲になるとはいえない。

一方で説明会の開催をしなかった場合、措置勧告・命令及び立退命令(本件条例案7条)を経て過料が科される(本件条例案8条3号)。また、調査における質問を拒んだ場合も過料が科される(本件条例案8条1号)。以上のような事後的な措置が存在するため、「団体」の構成員は、たとえ自己の思想、信条の告白を内容とするものであっても、説明会の開催による活動内容の報告や、質問への回答に応じざるを得ない。したがって、上記自由に対する制約は間接的なものであれ強力なものであるといえる。

4(1) 上記のような重要な権利に対する強力な制約は、やむにやまれない目的のために、必要不可欠な手段でなければ違憲となると考える。

(2) ア 本件条例案4条3項及び6条2項は、「団体」の活動内容を住民に報告させ、又は市長がその活動内容を把握することにより、「団体」及びその構成員がF市内に存在することによって生じる「F市民の安全及び日常生活の平穏に対する脅威及び不安を除去」することを目的としている。この目的により保護しようとする利益は、F市民の「安全」「日常生活の平穏」という抽象的なものであり、かつもっぱらF市

民の主観面にすぎない。したがって、上記「団体」の構成員の被侵害利益との関係で、上記目的がやむにやまれないものということはできない。

イ 仮に、目的がやむにやまれないものであるとする。この場合、住民は説明会の開催により「団体」の活動内容を知ることができることで、住民の有する「団体」に対する「脅威及び不安」は一定程度除去され得る。また、F市長が一定の場合に「団体」に対する調査・質問ができるとすることによっても、行政機関が「団体」に対し一定の監督権限を有していることを根拠に、住民の有する「団体」に対する「脅威及び不安」は一定程度除去され得る。したがって、目的との関連性は認められる。

しかし、そもそも本件条例案で規制の対象となる「団体」は、既に団体規制法による観察処分を受けており、既に公安調査庁による本件条例案6条に規定する調査と類似した検査(団体規制法7条2項)を受ける地位に立たされている。そして、これにより上記目的は達成され得る。以上から、団体規制法の「団体」に該当する団体であるという一事をもって、本件条例案により新たな規制を設ける必要性は乏しい。また、確かに、F市では「団体」の施設に対する放火や投石及び「団体」の施設関係者に対する暴行事件が発生したりするなど「F市民の安全及び日常生活の平穏に対する脅威及び不安」を増幅させるような事件が複数発生していた。しかし、これらの事件は「団体」に不安を覚えた周辺住民等、「団体」の構成員ではない第三者によって引き起こされたものである。したがって、これらの者に対する対応策を何らとることなく、上記のような事件発生については何ら帰責性のない「団体」の構成員に上記のようなさらなる規制を課すのは目的との関係で手段としての必要性を欠く。

に知られたくないと考えるプライバシー固有情報と直接結びつくことが予定されている。そうすると、本件における氏名・住所などの情報のプライバシーの要保護性は高いといえ、上記自由は重要な権利といえる。

本件条例案4条2項柱書において、報告は一定期間に限らず常に義務付けられている。さらに、報告を拒んだり、虚偽の報告をしたりすると、5万円以下の科料に処せられる(本件条例案8条1号)から、正しい氏名・住所などを報告せざるを得ず、上記自由の制約は強度といえる。

以上より、重要な権利が強度に制約されているから、本件条例案4条2項1号は、重要な目的で実質的関連性のある手段といえる場合にのみ合憲といえる。

3(1) 本件条例案4条2項1号の目的は、本件条例案1条を参考にすると、団体の活動場所、居住場所をあらかじめ把握することで、F市民の日常生活の安全や地域の平穏を確保し、脅威や不安を除去することといえる。ここで、安全や平穏という目的は、漠然としていて、達成されたかはっきりとせず、目的達成のための手段が広範にわたり、強度の権利侵害すらも認められることになりかねないから、安全や平穏の確保という目的は重要な目的とは言えない。

(2) 仮に目的が重要と認められるとしても、構成員に氏名・住所などを報告させれば日常生活の安全や地域の平穏が確保されるとはいえず、関連性がない。また、日常生活の安全や地域の平穏の確保のために、構成員の氏名・住所などを報告させ、把握しておく必要はない。そして、日常生活の安全や地域の平穏の確保のためには、直接それに資するような地域パトロールや周辺住民への自己防衛の呼びかけなどより制限的でなく、実施が容易かつ可能な手段がある。仮に、団体の活動場所や団体構成員の居住場所を把握して予防に努めるとしても、活

動拠点や代表者・幹部などの氏名・住所を把握しておけば足りるといえ、構成員全員に氏名・住所などの報告を義務付けることは相当性を欠く。

4 以上より、本件条例案4条2項1号は重要な目的で実質的関連性のある手段とはいえず、13条に反し違憲である。

5 そのため、本件条例案4条2項1号は削除するか、住所や氏名などの報告義務を活動拠点や代表者・幹部に限定するべきである。

第2 本件条例案6条1項・2項について

1 上記規定が、団体構成員らの使用する建物に立ち入られたり文書を提示させられたりしない権利を侵害し、35条1項に違反しないか。

2(1) 35条1項は、住居や書類、所持品の不可侵を定めており、団体構成員らの上記権利は35条1項により保障される。

(2) 本件条例案6条1項・2項により、建物に立ち入って調査したり、文書の提示を要求したりすることが出来ると規定されており、上記権利が侵害されている。

(3) ここで、35条1項が規定する住居不可侵などの手続保障の権利については、かかる権利侵害が認められるとすぐに違憲となるのではなく、権利の性質、制裁の強度、規制の目的、規制の手段の必要性・許容性、明確性、侵害の態様などを総合考慮して正当と認められれば合憲といえる。

3 確かに、住居や文書は秘匿性の高いものであり、一般的に立ち入りや提示を強制されるものではない。また、調査を断ったり、虚偽を述べたりすれば過料(本件条例案8条2号)に処せられるから、強い制裁が認められる。

しかし、市民の日常生活の安全や地域の平穏の確保という目的のもとで、建物の立ち入りや文書の調査の手段をとることは、脅威や不安を与えるおそれが現存したり、

騒音や異臭を発生させ脅威や不安が現存し
たりして何らかの過激な活動が行われてい
る嫌疑がある場合においては必要性が認め
られる。また、上記の嫌疑が現実化した場
合には、近くに住む「周辺住民」(本件条例
案3条2項)に重大かつ不可逆的な被害が
及ぶ可能性が高く、過激な活動の嫌疑が高
まった時点で、活動の実態を正確に把握す
るために団体施設の内部たる建物に立ち入
ったり、構成員らの内部のやり取りたる文
書などを提出させたりすることも許容され
うる。そして、調査方法は建物の立ち入り
や文書の提示のように具体的に示されてお
り、団体らも調査内容を予測できる程度に
規制手段が明確であるといえる。さらに、
侵害の態様は、単なる調査にとどまるので
あって侵害の強度はそれほど強くはない。
4　以上より、本件条例案6条1項・2項
は正当と認められ、35条1項に違反せず、
合憲といえる。
5　そのため、本件条例案6条1項・2項
は条例案のままであれば憲法上の問題はな
い。
第3　本件条例案7条2項について
1　上記規定は漠然ゆえに無効ではないか。
2(1)　規定が漠然としていて、精神的自由
権に基づく行為や刑罰を科されている行為
が委縮されるおそれがある場合、当該規定
は違憲無効といえる。
(2)　まず、本件条例案7条2項の「期限を
定めて」や「市民…に与える脅威又は不安
を除去する措置」という文言は、期限や措
置の内容が漠然としている。
　次に、本件条例案7条2項の対象者は本
件条例案7条1項の勧告を受けた者であり、
それは本件条例案4条1項の団体の義務を
遵守しなかった者である。同項の団体の義
務とは団体の活動、すなわち宗教団体が行
う活動について課される義務である。そし
てかかる活動とは、宗教の信仰、礼拝、普

及などの「宗教的活動」(20条3項)と考え
られるところ、「宗教的活動」は信教の自
由として憲法上保障される精神的自由権に
基づく行為である。そして、本件条例案7
条2項の命令に従わないときは、立退命令
(本件条例案7条3項)や過料(本件条例案
8条3号)などの制裁が科せられているか
ら、萎縮効果が働くおそれがある。
3　以上より、本件条例案7条2項は漠然
ゆえに違憲無効である。
4　そのため、本件条例案7条2項は期限
や措置を明確に限定して、具体的に規定す
ればよい。

　　　　　　　　　　　　　　　　以上

事項・人名索引

判例索引

編者

曽我部真裕(そがべ・まさひろ)京都大学教授

赤坂　幸一(あかさか・こういち)九州大学教授

新井　誠　(あらい・まこと)広島大学教授

尾形　健　(おがた・たけし)学習院大学教授

執筆者(50音順)

赤坂　幸一(あかさか・こういち)九州大学教授

新井　誠　(あらい・まこと)広島大学教授

上田　健介(うえだ・けんすけ)近畿大学教授

尾形　健　(おがた・たけし)学習院大学教授

興津　征雄(おきつ・ゆきお)神戸大学教授

片桐　直人(かたぎり・なおと)大阪大学教授

曽我部真裕(そがべ・まさひろ)京都大学教授

田近　肇　(たぢか・はじめ)近畿大学教授

中林　暁生(なかばやし・あきお)東北大学教授

松本　哲治(まつもと・てつじ)同志社大学教授

毛利　透　(もうり・とおる)京都大学教授

山本　龍彦(やまもと・たつひこ)慶應義塾大学教授

横大道　聡(よこだいどう・さとし)慶應義塾大学教授

けんぽうろんてんきょうしつ
憲法論点 教室　第2版

2012年9月24日　第1版第1刷発行
2020年2月25日　第2版第1刷発行
2024年4月25日　第2版第4刷発行

編　者——曽我部真裕、赤坂幸一、新井誠、尾形健

発行所——株式会社　日本評論社

〒170-8474 東京都豊島区南大塚 3-12-4
電話 03-3987-8621(販売：FAX—8590)
　　 03-3987-8592(編集)
https://www.nippyo.co.jp/　振替 00100-3-16

印刷所——精興社

製本所——難波製本

装　丁——図工ファイブ

検印省略　© 2020　Masahiro Sogabe, Kouichi Akasaka, Makoto Arai, Takeshi Ogata
ISBN978-4-535-52372-2　　　　　　　　　　　　　　Printed in Japan